以中国式现代化
全面推进中华民族伟大复兴

孙兰英 主编

天津社会科学院出版社

图书在版编目（ＣＩＰ）数据

以中国式现代化全面推进中华民族伟大复兴 / 孙兰
英主编. -- 天津：天津社会科学院出版社，2024.5
ISBN 978-7-5563-0970-2

Ⅰ．①以… Ⅱ．①孙… Ⅲ．①中国特色社会主义－社
会主义建设模式－研究 Ⅳ．①D616

中国国家版本馆 CIP 数据核字(2024)第 104910 号

以中国式现代化全面推进中华民族伟大复兴
YI ZHONGGUOSHI XIANDAIHUA QUANMIAN TUIJIN ZHONGHUA MINZU WEIDA FUXING

责任编辑：杜敬红
责任校对：王　丽
装帧设计：高馨月
出版发行：天津社会科学院出版社
地　　址：天津市南开区迎水道 7 号
邮　　编：300191
电　　话：（022）23360165
印　　刷：北京盛通印刷股份有限公司
开　　本：787×1092　　1/16
印　　张：16.25
字　　数：245 千字
版　　次：2024 年 5 月第 1 版　　2024 年 5 月第 1 次印刷
定　　价：78.00 元

前　言

　　一部中国共产党的百年史,从一定意义上说,就是一部中国共产党推进国家现代化建设的探索史,也是一部中国共产党领导人民披荆斩棘、赓续奋斗的现代化建设史。一代又一代中国共产党人在苦难与辉煌交织的百年征程中砥砺奋进,成功走出了一条通往现代化强国的复兴之路。

　　党的十八大以来,以习近平同志为核心的党中央准确把握中国特色社会主义的历史新方位、时代新变化、实践新要求,以全新的视野深化对共产党执政规律、社会主义建设规律、人类社会发展规律的认识,坚持和发展中国特色社会主义,推动物质文明、政治文明、精神文明、社会文明、生态文明协调发展,成功走出了中国式现代化道路,创造了人类文明新形态,为人类探索更好的社会制度提供了中国方案,使科学社会主义在 21 世纪的中国焕发出强大的生机活力。党的二十大擘画了以中国式现代化全面推进强国建设、民族复兴伟业的宏伟蓝图,"从现在起,中国共产党的中心任务就是团结带领全国各族人民全面建成社会主义现代化强国、实现第二个百年奋斗目标,以中国式现代化全面推进中华民族伟大复兴"①。

　　近代以来,现代化成为贯穿世界近现代史的潮流和主线。如何选择现代化道路,是包括中国在内的所有发展中国家面临的一道难题。1840 年以后,中华民族面临内忧外患、亡国灭种的危机,中国人清醒地认识到中国的落后状况,寻求变革、谋求自强,力争探索一条救国救民的现代化道路,为此,中国人民进行了千

---

　　① 习近平:《高举中国特色社会主义伟大旗帜为全面建设社会主义现代化国家而团结奋斗——在中国共产党第二十次全国代表大会上的报告(2022 年 10 月 16 日)》,人民出版社 2022 年 10 月,第 21 页。

辛万苦的探索和可歌可泣的斗争,提出了各种各样的社会改良方案,但无论是旧式农民战争,还是资产阶级革命派领导的民主主义革命,以及照搬西方政治制度模式的各种方案,都不能完成中华民族救亡图存和反帝反封建的历史任务。自从有了中国共产党,中国人民在追求现代化的道路上有了领航灯,对现代化的探索开始逐步走上"正轨"。中国共产党秉持为中国人民谋幸福、为中华民族谋复兴的初心和使命,坚持真理、坚守理想,不怕牺牲、英勇斗争,艰辛探索出一条适合中国国情的社会主义现代化道路,团结带领中国人民用几十年时间走完了发达国家几百年走过的工业化历程,拓展了发展中国家走向现代化的途径。

中国特色社会主义现代化既不等同于西方的现代化,也有别于传统社会主义国家的现代化。中国式现代化是现代化与社会主义的结合,也是现代化与中国基本国情的有机结合,它不是简单延续我国历史文化的母版,不是简单套用马克思主义经典作家设想的模板,不是其他国家社会主义实践的再版,也不是国外现代化发展的翻版,而是具有鲜明的中国特色。

中国式现代化开创了现代化发展新范式。一是中国式现代化是对西方资本主义现代化的超越。近代以来,现代化成为西方经验和"西方化"的代名词,成为很多后发国家效仿的对象,但是这种单一效仿和复制也使很多国家陷入发展的陷阱而不能自拔。实践证明,现代化没有固定模式,只有遵循社会基本矛盾运动规律和政治经济学的内在规律,根据各民族、各国家的具体历史条件来选择适合自己的发展道路。正如习近平总书记所说,中国式现代化"深深植根于中华优秀传统文化,体现科学社会主义的先进本质,借鉴吸收一切人类优秀文明成果,代表人类文明进步的发展方向,展现了不同于西方现代化模式的新图景,是一种全新的人类文明形态"[①]。二是中国式现代化是对传统社会主义国家现代化道路的超越。新中国成立后,中国对社会主义现代化道路的探索主要围绕苏联模式展开,苏联模式弊端初步暴露后,中国共产党开始逐步突破苏联模式,"以苏为鉴,走自己的路"成为中国现代化建设发展的新方向。经过改革开放,中国逐步探索

[①] 中共中央党史和文献研究院:《习近平关于中国式现代化论述摘编》,中央文献出版社2023年版,第293页。

出一条适合中国国情的、具有中国特色的社会主义现代化新路。中国式现代化是在不同阶段，根据不同的时代主题，不断进行理论创新，不断深化对社会主义现代化的规律性认识，保证发展理念与时俱进，为发展中国家走向现代化贡献了中国方案。

中国式现代化脱胎于中国共产党的百年接力探索。中国共产党对现代化的认识和探索肇始于中华民族危难之际，但真正意义上的社会主义现代化是新中国成立后，在中国共产党人持续艰辛的探索过程中不断深化。中国特色社会主义现代化道路不是一蹴而就的，而是从理论到实践逐步深化的过程。中国共产党探索中国式的现代化道路，提出了"三步走"、翻两番、小康社会、建设全面小康、建成全面小康、全面建设社会主义现代化国家，充分体现了现代化理念的递进性。

中国式现代化于中国特色社会主义实践中锻造而成。中国式现代化是不断深化认识、不断推进的实践过程。我国现代化奋斗目标在实践中不断深化，从"四个现代化"、建设现代化国家，到现在的建设现代化强国，目标从"富强民主文明和谐"进一步拓展为"富强民主文明和谐美丽"，从"三位一体"到"五位一体"总体布局，中国式现代化将马克思主义基本原理与中国具体实际相结合，伴随着革命、建设、改革的中国特色社会主义实践不断丰富和发展，是马克思主义中国化时代化的具体体现。

坚持以中国式现代化全面推进中华民族伟大复兴，必须科学把握中国式现代化的本质要求。这就是必须始终坚持党的全面领导。"没有共产党，就没有新中国"，就没有中国的社会主义现代化，中国共产党的整个奋斗历史就是为实现中国现代化而奋斗的历史。从学习苏联和提出"四个现代化"到"走出一条中国式的现代化道路"，从"三步走"战略的提出到"全面建设小康社会"目标的设定，从"两个一百年"奋斗目标的提出到"五位一体"现代化布局的创新以及前后相继的"分两步走"战略的谋划，几代中国共产党人带领中国人民不懈探索，通过实践不断深化对什么是现代化、怎样建设中国式现代化的认识，最终走出了一条适合中国国情的社会主义现代化道路。

必须始终坚持社会主义方向。社会主义社会是全面发展的社会，社会主的全面性反映在现代化进程上，就是要在经济发展的基础上，协调推进政治建设、文化建设、社会建设、生态文明建设以及其他各方面建设。正是依据这样的发展要求，中国的现代化建设逐步形成了"五位一体"总体布局和"四个全面"战略布局，确立了富强、民主、文明、和谐、美丽的奋斗目标。只有将坚持社会主义的发展方向与坚持中国式现代化相统一，才能沿着社会主义道路消灭剥削，消除两极分化，最终实现共同富裕的现代化，才能使全体人民各尽所能、共建共享，全面提高生活品质和文明程度。

必须始终坚持立足中国国情。中国式现代化，既有各国现代化的共同特征，更有基于自己国情的中国特色。中国共产党根据中国国情和中国特色社会主义发展进程不同阶段，科学制定现代化建设阶段性目标，完善现代化发展理念，不断深化改革，扩大开放，走自己的路。从"四个现代化"到"中国式的现代化"，再到"中国式现代化新道路"，中国现代化理论的发展过程折射出中国共产党领导集体对中国现代化实践探索、创新的历程。

必须始终坚持人民利益至上。中国进行的现代化建设，归根结底是要实现人的现代化，推进全体人民实现自由而全面的发展。共同富裕是社会主义现代化的重要目标，一方面，共同富裕是社会生产力发展的重要体会主义制度下，发展生产的目的在于实现社会的全面进步，促进现代化成果由全体人民共享；另一方面，共同富裕是衡量现代化建设成效的重要标准，扎实推进共同富裕，满足人民对美好生活的需要是中国式现代化追求的价值目标。

必须积极推动构建人类命运共同体。中国共产党是为人民谋幸福、为民族谋复兴的党，也是为人类谋进步、为世界谋大同的党。随着中国式现代化的发展，中国日益走近世界舞台中央，只有积极推动构建人类命运共同体，才能不断增强中国式现代化的影响力、凝聚力、感召力，为世界各国实现现代化提供中国智慧和中国方案。新时代新征程，只要我们矢志不移的坚持走中国特色社会主义道路，以中国式现代化推进中华民族伟大复兴，就一定能把中国发展进步的命运牢牢掌握在自己手中。

孙兰英

2024 年 5 月

目　　录

第一章　现代化的理论与历史

　　2023 年 2 月 7 日,习近平总书记在学习贯彻党的二十大精神研讨班开班式上发表重要讲话,强调一个国家走向现代化,要遵循现代化一般规律,借鉴吸收一切人类优秀文明成果,代表人类文明进步的发展方向。实现现代化,是人类文明发展与进步的显著标志,是近代以来世界各国孜孜以求的目标。现代化是一个宽泛而丰富的概念,既象征特定历史进程,又形容相对发展状态,迄今为止学术界还没有统一的定义。放眼世界现代化历史进程,各国现代化道路各具特色,众彩纷呈,既有经验又有教训。因此对现代化理论和历史的深入探讨是本书展开论述的必要前提和逻辑起点。

一、现代化的基本内涵与发展历程

(一)现代化的内涵

1. 多学科视域下的现代化

　　现代化一般是指工业革命以来人类社会所发生的深刻变化,这种变化包括从传统经济向现代经济、传统社会向现代社会、传统政治向现代政治、传统文明向现代文明等各个方面的转变。当代中国现代化理论与比较现代化进程研究的主要开创者、已故北京大学历史学教授罗荣渠认为,广义而言,现代化作为一个世界性的历史过程,是指人类社会从工业革命以来所经历的一场急剧变革,它以工业化为推动力,导致传统农业社会向现代工业社会的全球性的大转变过程,它使工业主义渗透到经济、政治、文化、思想各个领域,引起深刻的相应变化;狭义而言,现代化又不是一个自然的社会演变过程,它是落后国家采取高效率的途径(其中包括可利用的传统因素),通过有计划的经济技术改造和学习世界先进,带动广泛的社会改革,以迅速赶上先进工业国和适应现代世界环境的发展过程。① 概括而言,现代化既是一种社会变迁,也是一个历史过程;既是从传统社会向现代社会的转变,也是发展中国家追赶发达国家先进水平的过程。

随着现代化研究逐渐发展成为国际学术界的一个热门研究课题,来自经济学、社会学、政治学、文化心理学、历史学等领域的学者纷纷涉足这一新兴研究领域,一大批开创性研究成果纷纷涌现,现代化越来越成为一个跨学科的研究领域。经济学家阿瑟·刘易斯(Arthur Lewis)"在其设定的经济模型中阐明现代化和工业化具有深切内在关联"②。政治学家阿尔蒙德(Almond)认为,政治发展是现代化的重要内涵,应按照政治结构分化与政治结构功能专门化程度,以及在政治文化中现代风格所占的优势等标准来给政治现代性下定义。③ 社会学家塔尔科特·帕森斯(Talcott Parsons)认为,现代化过程就是"整个社会趋向于分化为子系统(社会结构)"④、社会总体适应能力不断提高的过程。美国历史学家、政治学家塞缪尔·亨廷顿认为,现代化是一个多层面的进程,它涉及人类思想和行为所有领域里的变革。⑤ 可见,经济学、社会学、历史学、政治学、哲学都在关注着现代化问题的研究,学者们从各自的学科视野,对现代化问题提出各自的理解,为我们全面把握现代化的内涵提供了多维视角。

2. 现代化的一般特征

现代化渗透到社会经济、政治、文化、思想多个领域,表示为多层次、多阶段的历史过程。我们需要从多个维度来理解和把握现代化的主要特征,可以说文明进步是现代化的本质,世界现象是现代化的表现形式,发展目标是现代化的现

① 罗荣渠:《现代化新论:世界与中国的现代化进程》,商务印书馆2004年版,第17页。

② [美]阿瑟·刘易斯:《二元经济论》,施炜等译,北京经济学院出版社1989年版,第123页。

③ [美]加布里埃尔·阿尔蒙德、宾厄姆·小鲍威尔:《比较政治学:体系、过程和政策》,曹沛霖等译,东方出版社2017年版,第23页。

④ [美]塔尔科特·帕森斯、尼尔·斯梅尔瑟:《经济与社会》,刘进等译,华夏出版社1989年版,第43页。

⑤ [美]塞缪尔·亨廷顿:《变化社会中的政治秩序》,王冠华等译,生活·读书·新知三联书店1989年版,第30页。

实意义。①

　　现代化是一场深刻的社会变革。现代化是一种人类文明进步的整体性社会变迁过程,不仅包括生产力的飞速发展,而且包括社会生活的方方面面,是涉及社会各个层面的一种社会变迁过程。这场社会变革是人类历史上少有的,是"从远古创造农业、冶金术、书写文字、城市和国家以来人类史上最巨大的转变,这个革命已经改变了并继续改变着整个世界"②。现代化不仅包括工业化、城市化等经济与社会的变革过程,而且包括政治民主化、教育大众化等政治与文化变迁过程,还包含着人类思想与行为所有领域的变革,可以说现代化是人类社会的整体性变革。现代化发生在人类文明发展的各个领域、各个层次,其中典型的是经济发展、社会发展、政治制度发展、文化发展、生态文明发展、科学技术发展等,但本质是人的发展和人的现代化。在现代化过程中,人既是现代化的行为主体,也是现代化的受益者。由于生产力和生产关系的深刻变革,人类的劳动方式、消费方式、文化方式、社会交往方式等发生了深刻变革,进而导致人的思想观念、道德素质、精神面貌、心理状态、思维方式发生巨大变化。人的现代化是影响现代化成败的关键因素,是现代化的价值旨归和最终目标。人的现代化包括人口素质的现代化和人的主体意识的现代化两个方面,人口素质的现代化包括人口结构、人的身体健康素质、人的文化水平等的现代化,人的主体意识的现代化包括人的思维认知能力、心理实践能力、创造创新能力等的现代化。

　　现代化是一股世界性潮流。现代化是一种世界范围内的现象,主要表现为18世纪工业革命之后人类社会发展的世界先进水平,以及各个国家追赶、达到和保持世界先进水平的行为和过程。马克思在《资本论》序言中指出,工业较发达的国家向工业较不发达的国家所显示的,只是后者未来的景象。③ 工业革命以蒸汽机的发明和大范围使用为标志,极大解放了社会生产力,社会财富创造和生产生活条件发生了巨大变化,人类社会从前工业社会进入工业社会。现代化发源于欧洲,但很快便扩散到北美,继而影响到东亚乃至全球,已成为一种世界性潮

①　王军旗:《中国式现代化十三讲》,宁夏人民出版社2023年版,第6页。
②　罗荣渠:《现代化新论:世界与中国的现代化进程》,北京大学出版社1993年版,第132页。
③　《马克思恩格斯选集》第二卷,人民出版社1995年版,第100页。

流,世界各国几乎都或迟或早地被卷入这股潮流之中。这种世界性现代化浪潮的出现既是欧洲中心区现代化扩散外溢造成的,也是世界各国主动适应现代化所引发的自身变革的结果。从全球化看现代化,现代化实质上就是现代全球化;从现代化看全球化,全球化实质上就是全球现代化。

现代化是一个经济社会发展目标。世界上大多数国家和地区将现代化作为经济社会发展的重要目标。一个国家实现现代化,必然是国内生产总值、人均国内生产总值、收入水平位居世界前列。美国历史学家、政治学家塞缪尔·亨廷顿认为:"现代化包括工业化、城市化,以及识字率、教育水平、富裕程度、社会动员程度的提高和更复杂的、更多样化的职业结构。"①目前世界上大多数国家都在积极开展现代化建设,都把实现现代化作为国家发展的重要目标。实现现代化,是近代以来中华民族的一个伟大梦想,但从洋务运动到孙中山都没有找到一条正确的发展道路。新中国的成立使中国摆脱了沦落为帝国主义国家附庸的命运,为现代化建设创造了良好的历史条件,并由此迈入现代化建设的新阶段,中国历代领导人都把实现现代化作为国家目标。1954 年,第一届全国人民代表大会首次提出实现工业、农业、交通运输业和国防的"四个现代化"任务。1964 年,第三届全国人民代表大会提出"四个现代化"的宏伟目标。1987 年邓小平提出"三步走"发展战略,1997 年党的十五大提出"新三步走"发展战略,逐渐走出一条不同于西方资本主义国家的现代化道路,即中国特色社会主义现代化道路。党的十八大以来,在习近平新时代中国特色社会主义思想指导下,"中国式现代化"不断完善和成熟,引领我国迈入建设社会主义现代化强国的新征程。2017 年党的十九大报告提出社会主义现代化建设"两步走"战略安排。2022 年党的二十大报告鲜明指出:"从现在起,中国共产党的中心任务就是团结带领全国各族人民全面建成社会主义现代化强国、实现第二个百年奋斗目标,以中国式现代化全面推进中华民族伟大复兴。"②目前中国仍然是一个发展中国家,正在努力建设成为一

---

① [美]塞缪尔·亨廷顿:《文明的冲突与世界秩序的重建》,周琪等译,新华出版社 2002 年版,第 58 页。

② 习近平:《高举中国特色社会主义伟大旗帜 为全面建设社会主义现代化国家而团结奋斗——在中国共产党第二十次全国代表大会上的报告》,人民出版社 2022 年版,第 21 页。

个发达国家,力争在 2035 年基本实现现代化,到 2050 年全面实现现代化。

(二)世界现代化的发展历程

工业化、现代化是近代以来世界发展的潮流,也是人类文明发展史上的一次重大飞跃。18 世纪 60 年代从英国发起的第一次工业革命创造了现代生产方式,人类开始从农业社会向工业社会变迁。工业革命极大提高了生产力和生产效率,引起了生产方式、社会结构、生活方式乃至思想观念的重大变革,从根本上改变了世界的面貌。迄今为止,人类社会经历了三次现代化浪潮。[①]

1. 第一次工业革命与第一波现代化浪潮

第一次现代化浪潮由第一次工业革命推动,始于 18 世纪后期,起源于英国,随后向欧洲其他国家和地区扩散。第一次工业革命的标志是蒸汽机的发明和应用。蒸汽机的发明高效地将蒸汽的能量转换为机械动力,促使生产方式从基于手工的小规模作坊生产转变为以机器为中心的大规模工业工厂生产,锻造了产业工人大军,生产部门从棉纺织业拓展到冶金业、采掘业、机器制造业、运输业等,社会结构的变化也开始显现,人类社会从农业社会向工业社会过渡。第一次工业革命极大提高了生产力和生产效率,创造了巨大的社会财富,推动社会结构发生了重大变革,改变了世界的面貌。

2. 第二次工业革命与第二波现代化浪潮

第二次现代化浪潮始于 19 世纪 60 年代,以电力的发现和广泛应用为主要标志的第二次工业革命是其主要推动力。发电机、内燃机的发明与应用,引起社会生产力的又一次重大飞跃,人类由此进入"电气时代"。生产规模进一步扩大,技术快速发展,投资量进一步增长,国家和银行在推动现代化建设中的作用凸显。世界经济在 19 世纪后期飞速增长。西欧和北美作为资本主义工业化核心地区完成了初步工业化,成为世界发达工业区。多中心资本主义世界经济体取代了英国的单一中心地位。20 世纪初,俄国、中国等国先后爆发革命。之后,斯大林领导下的苏联实现了社会主义工业化,吸引一批民族独立国家走上社会主义道路。

---

① 王怀超:《中国式现代化道路与世界现代化进程》,《当代世界与社会主义》2023 年第 2 期。

3. 第三次工业革命与第三波现代化浪潮

第三次现代化浪潮始于 20 世纪四五十年代。主要由以原子能、电子计算机等技术的发明和应用为主要标志的第三次科技革命推动。第三次科技革命开辟了信息时代,也带来了知识经济这一新型经济,是人类文明史上继蒸汽技术革命和电力技术革命之后科技领域里的又一次重大飞跃,不仅极大推动了人类社会经济、政治、文化领域的变革,也影响了人类的生活方式和思维方式,使人类社会和人的现代化向更高境界发展。在第三次科技革命中,科学和技术转化为生产力的速度更快了。1953—1973 年世界工业总产量相当于 1800 年以来一个世纪的工业产量之和。这次现代化浪潮在世界范围内引起了发展模式的转变。一方面,科技革命导致诸如西欧、日本等地区和国家实现了产业转型升级,并大力发展技术密集型、资本密集型产业;另一方面,产业结构的新变化加快了工业化、现代化浪潮向全世界扩散。大批发展中国家融入现代化潮流,使世界现代化进程呈现出多样化和复杂化的发展图景。

当前新一轮科技革命和产业变革加速演进,数字化、网络化、智能化成为全球经济社会发展的主要特征,在更高层次和更广领域极大提升了人类认识自然和改造自然的能力。无论是发达国家还是发展中国家,要想跟上时代发展的步伐、不被时代淘汰,都必须致力于国家的现代化建设。

(三) 世界现代化的发展道路

1. 现代化的现实起点

现代化作为一种世界范围内的社会发展运动,其实践进程和理论建构应该是紧密联系在一起的。对世界现代化运动开端时间的研究,理论界存在多种观点。一种观点认为,现代化运动应该从文艺复兴运动发轫之时算起,至今现代化运动及其进程已经有 700 多年的历史。另一种观点认为,现代化运动应该从首批现代国家的形成——1688 年英国的光荣革命确立君主立宪政体算起,现代化运动已有 300 多年的历史。还有一种观点认为,现代化运动应该从把人类引向工业社会的工业革命算起,现代化运动至今已有 200 多年的历史。一般认为,18世纪中期从英国开始的工业革命,是世界现代化运动及其进程的历史起点。18世纪的英国通过航海贸易的发展积攒了大量原始资本,从而扩大了各种产品的需求,而这种需求就成了工业革命开始的动力。这一时期,牛顿在科学上的理论为工业革命创造了科学的钥匙,瓦特拿着这把钥匙创造了能够节省煤炭的蒸汽机,开启了工业革命的大门。亚当·斯密则挥动着看不见的手,为工业革命缔造了一种新的经济秩序。在这些综合性因素的推动下,英国率先开启了第一次工业革命,成为第一个进入现代化的国家,并引领世界走进现代化的大门。

2.现代化的推进动力

工业化无疑是现代化的主要内容,现代化的主要推动力就是工业化。具体来说,现代化是经济落后国家由农业社会向工业社会转变的过程。由于工业革命,社会生产方式和分配方式产生了变化,产业结构和社会结构产生了变化,经济基础和上层建筑也产生了变化。工业化首先发生在欧洲,然后传播到北美,最后扩散到世界其他地区,这是一个真正的全球化的过程,却也是一个发展十分不平衡的过程。从现代化的进程来看,西欧、北美的工业化,除英国外,都起始于19世纪,到20世纪中叶才进入成熟的高度工业化阶段。世界上其他国家或地区的工业化进程大都从20世纪开始。对于大多数发展中国家来说,工业化是从第二次世界大战结束之后才开始的。当今世界,几乎所有在经济上欠发达的国家都在致力于实现工业化,把工业化作为从根本上改变国家面貌和国际地位的发展目标和发展方略。因此,用工业化来概括现代社会变迁的动力、特征和进程,已为经济史学界和社会史学界所广泛接受。当然,工业化进程一旦开始,必然影响改变传统的农业社会,加深工业社会与农业社会的差别与对立。所以,现代化最重要的方面是人类社会从传统的农业社会向现代工业社会转变的历史过程。

3.现代化的实现道路

目前世界公认的现代化国家主要是指欧美等发达国家,主要有美国、英国、法国、德国、意大利、丹麦、瑞士、瑞典、荷兰、芬兰、挪威、日本、韩国、新加坡、以色列、澳大利亚、新西兰等20多个国家。从各国现代化的实践进程来看,世界上不存在定于一尊的现代化模式,各国实现现代化的道路各具特色。

英国凭借工业革命、政治变革、议会制度、重商主义、科学进步等方面的优势开启了现代化先声。法国实施国家主导的资本主义模式,实行经济国有化、计划化和社会安定化,积极融入科技革命,逐步赶上现代化潮流。德国的现代化之路充满了曲折,其统一和现代化是相互依存、相互促进的关系,德国人抓住第二次工业革命带来的机遇,对英法等老牌资本主义强国实现了弯道超车。美国无疑是现代化成功的范例,凭借强大的经济实力和科技创新能力,引领以计算机技术、原子能技术、生物技术和空间技术为标志的第三次科技革命,形成了以美元为主体的世界货币体系,成为世界上唯一的超级大国。日本高度重视教育和科技发展,通过国家力量的介入大力扶植一批具有国际竞争力的企业,实现了追赶型现代化的历史使命。北欧四国、韩国、新加坡等国积极参与国际分工,发展出口导向型的外向型经济,利用比较优势融入现代化潮流。由此可知,实现现代化的途径具有多样性,不同国家和民族应从自己的历史传统、现实国情出发进行选择,而不能将某一种现代化模式、现代化标准奉为圭臬。

4. 现代化的发展趋势

过去 200 多年来,现代化成为"西方化"的代名词,西方模式似乎是现代化的唯一样本。然而,很多发展中国家照搬西方模式,不仅没有顺利实现现代化,反而失去了发展的自主性,错过了发展机遇期,进而落入发展陷阱。不仅如此,欧美各国的现代化进程也正面临经济、政治、文化、观念和技术等多维度、多方位的冲击和挑战。从经济上看,西方国家经济发展长期停滞,周期性的经济危机接踵而至,"以资为本"的西方现代化无法驾驭资本的无限扩张,收入与财富的不均衡加剧了阶层固化。从政治上来看,资本主义民主政治制度实质是"资本的民主",权力制衡变形为权力掣肘、多党制演变成党争政治、民主选举被金钱污染,导致低效政治、治理乏力。从文化上来看,自由主义在西方社会并未"踩刹车",甚至滑向狭隘的个人主义,引发诸多价值观冲突。显然,西方国家面临着贫富两极分化、激烈党争、种族歧视导致的社会群体裂痕扩大等一系列内生性困境,这既是资本主义制度的先天弊端,也是西方式现代化带来的必然后果。

二、社会主义现代化的理论指导与历史进程

(一)马克思现代化思想的科学发展

1. 人类社会现代化的基本特征

马克思视野下的现代化是建立在辩证唯物主义和历史唯物主义基础上的。

从历史唯物主义方法论视角来看,现代化本质上是一个自然历史过程,是由人们的物质生活方式所决定的不以人的意志为转移的社会形态和经济结构的演进过程。在马克思视野下,人类社会形态在"原始社会—奴隶社会—封建社会—资本主义社会—共产主义社会"的演进过程中以资本主义社会的出现为拐点,标志着人类社会开始摆脱传统社会进入现代社会。对这一转变过程的分析蕴含了马克思关于人类社会现代化一般特征的深刻论述,包括生产力的极大飞跃、生产关系的变革、机器大工业的普遍应用、商品经济的繁荣和世界市场的发展以及形成以物的依赖为基础的人的独立性。马克思也对资本主义社会之后人类社会的现代化发展,即共产主义社会进行了科学构想:社会生产力高度发达、公有制取代私有制、产品经济取代市场经济、人的全面发展……

生产力的突飞猛进带来财富的迅速积累。马克思主义唯物史观认为社会历史的发展归根结底是生产力的发展,现代化也首先表现为生产力的现代化。资本主义时代之所以成为现代化的开端,是因为机器大工业的普遍应用引致生产力水平达到前所未有的高度,"资产阶级在它的不到一百年的阶级统治中所创造的生产力比过去一切世代创造的全部生产力还要多,还要大"①。马克思通过剩余价值学说揭示了资本主义财富生产与积累的秘密。在资本主义生产方式产生之初,资本家通过"圈地运动"、掠夺殖民地、贩卖黑人等方式实现了资本原始积累,因此"资本来到世间,从头到脚,每个毛孔都滴着血和肮脏的东西"②。在资本主义生产过程中,资本家通过延长工作日、增加劳动强度、提高劳动生产率等方式榨取工人剩余价值。在资本主义再生产中,资本积累表现为资本量的扩大,其实质不过是通过剩余价值的资本化进而生产出更多的剩余价值。生产力越发达,资本增殖的规模效应越大,资本家的财富积累与工人阶级的贫困积累一同增长,社会两极分化日趋严重。但资本主义的财富积累并不是无限的,资本主义并不是现代化的永恒形态,当生产力水平超越了资本主义社会所能容纳的极限,剥夺者将被剥夺,人类社会将逐步进入由更高生产力所决定的现代化阶段,即共产

① 《马克思恩格斯选集》第一卷,人民出版社 2012 年版,第 405 页。
② 《资本论》第一卷,人民出版社 1975 年版,第 829 页。

主义形态。

生产关系不断变革与调整以适应生产力的发展,使得现代化发展呈现动态演化性。马克思考察了人类社会形态演进过程,指出:"社会的物质生产力发展到一定阶段,便同它们一直在其中运动的现存生产关系或财产关系(这只是生产关系的法律用语)发生矛盾。于是这些关系便由生产力的发展形式变成生产力的桎梏。那时,社会革命的时代就到来了。"①资本主义生产关系的变革开启了现代化的进程,然而资本主义生产关系仍存在生产过程的对抗,具体表现为四点:资产阶级与无产阶级的对抗导致社会矛盾激化;物质生产与精神生产的对抗导致人的异化;人与自然的对抗导致资本主义面临严峻的生态危机;生产社会化和资本家私人占有的对抗导致经济危机的周期性爆发。马克思指出:"在资产阶级社会的胎胞里发展的生产力,同时又创造着解决这种对抗的物质条件。"②同时,马克思还指出,在这些社会对抗与矛盾到达爆发的临界值之前,资本主义生产关系不会消失。只有当资本主义社会发展出的生产力创造出解决这种对抗的物质条件时,人类社会才能从社会生产过程的对抗形式中走出来,才能进入现代化的高级阶段——共产主义社会。

科学技术的巨大进步和广泛应用推动了人类社会向现代化转型。马克思指出提高劳动生产力的主要形式是"协作、分工和机器或科学的力量的应用等等"③。人类科学技术水平的飞跃式发展是在进入资本主义社会以后,从铁犁牛耕到蒸汽动力,科学技术的进步使机器的广泛应用成为可能,资本主义机器大工业的发展使得机器的力量代替了自然力和人力。机器化生产的精细化和简捷化提高了生产领域和生产环节的效率,与生产力提升相对应的是技术的使用和对工人阶级剥削的加剧,机器替代人力使得工人的劳动变得毫无价值并成为机器的附属物。"科学、巨大的自然力、社会的群众性劳动都体现在机器体系中,并同机器体系一道构成'主人'的权力。"④可见,科学技术在机器大工业上的发展推

---

① 《马克思恩格斯选集》第二卷,人民出版社 2012 年版,第 2 - 3 页。
② 《马克思恩格斯选集》第二卷,人民出版社 2012 年版,第 3 页。
③ 《马克思恩格斯全集》第三十二卷,人民出版社 1998 年版,第 288 - 289 页。
④ 《资本论》第一卷,人民出版社 1975 年版,第 464 页。

动了资本主义制度的发展,也包含了使其消亡的因素,随着科技创新推动生产力向更高级形态前进,生产关系也将得到重新建构。

人类现代化的一个重要表现是商品经济的繁荣发展以及世界市场的逐步形成。进入资本主义社会,资本的逐利性使得生产规模不断扩大,不同部门间的交易往来愈发频繁,商品交易规模、范围日益扩大,由村落扩展到区域、国家直至形成世界市场。马克思指出:"资本一方面具有创造越来越多的剩余劳动的趋势,同样,它也具有创造越来越多的交换地点的补充趋势……创造世界市场的趋势已经直接包含在资本的概念本身中。"[①]虽然世界市场的扩张与资本主义生产方式紧密关联,但市场经济的高度繁荣并不会无限制地支撑资本主义生产方式和规模的扩大,因为资本主义世界市场的建立和扩张过程是不公平的、掠夺式的,是建立在剥削与被剥削基础上的,最终必将招致资本主义制度的自我毁灭,取而代之的就是"在协作和对土地及靠劳动本身生产的生产资料的共同占有的基础上,重新建立个人所有制"[②]。马克思认为共产主义革命是以生产力的普遍发展和与此相关的世界交往的普遍发展为前提的,即使在未来的共产主义社会商品货币关系会消亡,但这种商品经济的高度发达及由此形成的普遍联系的世界市场是人类社会的必经之路。

人的全面自由发展。马克思将人类社会的发展更替分为三大形态,即人的依赖关系、以物的依赖为基础的人的独立性和人的能力的全面发展阶段。第三种形态,即人的能力的全面发展阶段是现代化的最终目标。人是现代化过程的核心所在,是主要生产力。在最初的社会形态中,"人的生产能力只是在狭窄的范围内和孤立的地点上发展着"[③],人的依赖关系在传统氏族社会和封建社会中既表现为对共同体的依赖也表现为对自然的依赖。第二种社会形态以商品经济为基础,人对物的依赖不再全然是对自然的依赖,而是对自己所生产的物的依赖,这正是资本主义所异化的生产关系和劳动关系,"人的社会关系转化为物的

---

① 《马克思恩格斯选集》第二卷,人民出版社 2012 年版,第 713 页。
② 《马克思恩格斯选集》第二卷,人民出版社 2012 年版,第 300 页。
③ 《马克思恩格斯全集》第四十六卷(上册),人民出版社 1979 年版,第 104 页。

社会关系;人的能力转化为物的能力"①。人对物的依赖关系不仅表现为商品生产者对自己所生产的产物——商品、货币、资本的崇拜,即商品经济条件下的拜物教,更体现在资本主义生产方式中劳动对资本的不断加深的隶属关系。第二种社会形态为第三种社会形态创造了条件,第三种社会形态是"建立在个人全面发展和他们共同的、社会的生产能力成为从属于他们的社会财富这一基础上的自由个性"②,这正是马克思所阐述的人的自由发展的最高境界。在共产主义社会中,物质生产力水平高度发达,雇佣劳动制度和私有制也被消灭。人摆脱了对物和人的双重依赖,人与自然之间、人与人之间的矛盾对立将被消除,人的自由意志得到释放,人的全面发展的现代化才能得以实现。

2. 人类现代化的两大阶段

发展社会主义不仅是一个长期的历史过程,而且是需要划分为不同历史阶段的过程。马克思在《哥达纲领批判》中把经过长久阵痛刚刚从资本主义社会产生出来的社会主义社会,称作共产主义社会的第一阶段,而在自己的旗帜上写上"各尽所能,按需分配"③的是共产主义社会的高级阶段。列宁在《国家与革命》中把社会主义社会称作第一阶段。后来列宁具体解释道:"如果我们问一下自己,共产主义同社会主义的区别是什么,那么我们应当说,社会主义是直接从资本主义生长出来的社会,是新社会的初级形式。共产主义则是更高的社会形式,只有在社会主义完全巩固的时候才能得到发展。"④

3. 人类现代化道路的多样性

马克思生活在资本主义国家迅速发展的时期,虽然他没有直接提出"现代化"这一概念,但是在对现实社会问题的回应中他多次使用"现代""现代国家""资产阶级时代"等术语表达现代化,认为现代化并非资本主义国家的现代性,而是一种资本化的过程。19世纪70年代后,马克思清晰认识到资本主义在各个民族之间存在着不同的类型,最终选择社会主义现代化道路还是资本主义现代化

---

① 《马克思恩格斯文集》第八卷,人民出版社2009年版,第51页。
② 《马克思恩格斯文集》第八卷,人民出版社2009年版,第52页。
③ 《马克思恩格斯文集》第三卷,人民出版社2009年版,第436页。
④ 《列宁全集》第三十八卷,人民出版社1986年版,第36页。

道路取决于具体的社会现实。然而,由于西方资本主义发达国家在现代化进程中的内源先发优势,长久以来西方现代化被认为是人类社会发展的唯一模式。正如晚年的马克思认为俄国可以跨越"卡夫丁大峡谷",从而"为他们的祖国寻找一条不同于西欧已经走过而且正在走着的发展道路"①,这足以说明现代化道路的多样性。习近平总书记指出:"世界上既不存在定于一尊的现代化模式,也不存在放之四海而皆准的现代化标准。"②进入 21 世纪,在西方现代化和中国式现代化共存的时代境遇下,中国打破了"现代化 = 西方化"的迷思,开辟了一条属于中国但又具有世界意义的现代化道路。

　　4.落后国家现代化建设的先决条件

　　马克思、恩格斯强调获得民族独立是进行现代化建设的先决条件。马克思、恩格斯提出:"一个大民族,只要还没有实现民族独立,历史地看,就甚至不能比较严肃地讨论任何内政问题。"③"排除民族压迫是一切健康而自由发展的基本条件。"④一个民族,"只有当它作为一个独立的民族重新掌握自己的命运的时候,它的内部发展过程才会重新开始"⑤。显然,马克思、恩格斯认为民族国家进行现代化建设的前提就是实现民族独立,只有当命运掌握在自己手中时,才能独立自主地推进现代化发展,这就给中国式现代化道路的探索和发展提供了重要的思想指导。作为马克思主义的忠实传承者,中国共产党领导和团结全国各族人民进行了艰苦卓绝的革命斗争,推翻了"三座大山",最终建立了新中国,实现了民族独立和人民解放,为开创中国式现代化道路创造了根本社会条件。

　　(二)苏联社会主义现代化的发展历程与经验教训

　　作为世界上第一个社会主义国家,苏联在向社会主义过渡和建设社会主义方面经过艰辛的探索,形成了第一个社会主义现代化建设的系统方案,即苏联模式。苏联模式是在政治革命取得成功的基础上自上而下推行的一种全面的政

---

① 《马克思恩格斯选集》第四卷,人民出版社 2012 年版,第 316 页。
② 《习近平谈治国理政》第四卷,外文出版社 2022 年版,第 123 页。
③ 《马克思恩格斯文集》第十卷,人民出版社 2009 年版,第 471 页。
④ 《马克思恩格斯文集》第十卷,人民出版社 2009 年版,第 472 页。
⑤ 《马克思恩格斯选集》第二卷,人民出版社 1972 年版,第 632 页。

治、经济与社会变革,是一种国家主要通过指令性计划进行资源配置与财富分配,从而实现以重工业为主导的赶超型现代化发展模式。1936 年 11 月,苏维埃召开第八次非常代表大会,通过了新宪法,苏联模式逐步形成。苏联社会主义制度体制或苏联模式,"不完全是斯大林个人意志的产物,更多是苏联国情、历史传统和当时时代特征的产物"①。在特定历史条件下,以单一生产资料公有制、自上而下的指令性计划经济体制和权力高度集中统一为主要特征的苏联模式推动苏联经济社会快速发展,从 1928 年到 1940 年,苏联工业产值增长了 9 倍,年均增长 16.8%,成为仅次于美国的欧洲第一、世界第二的工业强国,为战胜法西斯发挥了重要作用。但随着时间的推移,苏联模式的弊端日益暴露。不尊重经济规律,经济上追求高度集中、政治上高度集权,成为苏联经济社会发展的障碍。进入 20 世纪 80 年代,苏联和其他东欧国家也想进行调整改革,但在西方等各种势力的强大攻势下,这种调整改革偏离了正确方向,导致 1989 年东欧国家先后发生剧变,1991 年苏联解体、苏共解散,世界社会主义遭受了巨大曲折。

纵观苏联社会主义现代化建设的全过程,可以说,为中国式现代化建设提供了一个完整的从经验到教训的样板。② 首先,领导社会主义现代化建设的执政党必须始终把人民利益放在首位。苏联共产党之所以失去人民的信任和支持,与这个党不重视加强自身建设有极大的关系,加之"官僚"与"腐败",使其核心作用日渐丧失。因此,苏共兴亡的根本教训,就是共产党要始终坚持自我革命,实现自身的现代化。其次,社会主义现代化建设不能脱离国情。在生产力落后的国家里建设社会主义,本应从实际国情出发。但从斯大林开始的苏联历届领导人均没有完全弄清楚社会主义的本质问题,脱离国情的教条化不仅使社会主义现代化的苏联模式难以改革,而且使苏联后期陷入严重的意识形态危机。习近平总书记指出,苏联模式"由于不尊重经济规律等,随着时间推移,其弊端日益暴露,成为经济社会发展的严重体制障碍"③。最后,社会主义现代化建设必须

---

① 曹普:《社会主义发展史十二讲》,人民出版社 2021 年版,第 9 页。

② 赵宏:《社会主义现代化苏联模式失败的教训及启示》,《科学社会主义》2023 年第 2 期。

③ 《实现中华民族伟大复兴的必由之路——关于坚持和发展中国特色社会主义》,《前进》2016 年第 6 期。

坚持在文明互鉴中推进。社会主义现代化建设,既要和本国的实际相结合,也要与具体的时代相结合。而苏联模式的现代化,坚持在小生产基础上关起门来搞建设,使其所坚持的国家计划经济体制始终无法给市场带来活力,更不可能按照市场经济的平等、法治等要求去推动整个苏联社会走向现代化。

(三)东欧社会主义现代化的发展历程与经验教训

东欧身处欧洲的夹缝中,始终为周边列强争夺的势力范围。第二次世界大战结束后,东欧各国普遍实行了人民民主制度。由于美苏"冷战"升级,斯大林决定改变对东欧国家的政策,采取一系列政治、经济和军事措施,其中一个重要举措就是确保东欧各国在意识形态与社会制度方面与苏联保持一致,这就直接导致社会主义现代化的苏联模式被强行移植到这些国家。东欧国家的政治经济体制和方针都转到苏联模式上来,实行高度集中的体制,按照"重、轻、农"的顺序发展国民经济,牵引着东欧国家现代化进程的快速发展,在 20 世纪 50—60 年代大多数东欧国家完成了从农业国或农业工业国向工业国的过渡,到 70 年代已先后达到经济上的中等发达国家水平。但是,该模式高度集权的经济管理体制、排除市场机制作用的经济体制以及与整个国际市场和发达国家经济联系的割裂,构成了东欧社会主义现代化进程中的种种阻碍因素,尤其是导致了东欧国家的经济发展在进入 20 世纪 70 年代后一再出现危机。东欧剧变之后,东欧各国完全抛弃了苏联模式的指令性计划为主的计划经济管理体制,纷纷转向西方以市场调节为主的市场经济管理体制。当前剧变后的东欧国家在面临现代化发展方向与道路选择的重要历史关头,再一次将目光投向其西部的邻国。"回归欧洲"的道路虽然并不平坦,但是东欧各国仍然将自己与欧盟国家的一体化看作推进本国现代化的新动力。① 东欧各国在夹缝中艰难探索的历史教训,警醒着我们推进现代化建设要保持自身独立性,减少地缘政治束缚和大国博弈带来的影响,正确处理好历史与现实问题,积极融入世界潮流,用好国内、国际两种资源。

(四)亚洲社会主义现代化的发展历程与历史教训

1858 年越南成为法国殖民地,被迫卷入世界现代化进程中。1945 年越南获

---

① 杨烨:《20 世纪东欧国家社会主义现代化的历史评价》,《当代世界与社会主义》2001 年第 5 期。

得民族独立,随后的 30 年间在大多数亚洲国家开启现代化道路探索的时候,越南经历了两次印度支那战争,现代化进程严重受阻。1976 年越南社会主义共和国成立,这个饱经殖民和战乱的国家才获得自主性政治制度保障。1976—1986年,受国际冷战格局和时任越共亲苏领导人的影响,越南选择苏联的社会主义发展模式,政治体系僵化,经济发展停滞,法治建设薄弱,加上错误的对外方针,越南现代化进程出现严重偏误。1986 年底,越共学习苏联和东欧改革思想,借鉴中国改革开放的经验,在合理吸收西方现代化发展理论的基础上认真总结内政外交失败的教训,在时任越共总书记阮文灵的领导下开启越南革新发展的现代化道路探索至今。老挝和越南有着相近的发展历程,且老挝人民革命党长期得到越南共产党的指导和帮助,甚至其十大前的各次党的代表大会的政治报告都是在越南理论家的帮助下完成的,因此老挝革新的思路在 2016 年十大之前与越南非常相似,而其十大报告也参考了中国的建议。1986 年 11 月召开的老党四大会议为"革新开放"扫除了思想认识上的障碍的同时,也制定了 1986 年至 2000 年以及第二个五年计划的基本方针和任务,这是老党首次提出"革新开放"的战略方针,从此老挝进入"革新开放"的时期。导入市场经济和对外开放政策,改变了老挝长期以来对外封闭的情况,令老挝向世界开放,同时大幅度提高了老挝国内人民的生活水平,改善了其在国际上的形象,自此老挝进入经济高速发展时期。苏东剧变后,朝鲜劳动党坚持社会主义道路,认为社会主义在一系列国家的崩溃,并不是作为科学社会主义的失败,而是意味着使社会主义变质的机会主义的破产。金正日先后于 1989 年 10 月和 1992 年初指出,在国际共产主义运动处于低潮的形势下,朝鲜更要坚持党的领导,坚持主体思想,坚持朝鲜式的社会主义,即以人民群众为中心的,以主体思想为基础并体现了主体思想的主体社会主义。可见,越南、老挝、朝鲜都在根据本国国情探索符合自身特点的发展道路和模式,在经历长期稳定发展后,迎来了集中力量建设社会主义现代化的新时期。在全球化时代的两制交锋中,社会主义国家唯有团结互信,同舟共济,不断推进社会主义现代化进程,才能实现 21 世纪世界社会主义的复兴和构建人类命运共同体的美好愿景。

第二章　中国式现代化的
历史演进与经验启示

　　现代化作为表征人类社会演进的特定大历史时区,特指人类社会由传统的农业文明向现代的工业文明乃至知识文明转变的一般性、世界性的历史进程。因而,实现现代化是每个民族国家与地区为保证自身不落后于历史潮流而消亡的理性追求。同样,开启中国现代化并探索创立中国式现代化是近代以来我国实现中华民族伟大复兴的必由之路。随着西方现代化这一先发内生型现代化的世界扩张,中国不可避免地被卷入世界现代化的历史浪潮,开启了自身的被迫外源性现代化探索进程。直到中国共产党成立,其作为集体性的理性主体开启了我国自主探索现代化的伟大历程。百年来的探索进程形成了丰富的现代化建设经验,凝铸了自身的现代化发展规律,极大推动了中国史无前例地接近实现中华民族伟大复兴的伟大目标,更为人类现代化文明发展贡献了中国力量与中国智慧。

一、中国式现代化的历史演进

　　近代以来,现代化作为世界历史浪潮浩浩汤汤地奔向中国,在西方现代化的坚船利炮下我国被迫开启了谋求自身现代化的历史进程。经历了起步与探寻的外源式现代化摸索进程、定向与蓄力的现代化自主探索进程、调适与曲折的中国式现代化的起步探索、重启与奋进的中国特色社会主义道路的历史奠基和赓续与开新的中国式现代化的创生与拓深五大发展阶段,并在理论层面实现了从“两化”“四个现代化”“中国式的现代化”“中国特色社会主义现代化”到“中国式现代化"的创新与发展。

（一）起步与探寻：外源式现代化探索的缓慢进程

资本主义生产方式推进人类社会实现了由传统向现代的伟大跃升，人类社会开始进入现代资本主义社会。以工业革命为核心动力的资本主义现代化实现了"人类历史上自从发明了农业和冶金术，发明了文字和城邦以来，那遥远的时代的最伟大变革"，而且这场"革命改变了世界，并且还在继续使整个世界发生变革"①。第一次工业革命由英国向西欧扩散，引起了第一波现代化浪潮；第二次工业革命则辐射至欧洲和北美洲，超出了欧洲范围，造就了第二波现代化浪潮；第三次工业革命则在全世界掀起了第三波现代化浪潮。正是在资本主义现代化的世界扩张中，我国不可避免地被卷入现代化这一世界性进程，这一卷入是以英国为代表的先发现代化国家采取殖民扩张的极端残暴手段而实现的。同时，我国现代化的被迫开启不只因为现代化的世界性趋势，根本在于"保持得最顽强也最长久"②的亚细亚生产方式长久地限制了我国的现代化进程，亚细亚的生产方式呈现个人极大依赖公社、生产局限于自给自足的狭窄范围，以及农业与手工业紧密结合等特点，难以满足作为现代化代表的资本产生的历史条件，即"个人把自己当做所有者，当做自身现实性的条件的主人"③，个人劳动不是为了"维持各个所有者及其家庭以及整个共同体的生存"④，而是"为了创造价值"⑤。因此，亚细亚的生产方式从经济结构极大限制了现代性要素在我国内部的自主生发。

现代化的世界性与我国固有的传统生产模式决定了我国现代化的后发外源。西方国家以残酷血腥的鸦片战争打开了中国闭关锁国的大门，开启了中国被动接受现代化并缓慢探索的历史进程。西方现代化的侵扰破坏了经济发展、加剧了社会动荡、加速了旧中国的政治衰败，使旧制度面临必须变革的局面。西方的先发表征着其不仅先行开启了现代化，更先行展现了发展优势，使后发起步

---

① ［英］艾瑞克·霍布斯鲍姆：《革命的年代：1789—1848》，王章辉等译，中信出版社 2017 年版，第 1 页。
② 《马克思恩格斯文集》第八卷，人民出版社 2009 年版，第 136 页。
③ 《马克思恩格斯文集》第八卷，人民出版社 2009 年版，第 122 页。
④ 《马克思恩格斯文集》第八卷，人民出版社 2009 年版，第 123 页。
⑤ 《马克思恩格斯文集》第八卷，人民出版社 2009 年版，第 123 页。

的我国一度产生"模仿、借鉴"的刺激性反应。可以说,我国现代化真正起步于19世纪60年代的"自强运动",帝国主义的疯狂入侵催生了中国与世界的差距之问,部分仁人志士开始睁眼看世界,以"师夷长技"的方式将中国"现代化"置于全球视野之中。在救亡图存坚定信念的秉持下,"中体西用"这样一种将"'旧的最好东西'和'新的最好的东西'"①结合起来的思想顺势萌发,这是现代化对中国人尤其是上层知识分子的冲击而导致其退让并不得不接受现代化的第一步。然而,这种企图不论动机多么美好,"都将由于现代化模式和社会结构相互之间的奇异依存性而注定要失败"②。由于器物现代化的不彻底性决定了这场自救式的发展探索最终不可避免地走向"破产"。继之而起的是康有为等愤然而起提出变法,提倡要进行政治改革;孙中山先生提出伟大的"三民主义",推进辛亥革命,建立了中华民国,但革命果实被窃取。挽救中国于水火的革命运动在浩浩汤汤中都趋于失败,"君主立宪制、复辟帝制、议会制、多党制、总统制都想过了、试过了"③,但结果都行不通。从器物学习、理念借鉴再到制度变革,这一系列"把外来压力所形成的现代化诉求看作是一种仓促的应对和急切的处理"④举措,体现了我国早期对现代化的急切与盲目,缺乏对我国历史基础、制度特征、传统与现代关系等的冷静把握和深入剖析。直到1917年俄国十月革命的爆发,马克思主义传入中国,马克思主义的传入提供了把握与批判资本主义文明的思想武器,并与工人运动相结合,指导中国共产党的成立,标志着我国现代化实现了从被迫应对到自主探索的逻辑转向。

(二)定向与蓄力:现代化自主探索进程的开启

新民主主义革命的社会主义定向与中央苏区时期现代化的艰辛探索为我国在民族国家的意义上开启现代化建设积累了宝贵的历史经验,奠定了坚实的发

---

① [美]吉尔伯特·罗兹曼:《中国的现代化》,国家社会科学基金"比较现代化"课题组译,江苏人民出版社2010年版,第4页。

② [美]吉尔伯特·罗兹曼:《中国的现代化》,国家社会科学基金"比较现代化"课题组译,江苏人民出版社2010年版,第4页。

③ 习近平:《出席第三届核安全峰会并访问欧洲四国和联合国教科文组织总部、欧盟总部时的演讲》,人民出版社2014年版,第43页。

④ 赵锦英:《从中国现代化到中国式现代化》,《教学与研究》2023年第4期。

展基础。

中国共产党的成立标志着中国现代化建设完全迈入思想自觉的发展阶段，为我国独立自主开展现代化提供了科学领导力量。中国共产党作为集体性的理性主体，在科学把握现代化一般规律与民族价值目标关系的基础上明确了我国现代化的社会主义方向。以毛泽东同志为代表的中国共产党人以新民主主义革命确定了我国现代化的社会主义方向。在把握人类现代化进程皆以革命为自身开启现代化奠基的历史前提下，毛泽东同志明确指出，只要"政治不改革，一切生产力都遭到破坏的命运，农业如此，工业也是如此"①，只有在"一个独立、自由、民主和统一的中国"②，现代化的推进与实现才有可能。同时毛泽东同志基于此强调我国革命胜利的根本在于要走一条"中国式的、特殊的、新式的民主主义"③革命道路，即新民主主义革命道路。新民主主义革命的历史特点就在于"分为民主主义和社会主义两个步骤"④，是致力于实现社会主义的革命道路。而且，毛泽东进一步明确了这一革命道路的历史任务在于为"中国的工业化和农业近代化"奠基。基于对马克思关于无产阶级革命两步走思想，即"无产阶级将利用自己的政治统治，一步一步地夺取资产阶级的全部资本，把一切生产工具集中在国家即组织成为统治阶级的无产阶级手里，并且尽可能快地增加生产力的总量"⑤的深入把握，毛泽东立足中国场域，指明了中国共产党的任务使命即"中国工人阶级的任务，不但是为着建立新民主主义的国家而斗争，而且是为着中国的工业化和农业近代化而斗争"⑥，首次提出了关于"工业化与农业化"的"两化"思想。

这一时期虽尚未明确提出"现代化"这一思想概念，但"工业化与农业化"的提出已经涉及现代化建设的核心内容，在"两化"思想的指导下，中国共产党开启了在中央苏区的现代化建设进程。首先，明确了苏区建设的三大核心任务："第一个任务是发展农业生产，第二个任务是发展工业生产，第三个任务是发展出入

① 《毛泽东选集》第三卷，人民出版社 1991 年版，第 1080 页。
② 《毛泽东选集》第三卷，人民出版社 1991 年版，第 1080 页。
③ 《毛泽东选集》第二卷，人民出版社 1991 年版，第 666 页。
④ 《毛泽东选集》第二卷，人民出版社 1991 年版，第 666 页。
⑤ 《马克思恩格斯文集》第二卷，人民出版社 2009 年版，第 52 页。
⑥ 《毛泽东选集》第三卷，人民出版社 1991 年版，第 1081 页。

口贸易。"①这一任务的提出初步描绘了现代化的基本内涵,为之后苏区现代化建设提供了建设目标与主线。其次,在指明核心任务的基础上,制定了科学具体的政策策略。在明确必须"立即开展经济战线上的运动,进行各项必要和可能的经济建设事业"②,具体规划了"推销经济建设公债,发展合作社运动,普遍建设谷仓,建设备荒仓"③等经济举措,并基于"苏区工农群众的文化水平一般的提高"④目标,提出了"使所有苏区的劳动民众都受到教育,开展文化战线的斗争"⑤的文化教育举措,以及"战争动员、扩大红军、经济建设、文化教育、开展反官僚主义斗争"⑥的现实路径。最后,在现代化的价值旨归层面肯定了"人"的重要性。《中华苏维埃共和国宪法大纲》明确规定:"中国苏维埃政权所建设的是工人和农民的民主专政的国家;苏维埃全政权是属于工人、农民、红军兵士及一切劳苦民众的。"⑦

(三)调适与曲折:中国式现代化的起步探索

中华人民共和国的成立是现代化进程中历史性的一步,标志着我国现代化发展走上了国家独立、民族自觉的历史新道路,成功在民族国家意义上开启了中国式现代化道路。中华人民共和国的成立为开创中国式现代化奠定了根本的政治保障,结束了中国近百年来的内部斗争与半独立状态,标志着我国现代化建设开始从中国的现代化到中国式现代化的转变,开启了在社会主义革命与社会主义建设时期"中国式"现代化的探索进程。

社会主义革命与建设时期我国现代化历经多次调适,完成了"以苏为鉴"到"走自己的路"的发展态度转变,提出了"四个现代化"的发展思想。由于苏联当时历经革命与建设呈现了一个"伟大的光辉灿烂的社会主义国家"⑧形

---

① 《毛泽东年谱(一八九三——一九四九)(修订本)》上卷,中央文献出版社 2013 年版,第 414 页。
② 《毛泽东选集》第一卷,人民出版社,1991 年版,第 119 页。
③ 《毛泽东选集》第一卷,人民出版社,1991 年版,第 121 页。
④ 《毛泽东年谱(一八九三——一九四九)(修订本)》上卷,中央文献出版社 2013 年版,第 414 页。
⑤ 《毛泽东年谱(一八九三——一九四九)(修订本)》上卷,中央文献出版社 2013 年版,第 414 页。
⑥ 《毛泽东年谱(一八九三——一九四九)(修订本)》上卷,中央文献出版社 2013 年版,第 413 页。
⑦ 《毛泽东年谱(一八九三——一九四九)(修订本)》上卷,中央文献出版社 2013 年版,第 358 页。
⑧ 《毛泽东选集》第四卷,人民出版社 1991 年版,第 1481 页。

象,致使苏联模式似乎顺理成章成为我国探索自身现代化建设的"前车之鉴","走俄国人的路"也成为社会主义革命时期我国实行现代化遵循的道路原则,具体体现在"四个现代化"理论提出过程中对"重工业、国防现代化"的强调。在1953年底中宣部制发的文件中,明确指出"重工业"在我国现代化建设进程中处于核心地位,提出"实现国家的社会主义工业化的中心环节是发展国家的重工业,以建立国家工业化和国防现代化的基础"①,"国家社会主义工业化的中心必须是发展重工业"②。1954年一届全国人大一次会议通过的政府工作报告同样强调了重工业的发展地位,提出要"经过几个五年计划,把中国建设成为一个强大的社会主义的现代化的工业国家"③的目标,并将现代化内涵界定为"工业""农业""交通运输业"和"国防"的现代化,这是"四个现代化"的首次提出。苏共二十大后,尤其是毛泽东发表《论十大关系》之后,苏联模式弊端的不断暴露使得以毛泽东同志为代表的中国共产党开始将现代化建设的着眼点转向我国现实,将现代化建设的着力点放在平衡现代化实际与民族复兴目标的关系上。《论十大关系》一改过去对"重工业"的突出强调,明确提出"工农轻重并举"的现代化方针。此后,中国共产党开始对"四个现代化"进行反复考量与调整,不仅进一步将交通运输业纳入工业范畴,同时为借助世界和平形势集中力量发展经济,选择了放缓国防工业,更加注重发展工业、农业和科学文化的现代化。具体来看,1957年,毛泽东在党的八届三中全会上提出要"将我国建设成为一个具有现代工业、现代农业和现代科学文化的社会主义国家"④,弱化了对国防现代化的强调。1959年底,毛泽东在《读苏联〈政治经济学教科书〉的谈话》中再次将国防现代化放在我国现代化的内涵之列,指明了"建设社会主义,原来要求是工业现代化,农业现代化,科学文化现代化,现在要加上国防现代化。"⑤这是四个现代化目标的第一次完整表述。1963年1

---

① 《中共中央文件选集(1949年10月—1966年5月)》第十四册,人民出版社2013年版,第503页。
② 《中共中央文件选集(1949年10月—1966年5月)》第十四册,人民出版社2013年版,第504页。
③ 《建国以来重要文献选编》第五册,中央文献出版社1993年版,第589页。
④ 《毛泽东文集》第七卷,人民出版社1999年版,第207页。
⑤ 《毛泽东文集》第八卷,人民出版社1999年版,第116页。

月,周恩来再次调整"四个现代化"的内容及序位,用"科学技术"替代"科学文化",将农业现代化提前至首位,提出"农业现代化、工业现代化、国防现代化和科学技术现代化"①。1964 年 12 月,根据毛泽东的提议,周恩来在第三届全国人大一次会议政府工作报告中首次提出,要"在不太长的历史时期内,把我国建设成为一个具有现代农业、现代工业、现代国防和现代科学技术的社会主义强国"②,不仅明确了"四个现代化"的内涵,还将其提至强国目标高度。1964年底,在三届人大一次会议上,周恩来在政府工作报告中再次明确实现"四个现代化"的时间安排,即"我们一定要在本世纪内,把我国建设成为一个具有现代农业、现代工业、现代国防和现代科学技术的社会主义强国"③。1975 年,在第四届全国人大一次会议的政府工作报告中,周恩来再次细化了我国开展社会主义现代化的战略步骤,即"第一步⋯⋯在 1980 年以前,建成一个独立的比较完整的工业体系和国民经济体系;第二步,在本世纪内,全面实现农业、工业、国防和科学技术的现代化,使我国国民经济走在世界的前列"④。完成了对"四个现代化"思想的整体阐释,标志着"四个现代化"思想的定型。整体来看,在明确"走自己的路"的原则基础上,"四个现代化"思想的逐步完善与最终定型指导我国建立了独立的、比较完整的工业体系和国民经济体系,为现代化建设奠定了重要的物质技术基础。同时我国顺利完成了"一化三改"、建设了社会主义制度,为我国现代化建设奠定根本政治前提与制度基础。

这一探索进程并不是一帆风顺的,由于我党主观上缺乏对客观实际主要是现实国情与现代化建设规律的深刻把握,导致我国现代化进程走了一些弯路。但发展的曲折是"摸着石头过河",在推进现代化建设中是"不可避免"的,绝不能以历史虚无主义的态度否定这一时期的整体性成就。总体来看,历经社会主义革命与社会主义建设,不仅理论上凝铸了"四个现代化"理论,而且为我国现代化的自主探索与扩展奠定了制度基础,提供了珍贵的经验与教训。

---

① 《建国以来重要文献选编》第十七册,中央文献出版社 1997 年版,第 141 页。
② 《毛泽东年谱(一九四九——一九七六)》第五卷,中央文献出版社 2013 年版,第 454 页。
③ 《改革开放三十年重要文献选编》上卷,中央文献出版社 2008 年版,第 61 页。
④ 《毛泽东年谱(一九四九——一九七六)》第六卷,中央文献出版社 2013 年版,第 568 页。

（四）重启与奋进：中国特色社会主义道路的历史奠基

党的十一届三中全会做出把党和国家的工作重心转移到经济建设上来、实行改革开放的伟大决策，再次吹响了现代化建设的号角，自此我国进入社会主义现代化建设的新时期。

改革开放初期，邓小平放眼世界，以"日新月异"概括了世界现代化的猛烈发展。他认为，在我国现代化遭遇"文革"波荡而一度停滞的这十几年，"世界经济和科技的进步，不是按年来计算，甚至于不是按月来计算，而是按天来计算"①。其实历经走国家工业化和社会主义改造同时并举总路线的过渡时期，到社会主义制度的确立，在很大程度上为我国现代化建设奠定了物质基础，并提供了制度保障，使我国现代化在"六十年代初期同世界上有差距，但不太大"②。而"1960年代后半期，中国大概比它帝制结束以来的任何时期都更为内向……甚至到了1976 年……中国的出口仍然只占世界出口总量的 0.7%"③，文革对生产生活的影响直接导致我国的现代化进程一度自我封闭而滞后于世界。正是基于对世界现代化的迅猛推进与我国现代化的滞后实际，在重新开展现代化建设的新时期，邓小平在 1979 年 3 月 21 日会见英中文化协会执行委员会代表团时，历史性地提出了"中国式的四个现代化"，首次用"中国式的"来界定我国现代化。同年 3 月23 日，在中央政治局会议上将"中国式的四个现代化"简化为"中国式的现代化"，首次明确提出了"中国式的现代化"，并对"中国式的现代化"的具体内涵进行了界定，即"是有中国特色的社会主义"④、是"小康之家"⑤。并进一步对"小康"的内涵进行了中国式的判定，即是立足社会主义初级阶段的不全面、不充分的小康，进一步明确了改革开放新时期中国式的现代化的根本前提是"中国的特点"即"底子薄与人口多，耕地少"⑥与这一目标的衡量标准即国民生产总值"年人均达到一千美元"，即达到"小康水平"。基于此，党的十三大制定了实现这一

①《邓小平文选》第二卷，人民出版社 1994 年版，第 232 页。
②《邓小平文选》第二卷，人民出版社 1994 年版，第 231－232 页。
③［美］吉尔伯特·罗兹曼：《中国的现代化》，江苏人民出版社 2014 年版，第 218 页。
④《邓小平文选》第三卷，人民出版社 1993 年版，第 29 页。
⑤《邓小平文选》第二卷，人民出版社 1994 年版，第 237 页。
⑥《邓小平年谱（一九七五——一九九七）》上卷，中央文献出版社 2004 年版，第 502 页。

现代化目标的战略举措即"三步走"发展战略。党的十五大首次提出了"两个一百年"的奋斗目标,即"到建党一百年时,使国民经济更加发展,各项制度更加完善;到世纪中叶建国一百年时,基本实现现代化,建成富强民主文明的社会主义国家"①。党的十六大对其进行了细化,即"要在本世纪头二十年……全面建设惠及十几亿人口的更高水平的小康社会"②。党的十七大更加强化了实现第一个百年奋斗目标的决心,要求"确保到二〇二〇年实现全面建成小康社会的奋斗目标"③。党的十八大则与时俱进地丰富了现代化目标的具体内涵,强调"在新中国成立一百年时建成富强民主文明和谐的社会主义现代化国家。"④正是一代代的战略传承与接续奋斗,才使得中国现代化如此生机勃勃。

（五）赓续与开新:中国式现代化的创生与拓深

正如习近平总书记所指明的:"在新中国成立特别是改革开放以来长期探索和实践基础上,经过十八大以来在理论和实践上的创新突破,我们党成功推进和拓展了中国式现代化。"⑤历经新民主主义革命时期、社会主义革命和建设时期、改革开放和社会主义建设新时期的物质基础、制度保障、体制机制等历史条件的奠基,中国式现代化在新时代才得以创生。

习近平指出,"我们坚持和发展中国特色社会主义……创造了中国式现代化新道路"⑥,明确了中国式现代化的"创生性",其不是对已有现代化路径的"母版"延续、"再版"复制与"翻版"模仿,更不是对马克思现代化理论的"模版"照抄,而是我国在开拓中国特色社会主义事业进程中形成的"独创版"现代化路径。首先,中国式现代化不是简单延续我国历史文化的母版,这是马克思联系与发展观点的必然要求。联系的观点决定了人类历史发展的继承性,"人们自己创造自己的历史……是在直接碰到的、既定的、从过去承继下来的条件下创造"⑦,中国

① 《改革开放三十年重要文献选编》下卷,中央文献出版社 2008 年版,第 891 页。
② 《十六大以来重要文献选编》上卷,中央文献出版社 2005 年版,第 557 页。
③ 《改革开放三十年重要文献选编》下卷,中央文献出版社 2008 年版,第 1722 页。
④ 《中国共产党第十八次全国代表大会文件汇编》,人民出版社 2012 年版,第 15 页。
⑤ 《习近平著作选读》第一卷,人民出版社 2023 年版,第 18 页。
⑥ 《习近平著作选读》第二卷,人民出版社 2023 年版,第 483 页。
⑦ 《马克思恩格斯选集》第一卷,人民出版社 2012 年版,第 669 页。

式现代化首先是在我国历史文化的支撑滋养下而随时代生发的。同时发展的观点决定了这一继承不是忽略成就进展、目标发展、问题更变等时代要求的简单照搬,而是立足新时代这一历史方位,对我国现代化进程中的理念战略、原则要求、经验教训等进行学理凝铸而形成的新理念、新思想、新战略,是超越了我国以往现代化而在新征程上基于现代化经验成就与时代要求形成的新的道路系统。其次,中国式现代化不是简单套用马克思主义经典作家设想的模板,这是马克思理论与实践观点的必然要求。马克思主义不是教条的,更没有提供社会主义阶段我国开展现代化的现成模板与方案。保持马克思主义生机活力的根本方式在于不断推进其民族化与时代化,中国式现代化的创生是坚持马克思主义现代化思想中国化、时代化的现实成果,中国式现代化的推进与拓展必须在丰富发展马克思主义现代化思想的进程中展开。再次,中国式现代化不是其他国家社会主义实践的再版,这是马克思具体性与多样性理论的必然要求。我国社会主义的确立与建设道路完全不同于其他社会主义国家,社会主义初级阶段是我国社会主义发展的特有时期,因而中国式现代化不是也不能是其他国家社会主义实践的再版,其是吸收借鉴其他社会主义国家尤其是苏联传统社会主义现代化的经验教训,将社会主义现代化建设规律与我国的具体实际、问题矛盾、价值理念等相融合,构建出既彰显社会主义优越性又超越以往现代化道路的新选择。最后,中国式现代化不是国外现代化发展的翻版,这是马克思普遍性与特殊性理论的必然要求。西方现代化虽是先发现代化,开创了人类现代化的初始模式,但开创性并不等于优越性、更不等于普遍性,事实证明,以"资本逻辑"和"现代形而上学"为支柱的资本主义现代化随着生产力的社会化扩张,其在人的发展、人与自然的关系、国际关系等方面的"非文明"面持续暴露。而中国式现代化是基于人类现代化一般规律、吸收借鉴世界现代化优秀成果,同时更加立足我国基本国情、社会主要矛盾、现代化实际问题而创生的现代化新路径。

中国式现代化的创生性决定了其推进与拓展同样是一项前无古人的开创性事业,因此从自身发展角度提出了不断完善的成长性要求。同时,以中国式现代化全面推进中华民族伟大复兴的任务也要求"我国要坚定不移推进中国式现代化……不断为人类作出新的更大贡献"①。因而,中国式现代化的自身发展与外在目标共同要求坚持问题导向,以实事求是地实现其持续拓展与完善。我国社会主要矛盾已经明确规定了目前现代化建设的重点问题是发展的不平衡和不充分,主要体现在三点:从现代化目标来看,我国现代化共同富裕目标的基本实现还有较长阶段,"三大差距"即区域差距、城乡差距和收入差距问题仍然是现代化进程中的攻坚问题;从现代化进程看,我国"新四化"即工业化、信息化、城镇化、农业现代化建设尚未同步,城镇化与农业化仍相对落后;从现代化的制度保障来看,"制度还没有达到更加成熟更加定型的要求,有些方面甚至成为制约我们发展和稳定的重要因素"②。

其一,从我国现代化现实与共同富裕的目标要求看,目前我国发展差距问题较为凸显,主要体现在区域差距、城乡差距和收入差距仍然较大。我国现代化建设始终坚持实现全体人民的共同富裕,并采取先富带后富的具体路径,即"让一部分人、一部分地区先富起来,以带动和帮助落后的地区"③。主要通过东部沿海城市先行发展并带动中西部地区崛起,先行工业化、先城市化后反哺农业农村,虽在这一进程我国力图通过收入分配制度的科学设定以协调地区、城乡与社会阶层之间的效率与公平关系,但仍不可避免地出现了发展不平衡不充分的现实问题。首先是地区发展不平衡。国家统计局公布的 2022 年我国各地区生产总值显示,按生产总值从高到低的次序排列,排名前五的地区分别是广东省、江苏省、山东省、浙江省和河南省,排名后五的地区分别是甘肃省、海南省、宁夏回族自治区、青海省和西藏自治区,总体来看,东部沿海地区生产总值整体较高,而西北、东北、中部地区生产总值整体较低,且差距较大。这是我国地区发展不平衡的直接体现。其次是城乡发展不平衡,这是我国发展最大的不平衡。城乡发展不平衡直接的体现是城乡人均收入差距较大。国家统计局公布的数据显示,2021 年我国农村居民人均可支配收入总和为 610653.4 元,远远低于全体居民的人均可支配收入总和(1084191.40 元),更低于城镇居民的人均可支配收入总和

① 《习近平著作选读》第二卷,人民出版社 2023 年版,第 368 页。
② 《习近平关于全面深化改革论述摘编》,中央文献出版社 2014 年版,第 28 页。
③ 《邓小平文选》第三卷,人民出版社 1993 年版,第 155 页。

（1416486 元）。最后是我国人均收入差距较大。根据国家统计局公布的数据，2020 年我国居民人均可支配收入基尼系数为 0.466，尚处于居民收入差距较大的区域即 0.4%~0.5% 之间。综上，我国仍处于追求实现共同富裕、建设全面现代化的伟大进程中，必须"加大力度支持革命老区、民族地区、边疆地区、贫困地区加快发展"①，从而推进区域之间协调发展；要在实现消除绝对贫困的基础上，积极巩固脱贫成果，坚定推进乡村振兴战略，缩小城乡发展差距；大力推进三次分配机制协调联动，完善社会保障，推动橄榄形分配结构的创建。

其二，从现代化的发展进程看，"四化"尚未同步。我国现代化建设始终坚持全面协调的发展原则，然而，我国并联式发展进程决定了在"压缩性时空"的背景下推进现代化势必导致"四化"发展的不平衡，加之我国作为后发现代化国家的赶超式发展需求，长期以来现代化战略对工业化相对倾斜，并且随着信息化浪潮的兴起，逐步加强了对信息技术的研发与创新要求。相对来说，城镇化与农业现代化滞后于工业化与信息化，有待充分推进。而这一矛盾的根本在于农村发展的不充分，这是我国发展的"最大的不充分"②。一是城镇化率还有待提升。中华人民共和国成立以来，我国城镇化一直呈现高速度、大范围的发展方式，取得了举世瞩目的成就，根据国家统计局公布的人口普查数据，从 1949 年至 2021 年，我国常住人口城镇化率由 10.6% 提高到 64.72%，但相比"新型城镇化"的目标，我国城镇化率还需要在保障城镇发展质量的基础上不断提升，不断发挥城镇化对区域发展的支撑作用。二是农业农村现代化还有较大开创空间。根据国家统计局公布的近十年来工业产品产量总和与农林牧渔业总产值的数据，可明确看出近十年来我国农业总产值年年低于工业产品产量，每一年二者的发展水平都差距较大且差距逐年增大。作为拥有 18.51 亿亩耕地总面积、人口约占全国总人口 36.11% 的农村区域，还有很大的发展空间。因而，推进"新四化"同步发展，根本在于抓住农业化与城镇化尚为落后这一短板，尤其是农村尚未实现充分发展的事实，在坚持推动信息化和工业化深度融合、工业化和城镇化良性互动、城

---

① 《习近平著作选读》第二卷，人民出版社 2023 年版，第 27 页。
② 《习近平谈治国理政》第三卷，外文出版社 2020 年版，第 256 页。

镇化和农业现代化相互协调的原则下,"要坚持走中国特色社会主义乡村振兴道路,加快实现农业农村现代化"①,不断激发农村潜力与活力,从农业中发掘出致富路径,在农村中建设特色美好的家园,让农民成为具有吸引力的职业。

其三,从中国式现代化的制度保障来看,制度建设尚未完全成熟定型。坚持和完善中国特色社会主义制度,推进治理体系与治理能力现代化,是推进与拓展中国式现代化的制度要求与保障。中国特色社会主义制度与国家治理体系在短短 70 多年创造了我国现代化建设的两大奇迹,即经济快速发展奇迹和社会长期稳定奇迹,这是其他任何一种国家制度和国家治理体系所不可比拟的,证明了我国制度与治理体系的科学性与合理性。然而,新时代以来,随着我国现代化道路的越走越宽广,现代化进程中新问题不断形成、新情况不断产生,相应的,我国国家制度和治理体系中的空白点和薄弱点不断暴露。基于此,党的十九届四中全会围绕"坚持和巩固什么、完善和发展什么"分别明确了"党的领导制度体系、人民当家作主制度体系、中国特色社会主义法治体系、中国特色社会主义行政体制、社会主义基本经济制度、社会主义先进文化制度、民生保障制度、社会治理制度、生态文明制度体系、党对人民军队的绝对领导制度、'一国两制'制度体系、和平外交政策、党和国家监督体系"这十三个方面制度体系所"必须坚持和巩固的根本点、完善和发展的方向"②。现代化进程中制度体系的健全要紧紧围绕这十三个方向发力,并更好地将制度优势转换为治理效能,推进中国式现代化越来越坚定、越走越宽广。

二、中国式现代化的经验启示

中国式现代化的根本遵循是马克思主义的思想指导,最大实际是我国的基本国情,是将马克思主义与我国现代化建设实际相结合的直接成果和时代体现。马克思主义不仅为中国式现代化的拓深指明了把握人类现代化的总体观点,更提供了科学方法论。

第一,矛盾的特殊性决定事物的具体本质,而本质的不同决定了道路的差

① 《十九大以来重要文献选编》上卷,中央文献出版社 2019 年版,第 325 页。
② 《习近平谈治国理政》第三卷,外文出版社 2020 年版,第 116 页。

异,对于每个国家实现自身现代化来说,必须坚持走自己的路。每个国家的历史传统、基本国情、文化理念等共同决定了其道路选择、模式设定与战略规划等,即都必须"走自己的路"。"走自己的路"并不是简单说这条道路是由本国领导集体与人民群众所选择的,而是强调一个国家作为具有完整主权的理性立体,其发展原则应是在遵循现代化一般规律的基础上,独立自主且实事求是地从本国具体实际出发,充分把握其发展实际、发展要求与发展展望而做出科学的道路判断与价值抉择。具体来看,现代化建设首要的是必须遵循人类社会发展的一般规律即生产力、生产关系(经济基础)与上层建筑之间的辩证统一规律。"无论哪一个社会形态,在它所能容纳的全部生产力发挥出来以前,是决不会灭亡的;而新的更高的生产关系,在它的物质存在条件在旧社会的胎胞里成熟以前,是决不会出现的。"①将之放于中国近代史的现代化进程中来看,资本主义以血腥残忍的方式打开中国大门的同时也是近代无数仁人志士的救亡图存,然而鸦片战争、洋务运动等被迫现代化的自保选择,虽在一定程度上推动了近代生产力的发展,但其根本目的依旧是维护清王朝的统治,而用先进生产力来维持旧的生产关系,违背了社会一般发展规律,以致不可避免地以失败告终。同时,现代化建设必须遵循本国现代化的特殊规律,不能照抄照搬他国经验。中国现代化是在西方先发现代化国家的世界扩张进程中而开启的,导致在中国现代化被迫起步时期萌发过参考西方的发展思路,如中体体用、中西互补、君主立宪、民主共和等理念体制的提出都在一定程度上体现着参考西方现代化模式的发展思路。直到中国共产党的成立开启了主体自觉开展现代化建设的历史进程,新民主主义革命的胜利开启了我国社会主义现代化的探索进程,但在新中国成立初期仍然坚持着"以苏为鉴"的发展战略。直到 1956 年苏共二十大后苏联模式弊端的暴露及我国社会主义制度的确定,才推动对"走自己的路"的原则的践行。1978 年邓小平同志首次提出"中国式的现代化",历史性地开启了"走自己的路"到"中国特色社会主义道路"的巨大转折。

第二,新事物代替旧事物是发展的本质,必须坚持推陈出新、革故鼎新的发

---

① 《马克思恩格斯文集》第二卷,人民出版社 2009 年版,第 592 页。

展原则。发展是事物保持生机活力的根本方法,新事物总是随着社会运动与革新而不断萌芽、逐渐破土生长并抵抗超越旧事物,最终代替旧事物,取得正统地位。"穷则变"是顺应事物发展规律,保证自身不落后于历史潮流的根本要求。"穷"强调事物本身的"失势",即落后于时代水平而失去存在的历史必然性。保持不被人类历史排挤的唯一办法就是"变",变则通。但并不是随意胡乱、浅尝辄止地变。要在保持事物本身性质不发生改变的基础上全面深刻而提升其发展力量的变革。一方面,不能随意胡乱地变革,必须坚持正确的发展方向,既不能走封闭僵化的老路,也不能走改旗易帜的邪路,既要防"左"又要防右。"左"的本质体现为封闭僵化,是"留恋过去的情况"、是"习惯的东西"①,而"习惯了,人们的思想不容易改变"②。而右"概括起来是全盘西化,打着拥护开放、改革的旗帜,想把中国引导到搞资本主义。这种右的倾向……是要改变我们社会的性质"③。不论这二者中的哪种倾向都要求"倾覆"性的变革,既没有弄清楚新事物产生的必然性,又没有弄清楚新事物的历史继承性。一方面,浅尝辄止的变革不能触及根本。鸦片战争以来,无数救亡图存的变革方案都以失败而告终,根本原因在于尚未抓住中国发展的本质即根本矛盾。从"师夷长技"的器物学习到制度体制探索都未摆脱旧文化的腐朽统治。直到新文化运动的开展,中国知识分子终于认识到"国民的冷漠和愚昧"才是救亡图存之根本,必须改造中国的国民性,使人们从封建思想的束缚中解放出来。只有从理性变革的高度出发才能改变封建文化统摄下的国民性,也就是说,必须坚持马克思主义的思想指导,不断深化马克思主义同中华优秀传统文化的结合,推动我国现代化由自为自发走向自由自觉。

第三,历史不过是追求着自己目的的人的活动,在共产主义第一阶段必须以科学领导力量凝聚人民共识、汇聚人民群众合力而引领社会历史发展。正如马克思所提出的:"历史什么事情也没有做……正是人,现实的、活生生的人在创造

---

① 《邓小平文选》第三卷,人民出版社 1993 年版,第 228 页。
② 《邓小平文选》第三卷,人民出版社 1993 年版,第 229 页。
③ 《邓小平文选》第三卷,人民出版社 1993 年版,第 229 页。

这一切。"①历史是一个"主动"的发展进程,是人类社会一般规律与主体能动性辩证统一发挥作用的结果,其所蕴含的价值尺度是人作为主体的能力提升与全面发展。而"万山磅礴看主峰",领导层面的主体力量决定了现代化的发展程度与速度,科学领导力量是保障现代化发展、遵循人类社会现代化发展普遍规律并积极探寻把握自身现代化发展特殊规律的根本要求。科学的领导力量首先要以科学的指导思想为前提,即要求具有现代意识的领导力量。从清政府主导的传统王朝政治到割据的军阀政治皆没有挽救中国于水火,都尚未承担起救国救民的时代大任,根本原因在于其狭隘的眼界与固化的思维,质言之,没有科学的指导思想武装头脑并引领其开展运动。直到中国共产党成立,以马克思主义为指导思想的中国共产党充分把握人类社会发展规律并立足中国现实自觉承担起实现中华民族伟大复兴的历史重任,带领中国走上了自主探索现代化的历史进程,并一步步完善现代化发展战略、制定阶段性的发展目标,取得了伟大成就。同时,科学的领导力量要以严密组织体系为载体,组织严密就会力量倍增,体系健全方能行动有力。近代以来,林则徐等士大夫、洋务派、维新派、改革派发起的运动虽都设定了各自的"领导",但其普遍存在以"派别林立"为形式、以"暂时性自保"为目标等缺陷,没有科学体系化的领导力量。直到以马克思主义为指导的中国共产党的成立,才以"科学的组织"体现出"马克思主义政党力量的凝聚和运用"②。中国共产党成立之后即逐步完善自身的组织体系,从三湾改编"将支部建在连上"到新时代形成"中央组织、地方组织、基层组织共同构成"的严密组织体系,这是中国共产党一百多年的经验总结与智慧凝练,更是保障现代化的科学领导力量的重要举措。

第四,生产力的社会性提升推动世界历史的必然形成,因而推进人类现代化必须秉承开放包容的世界视野。马克思认为,生产力的提升推动资本主义大工业持续发展,而"大工业创造了交通工具和现代的世界市场"③,并且"由于开拓了世界市场,使一切国家的生产和消费都成为世界性的了。……过去那种地方

---

① 《马克思恩格斯文集》第一卷,人民出版社 2009 年版,第 295 页。
② 《十七大以来重要文献选编》下卷,中央文献出版社 2013 年版,第 1022 页。
③ 《马克思恩格斯文集》第一卷,人民出版社 2009 年版,第 566 页。

的和民族的自给自足和闭关自守状态,被各民族的各方面的互相往来和各方面的互相依赖所代替"①。世界历史的形成与发展要求处于世界之中的各国都要以"全球化"为自身的发展视域,要在遵循世界历史规律的基础上积极融入人类社会。一方面,要遵循历史发展规律,世界历史的趋势是不可逆转的。鸦片战争之前,中国一直坚持闭关锁国的封闭政策,即使"从 16 世纪以来,一种新的国际政治经济力量就逐渐伸入南亚和东亚的边缘地区,但中国仍以其不变应付世界之巨变"②。结果导致"许久以来"中国"似乎就停滞于静止状态了"③,远远落后于人类社会的历史进程。直到新中国成立,中国积极开展外交活动,不断融入世界。从毛泽东"三个世界"划分的理论、邓小平的"对外开放"政策到习近平的"人类命运共同体"理念,深刻体现了中国共产党人对世界历史发展规律的遵循与把握。另一方面,要积极主动融入世界历史。融入世界是维持与世界同时代发展水平的前提步骤。"早在鸦片战争以前,中国与世界市场已经被亚当·斯密津津乐道的'看不见的手'联系在一起"④,但由于消极的全球发展认知与高傲的大国态度,当时的中国对世界发展充耳不闻,以致错失发展良机,甚至脱离了当时世界现代化的浪潮。后来由于西方列强谋求世界市场与原料的不断扩张,中国紧闭的大门也被先发现代化国家以残暴手段打开,这时的中国才被卷入世界发展的大潮之中而沦为具有一定依附性的半殖民地半封建社会。直到新中国成立尤其是改革开放之后,中国始终怀抱着"全球化"的世界视野与胸怀,在开放中谋发展、在发展中促开放才最终成为世界现代化的同时代人。

第五,历史是无数单个人意志合力作用的结果,必须充分凝聚群众共识、发挥群众伟大合力。历史是由人民群众创造的,人民群众作为历史主体具有不可忽视的创造伟力。然而,主体性力量的发挥必须以自主性与组织性为前提。自主性是主体性力量发挥的根本前提,组织性是主体性力量发挥的根本保障。自主性强调主体思想的自由自觉即解放群众思想。在庆祝中国共产党成立 28 周

① 《马克思恩格斯文集》第二卷,人民出版社 2009 年版,第 35 页。
② 罗荣渠:《现代化新论——中国的现代化之路》,华东师范大学出版社 2012 年版,第 196 页。
③ 罗荣渠:《现代化新论——中国的现代化之路》,华东师范大学出版社 2012 年版,第 203 页。
④ 罗荣渠:《现代化新论——中国的现代化之路》,华东师范大学出版社 2012 年版,第 207 页。

年时,毛泽东明确指出,"积二十八年之经验"得出了一个结论,即"欲达到胜利,必须唤起民众……共同奋斗"①。中国民众的唤起始于五四运动这一场史无前例的思想解放运动,在这一运动中找到了马克思主义这一科学真理,并在中国共产党成立之际将其确定为指导思想,实现了中国人民与中华民族近代以来第一次全面觉醒。解放群众思想的头脑解放才是真正的解放,用马克思主义武装起来的中国人民,实现了从自发自为到自由自觉精神面貌上的根本改变,"这时,也只是在这时,中国人从思想到生活,才出现了一个崭新的时期"②。在激起群众自主性力量发挥的基础上,推动革命相继取得胜利,从而"中国的面目就起了变化了"③。组织性强调发挥群众合力,只有组织起来的群众才不会被打倒。毛泽东明确指出,只有把人民群众组织起来才能发挥其主体合力,我们才能不怕任何困难、才会"无敌于天下"④。中国共产党成立之前,中国农民群众所蕴含的磅礴力量并没有被激发出来,整体来看群众力量涣散,虽在各种救国方案中也看到了群众的力量,但是并未以严密的系统将其组织起来。直到中国共产党的成立,才使人民群众中蕴藏的巨大能量得以爆发,以强大的组织体系将群众凝聚起来,引领中国人民走上了寻求民族独立、人民解放的历史道路,并依靠人民群众的伟大力量一步步取得了革命胜利。

三、中国式现代化的时代意义

中国现代化的时代成果在新时代、新征程彰显为中国式现代化。"中国式现代化"的创造性生成是对马克思现代化思想中国化、时代化的现实成果,是对社会主义现代性的时代践行与彰显,是中国共产党带领全国人民历经千辛万苦而创造的完成现代化目标的中国式道路,是现代化中国范式的理论表达,是中国式现代化走向世界并为世界所认可与接受的道路,是凝铸我国现代化经验教训并致力于全面推进中华民族伟大复兴的现代化道路。

在理论实践发展维度上,中国式现代化作为马克思主义现代化思想的中国

---

① 《毛泽东选集》第四卷,人民出版社 1991 年版,第 1472 页。
② 《毛泽东选集》第四卷,人民出版社 1991 年版,第 1470 页。
③ 《毛泽东选集》第四卷,人民出版社 1991 年版,第 1470 页。
④ 《毛泽东选集》第三卷,人民出版社 1991 年版,第 929 页。

化、时代化成果,其基于马克思主义对资本主义现代性发展悖论的科学指明、对
人类社会发展规律的深刻阐释,立足我国现代化后发外生而并联推进的生发特
征和新时代、新征程的现代化实际,始终捍卫践行与丰富发展社会主义现代性,
是社会主义现代性的时代表达。首先,新时代以来,我国现代化建设取得了伟大
成就与变革,彰显了社会主义现代性的制度优越性。推进社会主义制度优越性
的彰显是我国现代化取得历史性成就的底层逻辑,历史性成就的取得是社会主
义优越性在中国场域的时代体现。在对社会主义现代化基本原则的坚守和中国
共产党的领导下,新时代以来,我国成功推进和拓展了中国式现代化,使"党和国
家事业取得历史性成就、发生历史性变革"①,在社会主义发展史上具有里程碑意
义。这一从"里程碑意义"高度对新时代的界定,一方面,表明新时代以历史性成
就和变革的现实成果前所未有地彰显了社会主义现代化的优越性;另一方面,更
表明了中国式现代化的深入推进与拓展将持续创造社会主义的新奇迹。其次,
中国式现代化坚定人的发展立场、统筹"两个大局",推进人类发展遵循全人类共
同价值的原则引领。我国的现代化建设坚持"胸怀两个大局,做好自己的事
情"②,在把握中华民族伟大复兴战略全局的基础上,时刻观照世界发展局势。中
国式现代化在"人的发展"的价值引领下,对内在推进实现中华民族伟大复兴的
进程中坚守以人民为中心的发展思想、坚定"人的现代化"的价值旨归。对外,以
中国式现代化全面推进中华民族伟大复兴之实践力量,引导世界百年未有之大
变局的演变,遵循人类社会发展规律,以"全人类共同价值"倡导世界共识、凝聚
世界合力,打破了西方现代化"国强必霸""文化冲突论"和"普世价值"的发展理
念,推动构建人类命运共同体。最后,中国式现代化坚定问题意识与革命精神,
在进行伟大斗争中坚守社会主义信念。对于社会主义信念时代坚守的根本依据
在于马克思对资本主义灭亡和社会主义胜利的必然性与长期性的辩证指明,更
是在深入把握国内外复杂局势中推进我国持续性发展的价值要求。正是对"两
制"关系和世界局势的深入辩证把握,决定了在以中国式现代化全面推进中华民

① 《习近平谈治国理政》第四卷,外文出版社 2022 年版,第 6 页。
② 《习近平谈治国理政》第三卷,外文出版社 2020 年版,第 77 页。

族伟大复兴进程中必须时刻葆有"斗争精神",以"敢于斗争,敢于胜利"的战斗精神迎接时代挑战与机遇。新时代以来,中国共产党人在深入总结斗争经验、深刻把握新的斗争内涵的基础上,领导全国人民在"斗"中破解问题、化解矛盾;在"争"中艰苦奋斗、开拓创新,不断取得了伟大斗争的新胜利。可以说,中国式现代化对社会主义现代性制度优势的彰显、价值原则的坚守、时代信念的坚定,"使世界范围内社会主义和资本主义两种意识形态、两种社会制度的历史演进及其较量发生了有利于社会主义的重大转变"①。

在主体维度上中国式现代化彰显了现代化发展的历史主动精神与历史创造精神,"意味着科学社会主义在二十一世纪的中国焕发出强大生机活力,在世界上高高举起了中国特色社会主义伟大旗帜"②。中国现代化的萌芽由于"高傲自大"的天朝心理与"封闭妥协"的无知回应,只能以被迫裹挟的方式进入世界现代化浪潮之中,以至于国家蒙辱、人民蒙难、文明蒙尘。然而,大一统基础上的国家韧性决定了中国遭受苦难之后必回击以奋进,"大一统国家的历史告诉我们,它们都几乎着魔似地追求不朽;它们的国民不仅希望而且热烈地相信这种组织会永存于世"③。中华文化正是中国拥有不服输的强大能量的根本源泉,"中国长期形成的统一必须从制度上找原因,从已在社会上确立的思想和行为习惯着手。中国国家被看作与中国文化紧密相关,整个生活方式与统一的帝国密不可分"④,中国与其说是一个政治实体,不如说是一个文化实体。自古以来,只有中华文明得以存活至今。自孔夫子时代起,埃及、巴比伦、波斯、马其顿、罗马帝国纷纷衰落消失了,中国却继续进化。⑤ 国家的强大韧性与文化的动力支撑又共同作用并依靠中国人民的坚韧与团结,中国人民是创造"中国奇迹"的主体。由中华文化滋养的中国人民构成了强大的自主性国家,其以人民发展为导向,历经磨难挫折而勇毅前行,从被动裹挟到积极探索、从失去自我到走向自我,在"坚持走自己的

① 《中共中央关于党的百年奋斗重大成就和历史经验的决议》,《人民日报》2021 年 11 月 17 日,第 1 版。
② 《习近平著作选读》第二卷,人民出版社 2023 年版,第 9 页。
③ [英]阿诺德·汤因比:《历史研究》,刘北成、郭小凌译,上海人民出版社 2000 年版,第 236 页。
④ [美]费正清:《中国:传统与变革》,陈仲丹等译,江苏人民出版社 2012 年版,第 159 页。
⑤ [英]伯兰特·罗素:《罗素自选文集》,戴玉庆译,商务印书馆 2006 年版,第 188 页。

路"的原则上探索了一条适合本国国情的中国特色社会主义道路并推动其不断发展进而内生出一条中国式现代化道路,使中国重新屹立于世界潮头,并以现代化实践和成就推动科学社会主义在中国焕发生机,在世界舞台上熠熠生光。

在世界维度上中国式现代化体现了世界有我的历史担当。中国式现代化的创生"意味着中国特色社会主义道路、理论、制度、文化不断发展,拓展了发展中国家走向现代化的途径",打碎了西方现代化的美丽神话,"给世界上那些既希望加快发展又希望保持自身独立性的国家和民族提供了全新选择"。[①] 从历时性看,中国式现代化的创生是对中国革命、建设与改革发展道路的赓续与时代创新;从共时性来看,中国式现代化在全面推进中国特色社会主义道路、理论、制度、文化建设的进程中凝铸了现代化的丰富内涵。可以说,"中国式"现代化是对我国现代化的全面总结,是对我国现代化经验教训、规律智慧、特征目标等的理论凝练。其中中国式的"式"可以理解为"逻辑""规律""范式","事物之'式'使此事物不同于他事物,具有某类事物质的规定性,即事物的某种典型性"[②]。正如列宁所说,"最普遍的逻辑的'式'……是……事物最普通的关系",而且其不是空洞的、抽象的,是实践基础上的"式","人的实践活动必须亿万次地使人的意识去重复不同的逻辑的式,以便这些式能够获得公理的意义"[③]。也就是说,对于中国式现代化的理解,必须从"一般性"上加以把握,其在遵循人类社会现代化建设一般规律的基础上,形成了推动人类现代化的全新选择。"中国式现代化"的历史性提出打破了"现代化 = 西方化"的僵化思维与认知把握,极大丰富了现代化的基本内涵,阐释了现代化的发展原则,创建了一条通过现代化文明的新道路,拓展了发展中国家走向现代化的途径。"中国式"现代化的形成打破了具有极强普适性与依附性的西方话语体系与实践逻辑,是尊重他国发展主体性与能动性且基于自身规律总结而提供的成熟的全新选择。

在历史维度上中国式现代化坚定了全面建成社会主义现代化强国的民族自信。中国共产党和中国人民正信心百倍推进中华民族从站起来、富起来到强起

① 《习近平著作选读》第二卷,人民出版社 2023 年版,第 9 页。
② 郭湛:《试析中国式现代化之"式"》,《中国矿业大学学报(社会科学版)》2013 年第 4 期。
③ 《列宁全集》第五十五卷,人民出版社 1990 年版,第 160 页。

来的伟大飞跃,正信心百倍书写着新时代中国发展的伟大历史。中国式现代化时代创生的直接基础即新时代以来我国现代化建设取得的历史性成就与变革,不仅体现在我国成为世界第二大经济体,而且体现在坚持以人民为中心的经济、政治、文化、社会、生态的协调推进。尤其是在建党100周年之际实现了全面建成小康社会的第一个百年奋斗目标,为开启第二个百年奋斗目标夯实了地基,两个阶段论的提出更是明确了中国人民实现现代化目标的决心与信心。中国发展取得伟大成就,迈入新征程,这一伟大进程凝聚了中国式现代化建设的探索规律与经验智慧:政治方面,推进马克思主义科学性、真理性力量的持续彰显,以科学理论指导党的坚强领导,保障社会主义方向不动摇;经济方面,坚持经济体制全面深化改革,以推进治理体系与治理能力现代化,在保障社会主义的统筹下发挥市场经济的决定性作用,更好地发挥政府的作用,推动社会主义制度保障下市场经济迸发最大活力;文化方面,深入推进马克思主义基本原理同中华优秀传统文化相结合,挖掘传统文化的深厚底蕴,推进中华优秀传统文化迸发时代生机,坚持以优秀传统文化彰显民族特色、凝聚民族力量;社会方面,持续推进社会治理主体化与现代化,以全过程人民民主保障社会治理更加科学高效、公平合理;生态方面,坚持绿色发展原则,贯彻以人民为中心的发展理念,推进构建人与自然和谐共生的生态文明,以实现美丽中国为生态现代化根本目标。历史上的成功经验昭示着未来如何成功,中国现代化的宝贵经验与历史成就支撑着以中国式现代化全面推进中华民族伟大复兴新征程的开启。

第三章 以中国式现代化
全面推进中华民族伟大复兴的路径要求

2020 年 10 月 29 日,习近平总书记在党的十九届五中全会第二次全体会议的讲话中首次明确提出了中国式现代化,并阐释了中国式现代化的基本内涵:"第一点,我国现代化是人口规模巨大的现代化。我国 14 亿人口要整体迈入现代化社会,其规模超过现有发达国家的总和,将彻底改写现代化的世界版图,在人类历史上是一件有深远影响的大事。第二点,我国现代化是全体人民共同富裕的现代化。共同富裕是中国特色社会主义的本质要求,我国现代化坚持以人民为中心的发展思想,自觉主动解决地区差距、城乡差距、收入分配差距,促进社会公平正义,逐步实现全体人民共同富裕,坚决防止两极分化。第三点,我国现代化是物质文明和精神文明相协调的现代化。我国现代化坚持社会主义核心价值观,加强理想信念教育,弘扬中华优秀传统文化,增强人民精神力量,促进物的全面丰富和人的全面发展。第四点,我国现代化是人与自然和谐共生的现代化。我国现代化注重同步推进物质文明建设和生态文明建设,走生产发展、生活富裕、生态良好的文明发展道路,否则资源环境的压力不可承受。第五点,我国现代化是走和平发展道路的现代化。一些老牌资本主义国家走的是暴力掠夺殖民地的道路,是以其他国家落后为代价的现代化。我国现代化强调同世界各国互利共赢,推动构建人类命运共同体,努力为人类和平与发展作出贡献。"[①]之后,

---

① 《十九大以来重要文献选编》中卷,中央文献出版社 2021 年版,第 824 – 825 页。

　　习近平总书记在国内外多次讲话中从"中国特色"角度强调中国式现代化的基本内涵。直到党的二十大进一步深化了对中国式现代化的内涵阐释，进一步深化了其内蕴的历史耐心、人的全面发展、人与自然生命共同体、人类文明发展规律等学理特质。其中强调："中国式现代化是人口规模巨大的现代化。我国十四亿多人口整体迈进现代化社会，规模超过现有发达国家人口的总和，艰巨性和复杂性前所未有，发展途径和推进方式也必然具有自己的特点。我们始终从国情出发想问题、作决策、办事情，既不好高骛远，也不因循守旧，保持历史耐心，坚持稳中求进、循序渐进、持续推进。中国式现代化是全体人民共同富裕的现代化。共同富裕是中国特色社会主义的本质要求，也是一个长期的历史过程。我们坚持把实现人民对美好生活的向往作为现代化建设的出发点和落脚点，着力维护和促进社会公平正义，着力促进全体人民共同富裕，坚决防止两极分化。中国式现代化是物质文明和精神文明相协调的现代化。物质富足、精神富有是社会主义现代化的根本要求。物质贫困不是社会主义，精神贫乏也不是社会主义。我们不断厚植现代化的物质基础，不断夯实人民幸福生活的物质条件，同时大力发展社会主义先进文化，加强理想信念教育，传承中华文明，促进物的全面丰富和人的全面发展。中国式现代化是人与自然和谐共生的现代化。人与自然是生命共同体，无止境地向自然索取甚至破坏自然必然会遭到大自然的报复。我们坚持可持续发展，坚持节约优先、保护优先、自然恢复为主的方针，像保护眼睛一样保护自然和生态环境，坚定不移走生产发展、生活富裕、生态良好的文明发展道路，实现中华民族永续发展。中国式现代化是走和平发展道路的现代化。我国不走一些国家通过战争、殖民、掠夺等方式实现现代化的老路，那种损人利己、充满血腥罪恶的老路给广大发展中国家人民带来深重苦难。我们坚定站在历史正确的一边、站在人类文明进步的一边，高举和平、发展、合作、共赢旗帜，在坚定维护世界和平与发展中谋求自身发展，又以自身发展更好维护世界和平与发展。"①对中国式现代化的系统与深入把握是以中国式现代化全面推进中华民族伟大复兴的

---

① 习近平：《高举中国特色社会主义伟大旗帜　为全面建设社会主义现代化国家而团结奋斗——在中国共产党第二十次全国代表大会上的报告》，人民出版社2022年版，第22－23页。

理论前提。

一、中国式现代化是人口规模巨大的现代化

人口规模巨大是我国推进与拓展中国式现代化的国情前提。中国式现代化是人口规模巨大的现代化,党和国家致力于实现十四亿多人整体迈进现代化社会。这一人口体量的现代化在人类现代化史上前所未有,其艰巨性和复杂性更是前无古人,这决定了实现如此规模的现代化必须立足自身并坚持开拓创新,必须从国情出发想问题、做决策、办事情,既不好高骛远,也不因循守旧,保持历史耐心,坚持稳中求进、循序渐进、持续推进。

（一）人口规模对现代化的影响

社会生产可以归结为两种生产即物质资料的生产与人自身的生产,物质资料的生产是人实现自身生产的物质基础,是维持个体生存的根本前提,本质上可以归结为人的生命的生产（自己生命的生产和他人生命的生产）。同时,人自身的生产又为物质资料的生产与再生产提供了持续的劳动力需求与消费需求,是保障物质资料生产不间断的主体前提,在人类历史的任何发展阶段,物质生产都必须以一定的人口数量为前提。从人类社会发展的历史经验来看,人口数量与质量决定着人类社会前进的程度与速度;从人类历史长河的特定时区来看,一定时期一定场域的人口要素是决定社会进步的重要因素。

人口要素是社会生产的前提性物质条件,人口规模、人口结构、人口分布、人口迁移、人口发展等人口要素在一定程度上影响和决定一个国家现代化的路径选择、战略政策甚至问题所在与着力点。其中,人口规模是一国推进现代化的关键性要素,人口规模在特定国家或地区现代化进程中作用的发挥,主要体现在人口规模直接决定着国家规模,进而决定着一国现代化的道路抉择与推进方式。以人口规模为衡量要素,可以说人口大国与人口小国在其现代化的道路选择与推进方式上殊异性较为彰著。

人口规模影响现代化发展道路的选择。从人类现代化进程来看,除英国、法国、德国、美国等先发现代化国家外,其余的后发现代化国家的自身现代化进程常常在很大程度上受到先发现代化国家的影响甚而限制。一是第二次世界大战

后新兴民族国家中的人口"小国",其现代化模式多为借鉴西方先发现代化样式,并在经济体系与产业体系建设方面遵循并融合于发达国家的主导体系中,通过挖掘和发挥自身固有优势如资源丰富、劳动力廉价等,或衍生优势如"由于人口较少,因此小国可能更加同质化并有更密切的内部联系,可能会发现更容易利用现代技术和经济增长潜力作出必要的社会调整"①,从而采取"依附性"的发展模式推动本国现代化的高速开展。二是后发的人口大国,由于其常拥有较大的经济体量、丰富的自然资源、层级化的社会结构等大国特征,加之体量之大,其在达到一定程度发展后易于为先发大国所忌惮而受到制压,这内外因素共同导致人口大国在追求现代化时常常需要立足自身、依靠自身,要更加着眼于国内产业体系的完整构建,发挥自身人口体量在产业结构、市场规模等方面的优势,从而采取对外借鉴与自主探索相结合的方式实现自身现代化。

人口规模影响现代化的实现方式。现代化意味着从传统向现代的转变,是人类历史发展的必经阶段,这就意味着现代化的过程具有长期性与转折性,不同国家实现现代化所需的时长与一定时间的推进程度殊异性较大。对于一些人口规模较小的国家,其现代化的实现历程似乎是突飞猛进式的,能够在较短时间内取得较高的经济成就;对于一些人口大国,其现代化进程中则较少呈现经济的短时迅猛式增长现象,更多的是呈现循序渐进的发展特征,其现代化的实现需要更长的时间与更大的努力。正如有学者对 1998—2008 年 15 个欧元区国家进行了计量经济分析,其研究结果显示:"人口规模对 GDP 增长存在巨大的负面影响","所有使用的估计值都一致认为国家规模对经济增长有不利影响"。② 虽然这一研究在案例选取与时间选定上皆存在一定的局限性,但是其研究结果对我们把握一国人口规模与现代化发展速度的关系具有一定的借鉴意义。

(二)人口规模巨大现代化的实现逻辑是独立自主

人口规模对一国现代化的根本影响最终体现在其发展逻辑上,我国人口规

---

① [英]奥斯汀·罗宾逊:《国家规模的经济影响》,欧阳崚等译,格致出版社 2022 年版,第 44 页。
② [法]奥尔法·阿卢伊尼:《国家规模、增长和货币联盟》,汤凌霄等译,格致出版社 2020 年版,第 172 – 173 页。

模巨大的现状决定了我国现代化势必要坚持在借鉴基础上独立自主地探索与推进现代化建设。"在中国这样一个人口众多和经济文化落后的东方大国进行革命和建设的国情与使命,决定了我们只能走自己的路。"①同样,在新时代新征程进行现代化建设,更加只能走自己的路。

实现前无古人的"人口规模巨大"的现代化并无先例可循,必须坚持自主探索与借鉴创新的建设原则,以"走自己的路"开创全新的现代化道路。18 世纪中后期以英国为代表开启了千万人口量级的现代化进程,19 世纪中后期以美国为代表开启了上亿人口量级的现代化,而中国式现代化作为人口规模十亿级的现代化,无现成的现代化道路可以借鉴参考。"十四亿多人口整体迈进现代化社会"是人类现代化进程中一个新的理论认知,更是一个新的实践认知,这决定了中国式现代化必须在借鉴人类现代化优秀文明成果的基础上,科学把控中国式现代化的规模效应。一方面,规模效应首先是规模优势。人口规模巨大意味着我国能够形成内部可循环的超大规模市场,能够凝铸巨大的群众合力,能够产生庞大的消费能力等,可以说"中国经济社会的更好发展,归根结底要激发 14 亿多人民的力量"②。中国式现代化的推进与拓展,归根结根要依靠人人发挥才干。另一方面,规模效应同时存在矛盾的对立性。人口规模巨大也暗含着一定的危机与风险,正如习近平总书记所指出的:"在未来相当长时期内,我国人口众多的基本国情不会根本改变,人口对经济社会发展的压力不会根本改变,人口与资源环境的紧张关系不会根本改变。"③因而必须坚定推进全面深化改革,以创新谋求高质量发展,防范与抑制现代化进程中不确定因素的突变。

实现人口规模巨大的现代化,"艰巨性和复杂性前所未有,发展途径和推进方式也必然具有自己的特点"④。艰巨性主要强调中国式现代化的"目标"维度,我国的核心任务是"以中国式现代化全面推进中华民族伟大复兴",而"民族复

---

① 《习近平谈治国理政》,外文出版社 2014 年版,第 29 页。

② 习近平:《习近平在亚太经合组织第二十九次领导人非正式会议上的讲话》,人民出版社 2022 年版,第 6 页。

③ 《习近平对人口与计划生育工作作出重要指示》,《人民日报》2016 年 5 月 19 日,第 1 版。

④ 习近平:《高举中国特色社会主义伟大旗帜　为全面建设社会主义现代化国家而团结奋斗——在中国共产党第二十次全国代表大会上的报告》,人民出版社 2022 年版,第 22 页。

兴"的宏伟目标不是一朝一夕就能实现的,需要全体中国人民坚定意志、矢志不渝;不是只强调经济的高速发展,而是追求经济富强、政治民主、文化繁荣、社会和谐、生态良好的全面达成;不是以部分人富起来为目标,而是强调全体人民共同富裕;不是只着眼于中国的发展,更强调民族责任与世界眼光,致力于构建人类命运共同体。同时,在现代化目标的实现过程中,收入差距较大、科技创新不足、生态环境保护任务艰巨等各方面问题的爆发以"障碍"的形式加剧了推进与拓展中国式现代化的艰巨性。复杂性主要强调中国式现代化的"过程"维度,不仅体现在我国现代化建设所面临的风险挑战,也体现在严峻复杂的国际形势。中国式现代化追求在较短时期内实现人口规模巨大的现代化,这是人类历史上从未有过的现代化,随着中国式现代化的不断拓深,其可资借鉴的现代化经验也会相应减少,前进道路中面临的是一次次的实践与理论革新,"新"则内蕴着不确定性,人口规模巨大的"新"现代化道路则加剧了这一不确定性。除此以外,随着我国现代化持续取得历史性成就与变革,展现着不同于以往人类现代化的崭新面貌与丰富经验,尤其是对当前世界经济政治格局的深刻改变,以"西方中心论"为价值引领的西方现代化国家向中国投来"威胁与警告"的眼光,并在现代化进程中以逆全球化态度、经济上无理制裁、意识形态的侵蚀等手段孤立与遏止我国发展。不论艰巨与复杂,既是挑战又是机遇,而如何合理抓住机遇开启新进展、科学应对挑战开拓新局面才是我们需要做的。"惟其艰巨,所以伟大;惟其艰巨,更显荣光",以中国式现代化全面推进中华民族伟大复兴势在必行也势在必得。

（三）我国现代化的整体实现将彻底改写现代化的世界版图

人口规模巨大的艰巨复杂性决定了其成就的伟大性,从人口量级上来看,我国人口占据了世界人口的三分之一,可以说,中国式现代化作为世界现代化的重要组成部分,作为社会主义现代化的中国化时代化成果,其推进 14 亿多人整体实现现代化不仅将从空间状态改变现代化的世界版图,更将从意识形态层面改变人类现代化的属性版图。同时,中国式现代化将在"改变"的基础上推动实现世界现代化版图的"重写"。版图是指主权国管辖的国家全部疆域,世界版图则指世界范围内的全部疆域。将世界版图用于对现代化的描述则超越其本身固有的内涵,强调的是现代化在世界范围内的实现格局,包括人口、地域与制度属性等可以彰显现代化状况的重要要素,这一描述"主要是提供世界现代化格局的面貌观察"①。因而,对于"现代化的整体实现"不仅要从人口规模巨大的现代化规模维度把握其现实意义,更要从世界现代化的地域分布进而从价值理念层面把握其深层含义。

我国现代化致力于"整体"实现现代化,这是中国式现代化改变世界版图的前提与本意所在。也就是说,中国式现代化作为世界现代化的一部分,其现代化的实现内蕴着对世界现代化的推动。一般认为,当今世界范围内共 30 多个国家和地区进入了现代化,实现现代化的人口总和不到 10 亿人。以世界总人口79.51 亿人为基数来衡量,可以说目前世界现代化率在 7.9% 左右。而中国式现代化作为社会主义现代化,一直致力于推进 14 亿多人整体迈入现代化社会,这一目标的实现将世界现代化率提升至 30% 左右,使得占世界近三分之一的人口实现现代化。加之,中国作为社会主义性质的发展中国家,其在世界现代化的较大人口占比也将推动发展中国家与社会主义国家在世界现代化国家的占比提升17.6% 左右。这不仅将从空间层面扩大世界现代化的地域范围,改变此前以西方发达国家即美欧为主要实现地的世界现代化版图,而且作为社会主义现代化国家,中国式现代化将从社会属性层面改变以资本主义性质国家为主的现代化世界版图,在世界范围内彰显社会主义现代化道路的生机活力。

中国式现代化的整体实现及其对现代化世界版图的改变,是中国式现代化"重写"现代化世界版图的前提条件。西方现代化的先发决定了书写现代化世界版图的首要作者是西方国家,然而这一作者所秉承的普世主义、文化中心主义、民族中心主义等价值理念决定了其致力于描绘与构建"现代化=西方化"的世界版图,不仅忽略了世界各国现代化的多样性与差异性,更以狭隘态度与强硬手段摧毁着世界文明。而中国式现代化作为兼具民族性与人类性的社会主义现代化道路,其立足于人类现代化的一般规律,"在宏阔的时空维度中思考民族复兴和人类进步的深刻命题"②,不仅"是我们强国建设、民族复兴的康庄大道,也是中

---

① 齐卫平:《中国式现代化世界意义五个方面的呈现》,《当代中国与世界》2023 年第 2 期。

② 《习近平谈治国理政》第四卷,外文出版社 2022 年版,第 426 页。

国谋求人类进步、世界大同的必由之路"①。中国式现代化践行科学社会主义基本原则，以人本逻辑的发展思维、全面协调的发展准则、构建人类命运共同体的发展路径、全人类共同价值的理念引领推动社会主义现代化在世界现代化中持续彰显优势活力，致力于推进人类文明的百花齐放。

二、中国式现代化是全体人民共同富裕的现代化

中国式现代化是党领导下的社会主义现代化，这决定了其摒弃了资本逻辑统摄下两极分化的现代化道路，追求实现全体人民的共同富裕。全体人民的共同富裕不仅是中国式现代化的价值旨趣所在，更是推进与拓展中国式现代化的本质要求。

（一）西方以资本为中心的现代化老路

中国式现代化道路坚持人本逻辑，摒弃了西方以资本为中心的现代化、两极分化的现代化老路。资本逻辑是资本主义现代化的根本逻辑，资本的产生推动资本主义时代的到来，并在其运行进程中成为控制资本主义社会的根本要素。

从历史发展的角度把握资本，可以说资本的产生标志着现代社会的真正开启，赋予了资本主义社会以不同于传统社会的根本特性，"资本一出现，就标志着社会生产过程的一个新时代"②，即资本主义时代诞生。资本在"生产资料和生活资料的占有者在市场上找到出卖自己劳动力的自由工人的时候"③而诞生，利欲熏心的货币占有者为了转身一变成为资本家，无所不用其极地找到了这一独特商品即劳动力，将劳动者成功转变为工人，单是这一历史条件就包含着一部世界史，是资本将其滴着血和肮脏的毛孔在工业生产中、对工人的剥削中不断张开的过程。而这一转折性因素的内在属性即劳动力能够创造剩余价值又更加直接体现了资本的扩张本性即对自我增殖的狂热追求。资本在寻得劳动力这一特殊商品后，为实现自身扩张，获取剩余价值而开始打破时空限制，以"在全世界范围

① 习近平：《携手同行现代化之路——在中国共产党与世界政党高层对话会上的主旨讲话》，人民出版社2023年版，第5页。
② 《马克思恩格斯文集》第五卷，人民出版社2009年版，第198页。
③ 《马克思恩格斯文集》第五卷，人民出版社2009年版，第198页。

内建构了一整套闻所未闻的新型社会关系和生活方式"①,即资本主义时代的生产方式。资产阶级时代不同于过去一切时代的地方,在于"生产的不断变革,一切社会状况不停的动荡,永远的不安定和变动"②,体现在思想观念层面则表现为"一切固定的僵化的关系以及与之相适应的素被尊崇的观念和见解都被消除了"③。可以说,资本是现代化生成的根本动力,并在自身运行中规定了现代世界的根本特征。

从社会运行的角度来看,资本主导现代化社会运转的各个环节,资本逻辑是现代社会运行的总纲,资本通过自身扩张直接影响整个资本主义社会的经济运行甚至社会关系与政治建设等方面。资本逻辑对社会系统的操控主要蕴藏在其权力性转换的进程之中。资本伊始"是资产阶级社会的支配一切的经济权力"④,随着资本在生产过程开启狂热的追求剩余价值活动,从货币资本存储生产资料,到生产资本创造剩余价值,再到商品资本实现剩余价值,资本将自身纳入整个社会生产进程,创造了资本运行的总体性。其总体性作用通过这三大资本的不断循环运作而漫盖整个社会体系。这时资本的垄断超越了经济范围的局限,成为"一种社会权力"⑤,一种使整个社会按照资本逻辑运行的至高无上的权力,资本所决定的"物质生活的生产方式制约着整个社会生活、政治生活和精神生活的过程"⑥,不断实现资本的权力性建构,进而形成了对政治、文化等整个现代社会的统摄。

（二）全体人民共同富裕是中国式现代化的本质特征

不同于以资本为根本发展逻辑的西方现代化道路,中国式现代化坚持人的发展逻辑。正如习近平总书记所说的,"共同富裕是社会主义的本质要求,是中国式现代化的重要特征"⑦,"要坚持以人民为中心的发展思想,在高质量发展中

---

① 郗戈:《资本:历史唯物主义视野中的"现代性动力"》,《山东社会科学》2013 年第 8 期。
② 《马克思恩格斯文集》第二卷,人民出版社 2009 年版,第 34 页。
③ 《马克思恩格斯文集》第二卷,人民出版社 2009 年版,第 34 页。
④ 《马克思恩格斯文集》第八卷,人民出版社 2009 年版,第 31－32 页。
⑤ 《马克思恩格斯文集》第七卷,人民出版社 2009 年版,第 217 页。
⑥ 《马克思恩格斯文集》第二卷,人民出版社 2009 年版,第 597 页。
⑦ 《习近平著作选读》第二卷,人民出版社 2023 年版,第 501 页。

促进共同富裕"①。明确强调了中国式现代化追求共同富裕的社会属性根基和实现共同富裕的价值理念与实践要求。

共同富裕是社会主义的本质要求。马克思和恩格斯立足于历史与逻辑相一致的方法论原则,在现实把握资本主义私有制所导致的阶级对立与阶级斗争逐渐激烈、社会张力不断撕裂的基础上,得出了资本主义现代化必然导致社会"在一极是财富的积累,同时在另一极,即在把自己的产品作为资本来生产的阶级方面,是贫困、劳动折磨、受奴役、无知、粗野和道德堕落的积累"②的结论。同时二人基于对资本主义社会的历史状态与演进的认知,在逻辑层面完成了理论的发展与完善,即从社会形态的更替角度,指明了"资本主义必然灭亡"以及未来社会必然采取公有制的生产形式,"生产将以所有的人富裕为目的"③,致力于实现人的自由而全面发展。可以说,马克思、恩格斯虽未直接提出共同富裕一词,但明确阐释了社会主义的共同富裕要求与目标。1992 年初,邓小平同志在视察南方时指出:"社会主义的本质,是解放生产力,发展生产力,消灭剥削,消除两极分化,最终达到共同富裕。"④邓小平同志立足中国场域,从社会主义本质层面强调了中国特色社会主义的共同富裕目标,是对马克思"共同富裕"思想的创新性坚守。

中国式现代化作为中国共产党领导下的社会主义现代化,实现全体人民共同富裕必然成为中国式现代化的本质要求,这是在中国场域下对马克思反贫困理论的时代践行。从价值旨归上来看,"共同"强调"富裕"的主体为全体人民,马克思、恩格斯明确指出,共产主义的实现必须"结束牺牲一些人的利益来满足另一些人的需要的状况"⑤,社会生产要"以所有的人富裕为目的"⑥。中国式现代化始终秉持贯彻以人民为中心的发展思想,在现代化过程与结果层面同时遵循"人的发展"逻辑,致力于推进"全体人民"成为现代化建设的出力者与现代化

---

① 《马克思恩格斯文集》第五卷,人民出版社 2009 年版,第 743 - 744 页。
② 《习近平著作选读》第二卷,人民出版社 2023 年版,第 503 页。
③ 《马克思恩格斯文集》第八卷,人民出版社 2009 年版,第 200 页。
④ 《邓小平文选》第三卷,人民出版社 1993 年版,第 373 页。
⑤ 《马克思恩格斯文集》第一卷,人民出版社 2009 年版,第 689 页。
⑥ 《马克思恩格斯文集》第八卷,人民出版社 2009 年版,第 200 页。

成果的享有者。从现实举措上来看,"富裕"强调"共同"的发展程度,这一发展程度是实现共同富裕的根本前提。马克思强调,高度发达的生产力是消灭贫困的根本前提,要"把生产发展到能够满足所有人的需要的规模"①,不然结果只能是"在极端贫困的情况下,必须重新开始争取必需品的斗争,全部陈腐污浊的东西又要死灰复燃"②。共同富裕的实现首先在于明确并贯彻落实高质量发展的首要任务,推动物质文明与精神文明协调发展、经济文明与生态文明均衡发展、科技创新与传统劳动力平衡发展、城乡现代化同时充分推进等,为实现人的全面发展奠定扎实的物质基础。

三、中国式现代化是物质文明与精神文明相协调的现代化

从文明发展原则的角度看,中国式现代化摒弃了西方物质主义膨胀而导致人的精神虚无的片面发展老路,追求物质文明与精神文明高度发达且相协调的文明目标,并基于马克思唯物史观的发展要求致力于实现人的全面发展。

(一)西方现代化的物质主义膨胀及其精神之殇

资本逻辑建构了一个以资本为中心的"着了魔的、颠倒的、倒立着的世界"③。源起于自由、民主、平等精神的启蒙现代性而激发并开启的西方现代化进程,却由于其资本逻辑折损甚至摧毁了资本主义现代化对于中世纪的文明进步性,正如马克思所指明的:"文明的一切进步,或者换句话说,社会生产力的一切增长,也可以说劳动本身的生产力的一切增长……都不会使工人致富,而只会使资本致富。"④

资本逻辑导致整个社会物质主义膨胀。资本的根本目的是在生产过程中最大限度地产生剩余价值、产生足够多的剩余价值,正如马克思引用托·约·邓宁《工联和罢工》中的话:"资本害怕没有利润或利润太少,就像自然界害怕真空一样。"⑤资本主义的整个生产过程"通过生产条件将工资从人的劳动力价值转变

① 《马克思恩格斯文集》第一卷,人民出版社 2009 年版,第 689 页。
② 《马克思恩格斯文集》第一卷,人民出版社 2009 年版,第 538 页。
③ 《马克思恩格斯文集》第七卷,人民出版社 2009 年版,第 940 页。
④ 《马思恩格斯全集》第三十卷,人民出版社 1995 年版,第 267 页。
⑤ 马克思:《资本论》第一卷,人民出版社 1975 年版,第 829 页注。

成为人自然生命存续的物质需求的价值,通过生产过程控制占有物及其使用价值"①。通过再生产过程中加速市场对物的消费而占有剩余价值。从生产到再生产,物质成为资本主义生产过程中最重要的因素,物质主义因应地成为资本主义生产的社会产物。物质主义的具体表现也由于这一抽象物质在生产消费过程中具体化为商品与货币而表现为商品拜物教与货币拜物教。货币作为一般等价物的出现似乎成了社会法则中的"最高尺度",正如马克思所指出的:"货币的力量多大,我的力量就多大……我是一个邪恶的、不诚实的、没有良心的、没有头脑的人,可是货币是受尊敬的,因此,它的占有者也受尊敬。货币是最高的善,因此,它的占有者也是善的。"②而且,资本家对剩余价值的无限追求,使得货币主义对于社会的控制似乎不满于衡量社会中的人,甚至成为能够改变社会关系的畸形力量,"它把坚贞变成背叛,把爱变成恨,把恨变成爱,把德行变成恶行,把恶行变成德行,把奴隶变成主人,把主人变成奴隶,把愚蠢变成明智,把明智变成愚蠢"③。

物质主义持续膨胀的直接后果是人的精神世界的丧失,进而导致人的片面发展。资本逻辑统摄下的现代社会,人们"追求幸福的欲望只有极微小的一部分可以靠观念上的权利来满足,绝大部分却要靠物质的手段来实现"④,也就是说,人们将幸福的实现等同于物欲的满足,满足物质欲望在很大程度上就达到了幸福的境界。针对这种情况,恩格斯发出了对资本主义现代化的质问与质疑,"把丑恶的物质享受提到了至高无上的地位,毁掉了一切精神内容。这会造成什么后果呢?"⑤后果就在于人们对物质欲的极大渴望与追求使得其不得不将自身"全身心"地捆绑在出卖劳动力而获取工资的过程中,这样其物欲越强烈,自身异化就越严重。具体体现在人基本丧失了全部闲暇时间,很大程度上造成了身体健康的极大损害,从而使人完全丧失追求精神生活的外在条件与内在条件。

---

① 史巍:《中国式现代化物质文明与精神文明相协调的思想逻辑及时代要求》,《社会科学家》2023年第1期。
② 《马克思恩格斯文集》第一卷,人民出版社2009年版,第244-245页。
③ 《马克思恩格斯文集》第一卷,人民出版社2009年版,第247页。
④ 《马克思恩格斯文集》第四卷,人民出版社2009年版,第293页。
⑤ 《马克思恩格斯全集》第一卷,人民出版社1956年版,第636页。

（二）"两个文明"相协调是中国式现代化的题中应有之义

中国式现代化作为社会主义现代化，蕴含着"社会全面发展"与"人的全面发展"的目标与要求，中国式现代化的拓深必然在坚持马克思主义文明观的根本指导下，追求物质文明与精神文明的平衡推进。

中国式现代化之所以强调物质文明与精神文明相协调，根本原因在于中国式现代化的根本属性即社会主义现代化，严格遵循并践行人类社会文明的辩证发展要求。马克思主义强调物质文明与精神文明的辩证关系。一方面，物质生产和生活决定人们的精神生产与精神生活，人们的思想观念、意识理念等精神层面的内容是第二性的，是由具体社会的特定生产方式决定的，正如马克思所指出的："物质生活的生产方式制约着整个社会生活、政治生活和精神生活的过程。"[①]可以说，经济建设为精神文明建设提供必要的物质前提，经济建设的原则理念决定了精神文明的实现状态。一方面，精神文明并不基于经济建设之上的形而上的"消极的结果"，精神文明具有自身的历史继承性与能动性，其基于物质文明生发并历史性地反作用于物质文明，甚而将精神要素转换为物质力量。具体来看，"政治、法、哲学、宗教、文学、艺术等等的发展是以经济发展为基础的。但是，它们又都互相作用并对经济基础发生作用"[②]。物质文明与精神文明的相互影响以合力形式体现于人类社会的现代化进程中，物质文明的持续提升是凝铸社会共识、培养良好的道德风尚的根本前提条件，而精神文明层面的共识凝铸与观念更新等功能也在很大程度上激发了人们的主体意识，汇聚群众合力而推动物质文明建设。

中国式现代化追求物质文明与精神文明的协调是新时代新征程的必然要求。一是新时代社会主要矛盾的改变要求中国式现代化必须以满足人民日益增长的美好生活需要为价值引领。"美好生活需要"超越了物质需求层面的满足，而更加强调人们"对科学的向往、对知识的渴望，他们的道德力量和他们对自己

[①] 《马克思恩格斯文集》第二卷，人民出版社 2009 年版，第 597 页。
[②] 《马克思恩格斯文集》第十卷，人民出版社 2009 年版，第 668 页。

发展的不倦的要求"①等精神文化需求。同时正是人们选择"参与更高一些的享受,以及参与精神享受……扩大自己的享受范围",才使得他们"在经济上所以可能"②。二是新征程以中国式现代化全面推进中华民族伟大复兴的中心任务,要求必须选择并践行物质文明与精神文明相协调的现代化道路,道路与目标的一致与契合是顺利实现目标的根本前提。中华民族伟大复兴绝不是对过去辉煌的恋恋不舍,而是从一个民族最深层的积淀层面即从文明维度强调新文明形态的创造。这一文明形态是彰显协调性的新文明形态,而根本的就是要立足于人的全面发展维度、致力于推进物质文明与精神文明的平衡发展,从而使得人类文明形态的拓展与深化进程也是"物质文明和精神文明比翼双飞的发展过程"③。三是应对世界百年未有之大变局、抵御西方意识形态渗透的必然要求。随着我国日益走近世界舞台中央,西方虽收起了"坚船利炮"的威胁与入侵方式,但是西方中心主义、文化中心主义、普世价值等偏狭的价值理念决定了面对我国现代化的快速推进,其必然以意识形态渗透等方式设法侵蚀国人的思想、试图阻碍我国现代化持续拓深。立足于国际复杂形势,中国式现代化的推进必须"以辩证的、全面的、平衡的观点正确处理物质文明和精神文明的关系"④,在注重推进高质量发展的同时也要不断强化精神文明建设。

四、中国式现代化是人与自然和谐共生的现代化

人与自然和谐共生的现代化是我国在反思西方现代化所导致的人与自然割裂惨痛教训的基础上,坚持马克思主义自然观的根本指导,并总结我国现代化生态建设经验而提出的时代理念与发展要求。

(一)西方人与自然割裂的现代化老路

人与自然的关系是人类社会生存和发展的基本关系,这一关系标识着人类社会的演化甚而说是人类文明的变迁。人与自然的关系天平随着生产工具的不断升级,尤其是资本主义主义大机器工业的出现而产生比重上的偏移。应该肯

---

① 《列宁全集》第三十八卷,人民出版社 1959 年版,第 17 页。
② 《马克思恩格斯全集》第四十六卷上册,人民出版社 1979 年版,第 246 页。
③ 习近平:《在联合国教科文组织总部的演讲》,《人民日报》2014 年 3 月 28 日。
④ 《党中央治国理政新理念新思想新战略》,北京联合出版公司 2016 年版,第 3 页。

定的是,资本主义大机器生产在很大程度上激发了人的主体性,促进了人类社会的联系与进步,但是资本逻辑对社会生产的统摄以及资本主义私有制的上层庇佑,导致资本主义时代所形成的"对自然界的独立规律的理论认识本身不过表现为狡猾"①。"资本"对剩余价值的无限追求成为其破除一切限制的根本动力,资本将其"狡猾"应用于整个生产过程中,资本主义生产以掠夺摧毁的恶劣方式消除着阻碍资本扩张的一切自然限制,酿造了人与自然关系的严重错位。

西方现代化模式在肯定与张扬人的主体性与能动性的同时,试图教唆人类对大自然展开无止境地掠夺剥削。现代形而上学作为西方现代化的指导思想,随着笛卡尔提出"我思故我在"开始确证了"人"作为主体性的存在,而随着人的主体性被极大肯定,人在西方现代化模式中逐渐丧失其与自然界朴素的互相依赖关系而高高在上。加之资本主义大工业在全世界范围内的迅速展开,改变了"人类的地方性发展和对自然的崇拜"②,开启了"使自然界服从于人的需要"③的时代、"创造出社会成员对自然界……本身的普遍占有"④,人真正成为大自然的主人,开始为自然立法。而且资本逻辑对整个生产过程的统摄,使得人人利欲熏心,功利主义似乎成为人类对待自然界的主导态度,随之而来的是人类对大自然的占有掠夺、征服破坏。可以说,在西方现代化模式中,人与自然关系势必呈现严重错位的后果。

西方现代化模式是资本逻辑统摄下的资本主义现代化,其致力于资本的无限扩张、追求对剩余价值的无限满足,而这一过程形成了对大自然的无限毁害。"资本主义生产的是这样一种社会生产方式,在这种生产方式下,生产过程从属于资本,或者说,这种生产方式以资本和雇佣劳动的关系为基础,而且这种关系是起决定作用的、占支配地位的生产方式。"⑤因而,"生产剩余价值或赚钱,是这个生产方式的绝对规律"⑥,可见,资本通过占有自然资源与人力资源实现自身价

---

① 《马克思恩格斯文集》第八卷,人民出版社 2009 年版,第 90 页。
② 《马克思恩格斯文集》第八卷,人民出版社 2009 年版,第 90 页。
③ 《马克思恩格斯文集》第八卷,人民出版社 2009 年版,第 91 页。
④ 《马克思恩格斯文集》第八卷,人民出版社 2009 年版,第 90 页。
⑤ 《马克思恩格斯全集》第三十二卷,人民出版社 1998 年版,第 153 – 154 页。
⑥ 《马克思恩格斯文集》第五卷,人民出版社 2009 年版,第 714 页。

值。然而,资本无限扩张这一铁的规律决定了其不仅会以任何不利于自然界生长的手段消除大自然对其的限制,而且会以"遇山开山,遇水劈水"的决心破除大自然对社会生产的一切障碍,使得自然为其服务。同时,资本的无限扩张与大自然的有限资源之间的矛盾表明资本主义生产对自然界的损害具有不可逆性,如果随着资本在自然界的狂奔式突围而肆意破坏生态环境,定会导致有限自然对人类的反噬。

(二)人与自然和谐共生是对人类文明发展问题的中国回答

人与自然和谐共生是对马克思关于人与自然关系理论的中国表达,是对传统文化中"天人合一"哲学思想的时代创新,强调中国式现代化生态建设的要求与目标。和谐与共生互为前提与支撑,人与自然和谐相处才能共同生存与发展,同样,人与自然互为支撑、互相推动才能实现和谐状态。

对人与自然共生关系的强调表明人与自然是生命共同体。"生命和物质世界并非存在于'孤立地隔间'之中,相反,'在有机生物与环境之间存在着一种非常特殊的统一体'",①这种统一体就是人与自然的生命共同体关系。这一关系首先强调人与自然的共生,共同生存即一方的存在以另一方的存在为前提,两者互为支撑。但人与自然的共生关系中,人作为能动性、主体性的存在,需要更为主动地承担维护这一共生关系的责任,即是说,在生态文明建设进程中,人们必须把握与尊重自然发展规律,在遵循自然规律的基础上改造自然、优化自然。其次,这一生命共同体关系强调共生基础上的共同发展,共同发展是共生存的人与自然的共同追求,中国式现代化的拓深坚持生产与生态相统一、发展与保护相统一,致力于践行"绿水青山就是金山银山"的原则要求,走出一条生产发展、生活富裕、生态良好的文明发展道路。最后,人与自然共生存的终极体现在于二者的价值目标一致,价值理念是最深层、最本质的要素,推动人与自然共生的根本即在于二者的价值诉求一致,中国式现代化的本质是人的现代化,人与自然的生命共同体是以人民为中心的生命共同体。

---

① [美]约翰·贝拉米·福斯特:《马克思的生态学:唯物主义与自然》,刘仁胜等译,高等教育出版社 2006 年版,第 19 页。

对人与自然和谐关系的强调指明了二者共生的高级状态。马克思唯物辩证法明确了事物存在的两种状态即相互对立与相互统一,而和谐是在二者相互依赖与相互斗争中所实现的理想发展状态。物质变换活动是人类社会发展的首要活动,是人与自然的首层关系。和谐根本的着眼点即在于现代化建设中要保持人与自然的物质变换的科学合理。正如马克思所指明的:"社会化的人,联合起来的生产者,将合理地调节他们和自然之间的物质变换,把它置于他们的共同控制之下,而不让它作为一种盲目的力量来统治自己;靠消耗最小的力量,在最无愧于和最适合于他们的人类本性的条件下来进行这种物质变换。"①因而,中国式现代化对人与自然和谐共生的生态追求,不仅要持续深化人类社会对于自然界的全面把握、实现对自然界发展规律的更为深刻的掌握,最大化消除人对于自然界的盲目性,为人类社会活动提供认识前提,更要在此基础上创新现代化发展方式,以人与自然的平等共存为根本原则,保障发展与保护的统一推进。

五、中国式现代化是走和平发展道路的现代化

"中国式"不仅强调新时代中国式现代化的创生是基于我国现实国情,更强调其涵养于中华优秀传统文化中。马克思主义同中国具体实际、同中华优秀传统文化相结合成功指导中国式现代化的时代出场,只有明确中国式现代化坚定走和平发展道路的现实考量与价值理念,才能深刻理解"中国式现代化摒弃了西方对外扩张掠夺的现代化老路"。

(一)西方对外扩张掠夺的现代化老路

文明观是一个国家现代化道路的底色所在,决定了一个国家选择何种现代化道路以及秉持何种价值理念。因而,只有基于文明观视角剖析资本主义现代化,才能从根本上明晰资本主义现代化道路何以如此。科恩伯格在《美国文化写照》中将资本主义所蕴含的哲学概括为"他们从牛身上揩油,从人身上榨钱"②;韦伯则认为富兰克林提出的"时间就是金钱、信誉就是金钱"等以"金钱"为根本

---

① 《马克思恩格斯文集》第七卷,人民出版社 2009 年版,第 928－929 页。

② [德]马克斯·韦伯:《新教伦理与资本主义精神》,马奇炎等译,北京大学出版社 2012 年版,第 46 页。

目标与衡量标准的理念，"正是资本主义精神"①。正是这一资本至上的价值理念塑造了剥削与掠夺的现代化道路，资本主义现代化的历史推进描绘了一幅血淋淋的发展图景，无论是资本主义生产方式的生成进程还是资本主义在世界历史范围的扩张历程，都彰显着资本主义"文明"的"反文明"与"非文明"一面，表现在资本主义现代化对内掠夺与对外扩张的残暴道路。

"资本来到世间，从头到脚，每个毛孔都滴着血和肮脏的东西。"②资本形成的重要前提就是资本的原始积累，原始积累之所以是"原始"的，就在于其手段与方式的"朴素"，即资本家通过烧杀抢掠的残暴手段剥夺劳动者对生产资料的所有，而实现自身对生产资料的独占。正如丹尼尔·贝尔在《资本主义文化矛盾》中所指出的，早期资本主义最明显的特点就是禁欲苦行与贪婪攫取，"前者代表了资产阶级精打细算的谨慎持家精神；后者体现在经济和技术领域的那种浮士德式骚动激情，它声称'边疆没有边际'，以彻底改造自然为己任。这两种原始冲动的交织汇合形成了现代化理性观念"③。也因此形成了早期资本主义的一系列"羊吃人"运动。这一过程不仅直接呈现了一幅残忍的掠夺画面，更形成了之后长此以往资本家对劳动者的剥削与压迫局面。资本作为追求剩余价值的价值，"一旦有适当的利润，资本就胆大起来。如果有10%的利润，它就保证到处被使用；有20%的利润，它就活跃起来；有50%的利润，它就铤而走险；为了100%的利润，它就敢践踏一切人间法律；有300%的利润，它就敢犯任何罪行，甚至冒绞首的危险。如果动乱和纷争能带来利润，它就会鼓励动乱和纷争。走私和贩卖奴隶就是证明。"④资本不仅在来到世间的过程中将其野蛮残暴性充斥在其每一个毛孔，更在其实现自身价值、完成自身使命的过程中将其獠牙与本性完全暴露。

从世界层面来看，"当我们把目光从资产阶级文明的故乡转向殖民地的时

---

① ［德］马克斯·韦伯：《新教伦理与资本主义精神》，马奇炎等译，北京大学出版社2012年版，第46页。
② 《马克思恩格斯全集》第四十二卷，人民出版社2016年版，第777页。
③ ［美］丹尼尔·贝尔：《资本主义文化矛盾》，赵一凡等译，生活·读书·新知三联书店1989年版，第29页。
④ ［德］马克思：《资本论》第一卷，人民出版社1975年版，第829页注。

候,资产阶级文明的极端伪善和它的野蛮本性就赤裸裸地呈现在我们面前"①。近代以来,无论是英国现代化扩张中的以其内生先发优势疯狂对外侵略、抢占殖民地实现自身发展,还是美国坚持普世价值与文化中心主义而在世界范围以残暴手段推广自身现代化道路,抑或德国与日本秉承法西斯主义而走上一条军国主义道路,等等。人类历史沉重地承载着以"唯我主义"为理念原则的资本主义现代化道路的发展后果。事实证明,固守西方文明的思维方式与价值理念,势必会走上弱肉强食、赢者通吃的现代化道路。而这一丛林法则式的现代化路径不仅以残忍不堪的形式损害他国利益,甚至在一定程度上摧毁着世界文明进程,而且这一路径附带着一系列诸如全球贫富差距、生态恶化等"资本主义问题",导致其在鼓动世界性矛盾与冲突的同时,更形成了偏颇的世界政治经济格局而导致人类社会的严重分化。

（二）和平发展是中国式现代化的世界文明观

"中国式"现代化的一大体现即在于作为中国特色的现代化道路,其价值理念塑造于马克思主义同中国具体实际、同中华优秀传统文化相结合的历史进程之中,从而摒弃了西方现代化"唯我主义"的文明理念及其对外扩张掠夺的现代化老路,坚持合作共赢的世界文明观,开启了世界历史层面的全新现代化道路。

走和平发展的现代化路径,不仅是我国国情的现实要求,更是深受中华优秀传统文化滋养的必然选择。虽新时代以来我国社会主要矛盾发生了改变、现代化建设取得了历史性成就与变革、实现了第一个百年奋斗目标,开启了以中国式现代化全面推进中华民族伟大复兴的新征程,但正如习近平总书记所说:"我国仍处于并将长期处于社会主义初级阶段的基本国情没有变,我国是世界最大发展中国家的国际地位没有变。"②马克思明确强调了实现共产主义的首先前提即"生产力大大增长"③,并指明了无产阶级夺取政权后的首要任务即是要"把一切生产工具集中在国家即组织成为统治阶级的无产阶级手里,并且尽可能快地增

①　《马克思恩格斯文集》第二卷,人民出版社 2009 年版,第 690 页。
②　《习近平著作选读》第二卷,人民出版社 2023 年版,第 10 页。
③　《马克思恩格斯文集》第一卷,人民出版社 2009 年版,第 687 页。

加生产力的总量"①。因而,无论从思想指导还是我国处于社会主义初级阶段与作为发展中大国追求全面建成现代化强国的战略诉求来看,发展在未来很长一段时间内仍是党执政兴国的第一要务,必须立足于人民日益增长的美好生活需要而坚持高质量发展的首要任务。而和平稳定是实现发展的重要前提与环境保障,这一长期艰巨的历史任务决定了在中国式现代化推进与拓展的进程中,我国必须始终秉持和平稳定的发展态度,致力于维护国际环境和平稳定。

要明确的是,和平发展的理念追求并不是我国谋求自身现代化建设的权宜之计,而且涵养并生发于中华优秀传统文化的中国式现代化的必然选择。文化是一个国家、一个民族的灵魂,从价值理念层面决定着一个国家、一个民族的发展方式、路径选择、战略举措等。中华优秀传统文化蕴含着协和万邦的国际观,"'以和为贵'、'和而不同'、'化干戈为玉帛'、'国泰民安'、'睦邻友邦'、'天下太平'、'天下大同'等理念世代相传"②,对和平、和睦、和谐的精神追求深深扎根于中华民族的精神血脉之中。可以说,和衷共济、和合共生是中华民族的历史基因,也是东方文明的精髓。这一历史基因与文化基因决定了植根并生发于中华优秀传统文化的中国式现代化势必秉承着对话交流、合作共赢的文明理念,这是我国历史发展进程中丝毫没有动摇过的世界文明观。当前,面对"世界向何处于、人类怎么办"的世界之问,我国更是以构建人类命运共同体与和平、发展、公平、正义、民主、自由的全人类共同价值的重大理念,同"一带一路"倡议打造当今世界范围最广、规模最大的国际合作平台,构建高标准自由贸易区网络的现实举措共同发力,为世界现代化注入更多稳定因素、提供更多中国力量。

---

① 《马克思恩格斯文集》第二卷,人民出版社 2009 年版,第 52 页。
② 《习近平谈治国理政》第一卷,外文出版社 2018 年版,第 265 页。

第四章　中国式现代化发展阶段的内在逻辑

党的十九届五中全会提出,"全面建成小康社会、实现第一个百年奋斗目标之后,我们要乘势而上开启全面建设社会主义现代化国家新征程、向第二个百年奋斗目标进军,这标志着我国进入了一个新发展阶段。"①我国迈入新发展阶段,是对社会主义初级阶段理论的逐步深化和发展,也是我国现代化建设在理论创新、实践创新上的必然指向。党的十九届五中全会针对"十四五"时期和 2035 年远景目标作出的顶层设计和战略安排,是在统筹"世界百年未有之大变局"和"中华民族伟大复兴的战略全局"的前提下,对新时代"坚持和发展什么样的中国特色社会主义、怎样坚持和发展中国特色社会主义"这一基本问题作出的进一步回答。循史而察,新发展阶段的到来有其内在的理论逻辑、历史逻辑和实践逻辑。在这一进程中,中国式现代化新道路和人类文明新形态的科学性和吸引力必将在"第二个结合"中得到新的全面检验,世界社会主义运动也将因此迎来新的重大契机。

一、理论逻辑:马克思主义经典作家的重要论述是中国式现代化发展从初级阶段向高级阶段逐步迈进的理论遵循

马克思指出:"大体说来,亚细亚的、古希腊罗马的、封建的和现代资产阶级

---

① 《习近平谈治国理政》第四卷,外文出版社 2022 年版,第 162 页。

的生产方式可以看做是经济的社会形态演进的几个时代。"①人类社会总体上按照此顺序由低级到高级逐步演进,但人类社会的发展并不具有特定的历史必然性,而是以国家的国情基础和经济社会发展规律为立论基础。马克思提出的社会发展阶段理论正是以欧洲资本主义国家经济发展史为依据,分析生产力和生产关系、经济基础和上层建筑这两对矛盾运动在社会历史发展过程中的辩证关系,进而设计出社会发展阶段理论的解释框架,推动社会主义社会的理论创新和实践创新。

在马克思设想的未来社会形态中,共产主义可谓是贯穿其中的核心、中轴,对其的深化理解也伴随着马克思的哲学立场由人学转为科学,为共产主义实现的科学化和合理化提供了理论依据。马克思、恩格斯关于社会发展阶段理论的重要论述主要集中于《1844 年经济学哲学手稿》《德意志意识形态》《资本论》《法兰西内战》《哥达纲领批判》《社会主义从空想到科学的发展》等,为我们研究社会主义社会发展阶段的演化规律和内在逻辑提供了理论指引。1844 年,作为青年黑格尔派一员的马克思,在哲学立场上即将从唯心主义转变为唯物主义,并对社会发展阶段的基本属性和重要特征进行了思想初探。他认为"粗陋的共产主义,不过是私有财产的卑鄙性的一种表现形式"②。从经济属性上,他强调消灭一切含有忌妒和平均主义欲望的私有财产,尽力维护和实现社会公平,让合乎人性的人的复归不再受私有财产的束缚和感染,但此时的私有财产依然认定自己为积极的共同体,未曾察觉私有财产的占有是剥夺剥夺者的资本主义游戏。在阶级属性上,他认为"具有政治性质,是民主的或专制的;是废除国家的……仍然处于私有财产即人的异化的影响下"③。此时的共产主义仍然保留国家形式,决定用民主和专制的政体废除私有财产,虽然在政治意义上有了人向自身还原或复归的自觉认识,但仍未意识到人的社会属性和价值功能,因此无法得知社会发展过程是客观实在性和个体性的辩证统一,也就无法通往共产主义的理想道路。

---

① 《马克思恩格斯选集》第二卷,人民出版社 2012 年版,第 3 页。
② 《马克思恩格斯文集》第一卷,人民出版社 2009 年版,第 185 页。
③ 《马克思恩格斯文集》第一卷,人民出版社 2009 年版,第 185 页。

在社会属性上,他认为"共产主义是对私有财产即人的自我异化的积极的扬弃"①,此时人们已经完成了人与自然界、人与人之间的矛盾和解,一切共产主义运动在存在和本质、对象化和自我确证、自由和必然、个体和类之间的斗争中得到历史解答。这种积极的扬弃,不仅是从宗教、家庭、国家等社会存在形式中寻找答案,更是通过人的意识领域进行现实生活的异化,提出了共产主义是人的解放的必然环节。可见,马克思哲学立场范式的转化是这一阶段划分共产主义阶段的研究视角,私有财产的本质和人对自我异化的积极扬弃程度是划分共产主义阶段的判断依据。

1844 年以后,马克思在哲学立场和历史使命上完成了"两个转变"。共产主义阶段划分论从哲学视角转为政治经济学视角,研究重心也从抽象思辨的逻辑考察转为对社会生活的现实分析,并重新确立了有别于其他德国古典哲学家的全新世界观,即从生产、分配、交换、消费的经济学基本范畴来分析共产主义发展阶段的应然形态。马克思、恩格斯在《德意志意识形态》中指出:"对实践的唯物主义者即共产主义者来说,全部问题都在于使现存世界革命化,实际地反对并改变现存的事物。"②从一开始,马克思就阐述了研究未来社会的方法论问题,明确了共产主义运动的客观实在性和现实可能性。共产主义运动并非一蹴而就,而是随着时空条件的变化呈现出阶段性的特征。在《德意志意识形态》《资本论》等关于政治经济学的著作中,马克思、恩格斯从世界历史角度出发,认为随着共产主义社会的阶段演变,其地域范围会随着社会化生产的趋势而逐渐拓展,只有以全球性的社会化大生产和世界范围内普遍联系的人际交往为前提,共产主义运动才能由"地域性"变为"世界历史性"。马克思、恩格斯在考察了欧洲资本主义国家的生产力发展水平和经济结构之后,得出了社会主义革命将在欧洲几个先进资本主义国家同时发生和陆续取得胜利的一般规律的结论。③ 此时的马克思认为,在生产力水平和经济结构方面发育良好的资本主义国家获得优先进入社会主义革命胜利的入场券,但是任何共产主义运动都是客观现实的运动,都会

①　《马克思恩格斯文集》第一卷,人民出版社 2009 年版,第 185 页。
②　《马克思恩格斯文集》第一卷,人民出版社 2009 年版,第 527 页。
③　王立胜:《中国式现代化道路与人类文明新形态》,江西高校出版社 2022 年版,第 145 页。

受到时空压缩的制约而呈现特殊性走向。特别是 19 世纪 70 年代后期,西欧各国社会主义运动呈现低迷衰落的状态。1871 年巴黎公社起义失败,使马克思、恩格斯对东西方国家如何走向社会主义以及相对落后的国家如何走向社会主义的问题格外关注和重视。

1875 年,马克思在《哥达纲领批判》中驳斥拉萨尔派依靠资助"生产合作社"的资产阶级国家实现社会主义国家的观点,提出消灭资本主义制度后迎来的未来社会,即共产主义社会,将经历三个相互衔接、循序渐进的阶段:由资本主义社会向社会主义社会的过渡时期、共产主义社会第一阶段、共产主义社会高级阶段。共产主义发展阶段理论的提出标志着马克思对未来社会形态的理论把握,尤其是关于共产主义社会发展阶段的理论已基本成型。首先,在资本主义社会向社会主义社会的过渡时期,马克思驳斥了拉萨尔的"分配决定论"和依靠"国家帮助"建立生产合作社并置于人民的民主监督之下的观点,认为生产资料的分配是由生产方式决定的,生产资料的分配形式决定了生活资料的分配结果。如果脱离生产抽象谈分配,便与庸俗社会主义者别无二致。而人民监督下的生产合作社无疑是给资产阶级民主国家蒙上了一层遮羞布。劳动人民既不当权,也不是无产者,他们建立起的生产合作社根本得不到国家的帮助,又何谈民主监督一说。这不过是资产阶级掌权后蒙蔽人心的政治空谈而已。因此,他指明共产主义道路是迎接光明、驱散黑暗的必由之路,但短时间内无法完成社会形态的大跨越,而是"在资本主义社会和共产主义社会之间,有一个从前者变为后者的革命转变时期。同这个时期相适应的也有一个政治上的过渡时期,这个时期的国家只能是无产阶级的革命专政"①。在《1848 年至 1850 年的法兰西阶级斗争》《法兰西内战》等著作中,马克思强调通过建成社会主义,消灭阶级划分,使全体社会成员成为劳动者,消灭一切剥削制度的过程是一个较为漫长的过程,这一时期的物质积累和制度建设尤为重要,以便为下个阶段做好铺垫。其次,在社会主义社会第一阶段,马克思详细阐述了共产主义代替资本主义的历史必然性。这一阶段"不是在它自身基础上已经发展了的,恰好相反,是刚刚从资本主义社会中产

---

① 《马克思恩格斯选集》第三卷,人民出版社 2012 年版,第 373 页。

生出来的,因此它在各方面,在经济、道德和精神方面都还带着它脱胎出来的那个旧社会的痕迹"①。其一,按劳分配应以公有制为基础,劳动产品无须经过"惊险的商品跳跃",而将直接作为社会总产品提供使用价值。其二,劳动所得应当"有折有扣",即劳动创造的产品并不能按照 1:1 的价值全额反馈给劳动者,而应当扣除一部分作为社会风险保障基金和社会扩大再生产的消费资料。其三,在劳动"有折有扣"的基础上,应根据贡献原则按劳动量分配报酬。② 随着马克思、恩格斯理论探索的发展和历史唯物主义的完善,他们深入分析人类现实的物质利益关系,深化了对劳动和资本主义与共产主义的联系和区别的理解。即便已经奠定了共产主义这一主基调,这一阶段仍然带有资产阶级旧社会在经济和精神上的旧痕迹,按劳分配的是资产阶级的法权,精神文化上仍然存有资本主义制度的弊病。最后,共产主义社会高级阶段将实现"各尽所能,按需分配"。这一阶段马克思详细确定了共产主义低级阶段和高级阶段的差别,描画了共产主义社会高级阶段的基本蓝图,即遵循共产主义原则的前提下,废除旧的强制性分工,劳动成为生活的第一需要,个人得到全面发展,生产力极大丰富,分配上超出资产阶级权利的狭隘眼界,实现各尽所能,按需分配,等等。这是低级阶段基础上的继续发展,表明共产主义社会是遵循一定客观规律发展的社会形态,必须完成过渡阶段任务之后,才能为最终实现这一社会形态的高级阶段创造物质和精神条件。从物质形态来看,未来社会的特征是物质财富极大丰富,消费资料按需分配;就人的精神生活来看,人们精神境界极大提高,社会和谐稳定,人类必然实现从必然王国向自由王国的飞跃,"代替那存在着阶级和阶级对立的资产阶级旧社会的,将是这样一个联合体,在那里,每个人的自由发展是一切人的自由发展的条件"③。共产主义社会仍然要经历一个完善发展的过程,并不是社会形态的终结。这一论断充分体现出辩证唯物主义的科学世界观和方法论,也为后来指导共产主义运动提供了理论武器。虽然马克思关于共产主义发展阶段理论的相关

① 《马克思恩格斯选集》第三卷,人民出版社 2012 年版,第 363 页。
② 杨明佳、汪子宏:《马克思的未来社会阶段论及其在当代中国的实践》,《湖北行政学院学报》2022 年第 4 期。
③ 《马克思恩格斯文集》第二卷,人民出版社 2009 年版,第 53 页。

论述是以资本主义国家的历史背景为依据,并未对中国等东方国家的社会发展形态进行专门研究,但马克思关于社会发展阶段的分析逻辑同样适用于东方社会。

实践证明,共产主义运动的发展壮大是需要多阶段的目标逐步递进完成的。虽然东西方社会的社会形态演进都是本国社会主要矛盾的各方力量对比及唯物基础①起决定作用,但在形态演进顺序和阶段性特征上有极大区别。1917 年,列宁在《国家与革命》一书中驳斥机会主义者篡改马克思主义的不正言论,不仅详细阐述了马克思在《哥达纲领批判》中关于共产主义阶段划分的问题,更为丰富马克思主义国家学说、指导无产阶级革命运动提供了理论指导。"社会主义同共产主义在科学上的差别是很明显的",不能"把社会主义看成一种僵死的、凝固的、一成不变的东西"②。社会主义和共产主义并非同一概念,应该是从低级阶段向高级阶段逐次递进的过程。一是从经济结构来看,生产资料已经是公有制属性,但经济上并未完全成熟,仍然保有"资产阶级的狭隘眼界";二是从民主形式来看,仍然保有资产阶级国家作为强制人们遵循权利准则的机构的存在形式,这种民主仅是形式上的平等,一旦社会全体成员在生产资料占有等方面实现了事实平等,即实现"各尽所能,按需分配"的原则,才能达到共产主义。1918 年,列宁在《苏维埃政权的当前任务》一文的几个提纲中,提出社会主义现代化公式"苏维埃政权 + 普鲁士的铁路秩序 + 美国技术和托拉斯组织 + 美国的国民教育等 + …… = 总和 = 社会主义",为落后的社会主义国家如何实现现代化展开了具体目标的初步构想。特别是俄国十月革命的胜利,让社会主义经历了从理想到现实,从一国到多国的全面验证。由此可以看出,一个国家对自身发展阶段划分的准确判断,决定了一个政党特别是新生政权实现现代化建设的发展程度。如苏维埃政权经由十月革命将"跨越卡夫丁峡谷"理论变为现实,列宁深刻把握这

---

① 这里的唯物基础沿袭自黑格尔哲学,是马克思主义理论基本研究范畴和方法。黑格尔认为:"助成民族精神的产生的那种自然的联系:就是地理的基础。假如把自然的联系同道德全体的普遍性和道德全体的个别行动的个体比较起来,那么,自然的联系似乎是一种外在的东西,但是我们不得不把它看作是'精神'所从而表演的场地,它也就是一种主要的,而且必要的基础。"

② 《列宁全集》第三十一卷,人民出版社 2017 年版,第 94 – 95 页。

一发展阶段苏维埃政权所处的历史方位,在俄共第七次紧急代表大会上果断指出:"把对商品生产和资本主义的论述当作陈旧的废物抛弃,这不是从当前发生的事件的历史性质出发,因为我们还没有超出从资本主义向社会主义过渡的最初几个阶段。"①随后制定的新经济政策极大提高了一个资本积累不够充分的社会主义国家的物质基础和生产力水平。

　　"历史从哪里开始,思想进程也应当从哪里开始。"②在共产主义目标的设定上,各个社会主义国家提出了自己的阶段性目标。如习近平对新民主主义革命时期、社会主义革命和建设时期、改革开放与社会主义现代化建设新时期及中国特色社会主义进入新时代的定位把握,在庆祝中国共产党成立100周年大会上指出:"我们坚持和发展中国特色社会主义,推动物质文明、政治文明、精神文明、社会文明、生态文明协调发展,创造了中国式现代化新道路,创造了人类文明新形态。"③现代化是人类社会发展的必然趋势,物质文明、政治文明、精神文明、社会文明、生态文明协调发展是中国式现代化高质量发展的主要目标。特别要指出的是,这里的"人类文明新形态",强调共产主义是人类社会的必然指向,这是一个"世界性"而非"地域性"的概念,需要放到世界历史意义上探讨,并不只是资本主义和共产主义的概念之别。

二、历史逻辑:中国共产党人对社会主义发展阶段的经验总结和历史教训是中国式现代化发展从初级阶段向高级阶段迈进的必然要求

　　中国共产党以历史唯物主义为哲学基础,以人的解放为价值旨归,丰富和发展了马克思主义关于共产主义发展阶段理论,创造性地继承了社会主义发展阶段理论,对于深刻把握新发展阶段的历史方位,采取符合阶段性特征的路线方针政策,推动新时代全面建设社会主义现代化国家,实现第二个百年奋斗目标积累了经验、指明了方向。

　　1959年,毛泽东在阅读苏联《政治经济学教科书》时指出:"社会主义这个阶

　　①　《列宁全集》第三十四卷,人民出版社1985年版,第46页。
　　②　《马克思恩格斯文集》第二卷,人民出版社2009年版,第603页。
　　③　习近平:《在庆祝中国共产党成立100周年大会上的讲话》,《人民日报》2021年7月2日,第1版。

段,又可能分为两个阶段,第一个阶段是不发达的社会主义,第二个阶段是比较发达的社会主义。后一阶段可能比前一阶段需要更长的时间。"①中国的社会主义建设和其他落后的社会主义国家一样,"开始容易,继续发展比较困难",这种现实情况决定了我国推进现代化首先需要明确的是确立我国社会主义阶段的基本问题,也是中国共产党人实现理论创新和实践创新的逻辑必然。从马克思的"阶段论"来看,要想实现共产主义就要将其划分为共产主义低级阶段和高级阶段,又要将每个阶段划分为若干个子阶段,搭建全面建设社会主义现代化国家的解释框架。因此,正确认识我国迈入新发展阶段的历史方位,深刻总结中国共产党成立以来各个历史时期推进现代化建设的经验结论,从历时性维度和共时性维度界定中国式现代化的发展阶段,明晰现代化的基本要素包括目标、动力、模式等是我们把握社会主义初级阶段的逻辑必然。

从 1919 年五四运动的蓬勃兴起至 1956 年"三大改造"的完成是我国从新民主主义革命胜利到进入社会主义社会的过渡阶段。一是社会主义革命胜利将"跨越卡夫丁峡谷"理论变为现实。我国清除了帝国主义、封建主义、官僚资本主义的残余成分,将资本主义工商业收为国有,确立了社会主义的根本属性,社会主义革命实践的胜利确证了我国坚持马克思主义指导思想、选择共产主义道路是历史和人民的选择。二是论证了新民主主义社会的特殊性质,明确"新民主主义革命纲领",制定革命所需完成的目标和实现目标的手段和途径,为下一个崭新时期提供强大的物质基础和制度条件。社会主义制度的确立标志着中国历史上长达数千年的剥削制度的结束,开启了建设社会主义现代化的崭新一页。

十一届三中全会以后,邓小平正确分析国情,作出我国仍处于社会主义初级阶段的判断。1981 年 6 月党的十一届六中全会通过的《关于建国以来党的若干历史问题的决议》第一次在党的纲领中明确提出社会主义初级阶段的科学概念,可见把握社会主义发展的历史方位对我们认清国情、推动现代化发展具有举足轻重的现实意义。邓小平谈到初级阶段的社会主义时强调了两点:一是遵循解放思想,实事求是的基本原则,认清我国在生产力水平上远远落后于其他发达国

---

① 《毛泽东文集》第八卷,人民出版社 1999 年版,第 116 页。

家的现实情况。要想实现工业化、经济的社会化、市场化、现代化还需要经历一个较长的历史阶段,既要符合国情和生产力水平,又要有不断把历史推向前进的政治勇气和历史智慧,持续改革攻坚、开创新局。二是把握好顶层设计和实践探索的关系,逐渐深化对社会主义发展阶段的科学认识。社会主义如何发展是一个前无古人的新事业,我们没有现成的经验可学,只能一边摸索一边实践。同时,要避免从马克思主义的个别论断教条式理解社会主义发展的阶段性特征,使我国陷入停滞不前甚至走歪路邪路的曲折困境。邓小平从发展特征、经济结构、教育程度、社会建设等方面明确提出这一发展阶段的特征:"社会主义初级阶段,是逐步摆脱不发达状态,基本实现社会主义现代化的历史阶段;是由农业人口占很大比重、主要依靠手工劳动的农业国,逐步转变为非农业人口占多数、包含现代农业和现代服务业的工业化国家的历史阶段;是由自然经济半自然经济占很大比重,逐步转变为经济市场化程度较高的历史阶段;是由文盲半文盲人口占很大比重、科技教育文化落后,逐步转变为科技教育文化比较发达的历史阶段;是由贫困人口占很大比重、人民生活水平比较低,逐步转变为全体人民比较富裕的历史阶段;是由地区经济文化很不平衡,通过有先有后的发展,逐步缩小差距的历史阶段;是通过改革和探索,建立和完善比较成熟的充满活力的社会主义市场经济体制、社会主义民主政治体制和其他方面体制的历史阶段;是广大人民牢固树立建设有中国特色社会主义共同理想,自强不息,锐意进取,艰苦奋斗,勤俭建国,在建设物质文明的同时努力建设精神文明的历史阶段;是逐步缩小同世界先进水平的差距,在社会主义基础上实现中华民族伟大复兴的历史阶段。"[①]改革开放以来,我国进入初级阶段的社会主义建设时期,先后经历了实现温饱、总体小康、全面建设小康社会、全面建成小康社会几个分阶段,党领导人民圆满完成了每个历史阶段的任务并对每一阶段"建设什么样的社会主义,怎样建设社会主义"的基本问题作了进一步回答。1987 年,党的十三大系统论述了党的初级阶段理论,制定了"三步走"的发展战略,标志着党的社会主义初级阶段理论正式形成。第一步是解决人民温饱问题,第二步是人民生活达到小康水平,第三步是到

---

① 《全面建成小康社会重要文献选编》上卷,人民出版社 2022 年版,第 386 页。

21 世纪中叶基本实现现代化。到 20 世纪末,按照国内生产总值衡量,我国成功实现了第一步和第二步目标,人民生活总体上达到小康水平,在迈向共同富裕的道路上迈开了大步。这是对我国进入社会主义初级阶段这一基本国情的准确把握,符合对唯物辩证法中"否定之否定"规律的理性认知,更是对列宁的东方社会理论和多国胜利论的正确验证,对马克思关于社会主义发展阶段理论的重大突破和创新。我国既没有效仿发达资本主义国家通过原始积累和殖民扩张的不正义方式加速攫取实物财富和超额利润的过程,也没有依附发达资本主义国家走"西方中心论"的文明之路,而是准确理解社会主要矛盾和各个阶段性特征,从而把握我国在社会主义建设历程中的历史方位和具体任务,但这一阶段的发展仍然是不平衡、不全面的。

党的十八大以来,以习近平同志为核心的党中央牢牢把握社会主义初级阶段这个基本国情,不断推动中国式现代化的理论创新和实践探索,推动党和国家各项事业取得历史性成就、发生历史性变革。2017 年,党的十九大报告指出:"经过长期努力,中国特色社会主义进入了新时代,这是我国发展新的历史方位"①,不仅进一步发展了马克思的社会主义发展阶段理论,更为以中国式现代化全面推进中华民族伟大复兴指明前进方向。2021 年,习近平总书记在省部级专题研讨班上的重要讲话指出:"新发展阶段是社会主义初级阶段中的一个阶段,同时是其中经过几十年积累、站到了新的起点上的一个阶段。新发展阶段是我们党带领人民迎来从站起来、富起来到强起来历史性跨越的新阶段。"②回顾中国共产党成立 70 多年的历史特别是改革开放 40 多年的不懈奋斗,可知社会主义初级阶段不是一个静态、一成不变、停滞不前的阶段,也不是一个自发、被动、不用费多大气力自然而然就可以跨过的阶段,而是一个动态、积极有为、始终洋溢着蓬勃生机活力的过程,是一个阶梯式递进、不断发展进步、日益接近质的飞跃的量的积累和发展变化的过程。提出的新"两步走"战略是以"全面建设社会主义现代

① 习近平:《决胜全面建成小康社会　夺取新时代中国特色社会主义伟大胜利——在中国共产党第十九次全国代表大会上的报告》,人民出版社 2017 年版,第 10 页。
② 《深入学习坚决贯彻党的十九届五中全会精神　确保全面建设社会主义现代化国家开好局》,《人民日报》2021 年 1 月 12 日,第 1 版。

化国家"为阶段性目标,以"以中国式现代化全面推进中华民族伟大复兴"为主线,"全面发展"的内在要求贯穿其中,既是社会主义初级阶段我国发展的基本要求,也是我国社会主义从初级阶段向更高阶段迈进的要求,未来 30 年将是我们完成这个伟大宏愿的新发展阶段。

三、实践逻辑:实现全面现代化是中国式现代化从初级阶段向高级阶段迈进的发展进路

习近平总书记在党的十九届五中全会第二次全体会议的讲话中指出:"全面建设社会主义现代化国家、基本实现社会主义现代化,既是社会主义初级阶段我国发展的要求,也是我国社会主义从初级阶段向更高阶段迈进的要求。"①这一论断揭示了新发展阶段是一个社会历史过程。认识社会发展阶段的演进规律,特别是认识和把握中国特色社会主义发展阶段的演变逻辑,有利于系统推进实现"第二个百年"奋斗目标和社会主义现代化强国建设,最终实现人的全面发展。中国进入新发展阶段,正确认识新发展阶段与社会主义初级阶段的关系,明确新发展阶段在社会主义初级阶段的历史方位和重要地位,对于踏上现代化国家建设新征程的中国共产党实现第二个百年奋斗目标具有重要指导意义。

（一）"全面发展"是中国式现代化从初级阶段向高级阶段迈进的内在要求

习近平指出:"中国式现代化是全体人民共同富裕的现代化。共同富裕是中国特色社会主义的本质要求","物质富足、精神富有是社会主义现代化的根本要求。物质贫困不是社会主义,精神贫乏也不是社会主义"。② 这一论断概括出中国式现代化视域下多维度坚持和发展中国特色社会主义的基本内容,表现为物质富裕和精神富裕全面发展的文明形态。这既是中国式现代化的本质特征,也是社会主义文明新形态的崭新样态。

全面发展是社会主义的内在要求。马克思、恩格斯虽未提出过"共同富裕"

---

① 《习近平谈治国理政》第四卷,外文出版社 2022 年版,第 165 页。

② 习近平:《高举中国特色社会主义伟大旗帜　为全面建设社会主义现代化国家而团结奋斗——在中国共产党第二十次全国代表大会上的报告》,人民出版社 2022 年版,第 22－23 页。

这一概念,但这一具体要求暗含在"全面发展"的社会主义内在要求中。马克思指出:"代替那存在着阶级和阶级对立的资产阶级旧社会的,将是这样一个联合体,在那里,每个人的自由发展是一切人的自由发展的条件。"①说明人在阶级解放和劳动解放中得到改造和提高,人的发展的阶段性特征是由不全面发展到全面发展,由不充分发展到充分发展,由不自由发展到自由发展。这与我国社会主要矛盾的历史嬗变不谋而合。无论是资本主义社会还是社会主义社会,本质上都是在现代化进程中力求解决生产力与生产关系,经济基础和上层建筑的矛盾运动,区别在于对社会的本质判定是"物化"还是"人化"。资本主义社会是以资本逻辑为逻辑主线、攫取剩余价值为根本目的,以生产资料私有制为根本制度推进现代化发展。随着资本主义经济和科学技术的刚性发展,资本家在"物化"逻辑的支配下占有几乎全部的先进技术和生产资料,使得无产阶级成为几乎一无所有的流浪汉,让资产阶级和无产阶级的矛盾冲突进一步扩大。不仅在物质文明建设上出现产能过剩、脱实向虚、经济波动、发展不均、供需不平衡等现象,在精神文明建设上,也因技术"祛魅"和物化民众而阻碍现代文明的进一步发展。我国虽未经历资本主义社会这一社会形态,但充分汲取资本主义社会的经验教训,摒弃"物化逻辑"的发展思路,选择"人民至上"的根本立场,在开辟马克思主义中国化、时代化新境界中推动党和国家各项事业全面发展。

(二)"全面建设社会主义现代化国家"是初级阶段向高级阶段迈进的阶段性目标

新发展阶段回应了在新阶段我们需要在哪些方面发展的问题。2020 年 10 月 29 日,第十九届中央委员会第五次全体会议通过了《中共中央关于制定国民经济和社会发展第十四个五年规划和二〇三五年远景目标的建议》,其中明确了全面建设社会主义现代化国家的内容框架,不仅在总体布局上形成经济、政治、文化、社会、生态五位一体的协调发展,而且在战略布局上形成全面建设社会主义现代化国家、全面深化改革、全面依法治国、全面从严治党的内在统一。这表明"现在的社会不是坚实的结晶体,而是一个能够变化并且经常处于变化过程中

---

① 《马克思恩格斯选集》第一卷,人民出版社 2012 年版,第 422 页。

的有机体"①。我们提出 2035 年基本实现社会主义现代化,全面建成社会主义现代化国家,并用一系列量化指标作为判定和衡量"全面现代化"的水平和标准。站在辩证唯物主义的观点上看,"全面建设社会主义现代化国家"的提出,是唯物史观视域下对社会发展总体性结构分析和动态历史分析的有机统一,是从新发展阶段的生产关系入手研究社会形态的活动规律和发展规律,即引入中介范畴的概念统筹社会整体发展,并参考社会发展的总体规定性和动态成长性因素,将国家治理现代化和治理水平作为把握社会总体特性和成长过程的重要参考。"全面建成社会主义现代化国家"是 2021 年至 2035 年现代化发展的阶段性目标,"全面建成社会主义现代化强国"是 2035 年至本世纪(21 世纪)中叶现代化发展的阶段性目标,两个目标的顺利衔接、过渡完成在社会发展阶段上体现为社会主义从低级阶段演进到高级阶段,在阶段目标上体现为以中国式现代化全面建设中华民族伟大复兴的圆满完成,在人的精神状况上体现为超越以物的依赖性为基础的人的独立性阶段,摆脱物的统治和人的异化状态,实现人的自由而全面发展。

新发展阶段指明了高质量发展是我们全面建设社会主义国家的首要任务。《中共中央关于制定国民经济和社会发展第十四个五年规划和二〇三五年远景目标的建议》提出 2035 年基本实现社会主义现代化的九个远景目标以及今后五年经济社会发展要努力实现的六个主要目标,总体上是按照"物质富裕"和"精神富裕"高质量发展谋划布局,在中国式现代化的进程中不断追寻物质世界和精神世界的辩证关系,以便更好解答人民之问、时代之问。随着综合国力的不断增强,人们对于物质生活和精神生活的要求不断提高。从站起来、富起来、强起来的发展阶段来看,每一阶段人们对物质生活和精神生活的总体要求都随人们教育背景、风俗习惯、行为认知的提高而不断提高。当前我国迎来实现"第二个百年"奋斗目标的新发展阶段,"国内生产总值从 54 万亿元增长到 114 万亿元,我国经济总量占世界经济的比重达 18.5%,提高 7.2 个百分点,稳居世界第 2 位;人均国内生产总值从 39800 元增加到 81000 元。谷物总产量稳居世界首位,十四

---

① 《马克思恩格斯选集》第二卷,人民出版社 2012 年版,第 84 页。

亿多人的粮食安全、能源安全得到有效保障。城镇化率提高 11.6%，达到 64.7%。制造业规模、外汇储备稳居世界第一。建成世界最大的高速铁路网、高速公路网，机场港口、水利、能源、信息等基础设施建设取得重大成就。我们加快推进科技自立自强，全社会研发经费支出从 10000 亿元增加到 28000 亿元，居世界第二位，研发人员总量居世界首位。基础研究和原始创新不断加强，一些关键核心技术实现突破，战略性新兴产业发展壮大，载人航天、探月探火、深海深地探测、超级计算机、卫星导航、量子信息、核电技术、新能源技术、大飞机制造、生物医药等取得重大成果，进入创新型国家行列。"[1]从经济发展能力和条件看，我国经济有希望、有潜力保持长期平稳发展，到"十四五"末达到现行的高收入国家标准、到 2035 年实现经济总量或人均收入翻一番，是完全有可能的。从基本实现现代化到平均实现现代化再到全面实现现代化的实现，国家严格按照每一层级的定量标准、定性标准[2]进行调整。领域维度划分为经济、政治、文化、社会、生态和人的现代化，部门维度划分为农业、工业、服务业、科技、教育等。中国是一个发展中国家，处于发展中国家的中间位置，具有初等发达国家水平。虽然与中等发达国家差距较小，但与发达国家的差距仍然较大。《中国现代化报告 2020》完成了 2017 年中国地区现代化水平评价。从总体水平来看，北京等 5 个地区进入第二次现代化，天津等 29 个地区处于第一次现代化[3]，局部地区仍然有传统农业社会的特点。这说明大部分城市均已完成第一次现代化，实现从农业社会向工业社会、农业经济向工业经济的转变。从水平结构上看，北京、香港、澳门 3 个地区具有发达水平的部分特征，上海、台湾、天津、江苏、浙江、广东、福建和重庆 8 个地区具有中等发达水平特征，湖北等 21 个地区具有初等发达水平的特征，其他地区发展水平较低。中国地大物博、人口众多的特征也成了一把双刃剑，既具

---

① 习近平：《高举中国特色社会主义伟大旗帜 为全面建设社会主义现代化国家而团结奋斗——在中国共产党第二十次全国代表大会上的报告》，人民出版社 2022 年版，第 8 页。
② 定性标准：现代化水平达到中等发达国家水平，具有中等发达国家的典型特征等。定量标准：第二次现代化指数和综合现代化指数超过高收入国家平均水平的 50% 和世界平均收入，但低于高收入国家平均水平的 80%。
③ 第一次现代化的起步标准：工业化或民主化起步（工业革命开始），现代工业比例上升，城市人口比例上升，农业比例下降等。第二次现代化的起步标准：第一次现代化完成，工业比例持续下降，知识产业比例上升，服务业增加值比例和劳动力比例都超过 60%。

备"人多力量大"的发展优势,又体现出局部发展高、整体水平低的发展劣势。从前沿水平来看,中国内地地区现代化的前沿已进入第二次现代化的发展期,前沿水平接近发达国家水平的底线,部分指标达到发达国家水平的门槛。党和国家制定现代化各项指标,定性定量分析各个阶段的实现程度,优化和完善指标评估体系,最后得出客观结论和做好下一阶段的指标预测。党的二十大报告强调,"坚持以经济建设为中心""发展是党执政兴国的第一要务"。当前我国经济正处在转方式、优结构、换动力的攻关期,我国经济已由高速增长阶段转向高质量发展阶段,我国社会主要矛盾已经发生了新的变化。新发展阶段对以经济建设为中心提出了新要求:经济建设的主题是高质量发展,动力是改革创新,保障是国家治理体系和治理能力现代化,根本目的是满足人民日益增长的美好生活需要。因此,坚持以人民为中心的发展思想不是对以经济建设为中心的否定,而是以经济建设为中心的根本要求,只有坚持以经济建设为中心才能满足人民对美好生活的向往;不再简单以国内生产总值增长率论英雄不是不要经济增长,而是要立足提高质量和效益来推动经济持续健康发展;高质量发展不是说经济基础不重要,而是只有推动经济质量变革、效率变革、动力变革,才能确保经济发展更坚实、更协调、更持续和更安全,才能筑牢社会主义现代化建设的物质基础。可见,我国要想基本实现社会主义现代化还有很漫长的路要走。

（三）"以中国式现代化全面推进中华民族伟大复兴"是我国由初级阶段向高级阶段迈进的现实主题

新发展阶段回应了我们由初级阶段迈向高级阶段要面临的新课题。毛泽东指出:"一切事物总是有'边'的。事物的发展是一个阶段接着一个阶段不断地进行的,每一阶段也是有'边'的。"[1]每一发展阶段都有产生一定量的质变和一定质的量变。新民主主义革命时期,我国面临的是民族复兴、人民解放的时代课题;社会主义革命和建设时期,我国面临的是"建设什么样的社会主义,怎样建设社会主义"的时代课题;改革开放和社会主义现代化建设新时期,我国面临的是"什么是中国特色社会主义,怎样建设中国特色社会主义"的时代课题,也是从这

---

[1]　《毛泽东文集》第八卷,人民出版社 1999 年版,第 108 页。

一时期开始,我国首次提出"现代化"这个字眼。新发展阶段出现在中国特色社会主义新时代这一时期,这一阶段的最终指向是中华民族伟大复兴,完成这一伟大任务就是以中国式现代化推动高质量发展。这一阶段有以下几个主要特点。

新发展阶段要立足新主题。高质量发展是新发展阶段的最主要特征。党的十九大报告指出,我国经济已由高速增长阶段转向高质量发展阶段。这是立足新发展阶段的重大判断,是遵循经济发展规律和保持经济持续健康发展的必然要求,也是适应我国社会主要矛盾变化和全面建成小康社会、全面建成社会主义现代化国家的必然要求。高质量发展,就是从"有没有"到"好不好"的转变,就是能够很好满足人民日益增长的美好生活需要的发展,实现生产、流通、分配、消费循环畅通,国民经济重大比例关系和空间布局比较合理,经济发展比较平稳,不出现大的起落。在经济工作上一定要处理好供给侧结构性改革的问题,建设现代化经济体系,实现比较完整的产业体系。从供给上看,中国已经进入 5G 时代,5G 支撑应用场景由移动互联网向移动物联网拓展,将构建起高速、移动、安全、泛在的新一代信息基础设施。与此同时,5G 将加速许多行业和社会生活数字化转型,企业生产组织方式更加网络化、智能化,带动企业的创新力、需求捕捉力、品牌影响力、核心竞争力、产业和服务质量更高。从需求上看,要满足人民群众个性化、多样化、不断升级的需求,不仅引领供给体系和结构的变化,供给变革又不断催生出新的需求,如此循环往复,各个行业加速"血液循环",推动我国经济不断高质量发展。

新发展阶段要贯彻新理念。高质量发展是体现新发展理念的发展,是创新成为第一动力、协调成为内生特点、绿色成为普遍形态、开放成为必由之路、共享成为根本目的的发展。新发展理念是一个系统全面的理论体系,回答了如何解决发展动力、目的、人与自然和谐共生及社会公平和保障改善民生问题。第一,创新是中国式现代化进程中高质量发展的第一动力,注重解决的是发展动力不足问题。我国经济发展进入新常态,改革进入攻坚期和深水区,面对积存多年的顽瘴痼疾和深层次利益关系的矛盾,不仅需要壮士断腕的勇气,更需要敢为人先的创新意识,实施好创新驱动发展战略,释放更强增长动力。主要依靠资源、资本、劳动力等要素投入支撑经济增长和规模扩张的方式已经不可持续,科技自立自强才是硬道理。我们要推广发展理念、体制机制、商业模式等全方位、多层次、宽领域的大胆创新,在推动发展的内生动力和活力上来一个根本性转变。第二,协调是高质量发展的内生特点,注重解决的是经济和社会发展不平衡的问题,集中表现在区域、城乡、经济和社会、物质文明和精神文明、经济建设和国防建设等方面。中国式现代化是物质文明和精神文明协调发展的现代化,基于这一特征,我们要以创新为发展基点,拓宽发展空间,创造发展机遇,打造发展引擎,促进新型工业化、信息化、城镇化、农业现代化同步发展,提升发展整体效能,在新的发展水平上实现协调发展,为中国式现代化进程中经济社会高质量发展行稳致远提供内在支撑。第三,绿色是高质量发展的普遍形态,注重解决的是人与自然和谐共生问题。生态文明建设是关系中华民族永续发展的根本大计,是关系党使命宗旨的重大政治问题。绿水青山就是金山银山的理念是习近平生态文明思想的标志性成果,这不仅阐明了经济发展和生态保护之间的辩证关系,也为高质量发展提供了根本遵循,要深刻认识到保护生态环境就是保护生产力、改善生态环境就是发展生产力。中国式现代化是人与自然和谐共生的现代化,基于这一特征,绿色发展要坚持人与自然和谐共生的主线,既要创造更多的物质财富以满足人民日益增长的美好生活需要,又要提供更多的优质生态产品以满足人民日益增长的优美环境需要。高质量发展需要绿色转型,在绿色转型中实现更高质量的发展,以绿色发展构建中国式现代化的崭新图景。第四,开放是高质量发展的必由之路。习近平总书记在进博会的致辞中讲道,“开放是人类文明进步的重要动力,是世界繁荣发展的必由之路”,不仅指明中国扩大高水平开放的决心,而且强调中国的高水平开放是推动高质量发展的开放,是与世界合作共赢的开放。当前和平与发展仍然是时代主题,和平是开放的根本前提,开放是和平的必然结果。中国式现代化是走和平发展道路的现代化,基于这一特征,和平发展要坚持三个基本条件:一是坚持独立自主,走自己的路强大自身,既不随波逐流也不亦步亦趋。放眼世界,每个国家都是按照基本国情和最大实际制定发展模式和发展路径,回应一系列理论和实践问题。二是秉持开放包容的心态,抛弃零和思维,在维护国家核心利益前提下兼顾他国合理关切,求同存异,推动经济全球化朝着开放、包容、普惠、平衡、共赢的方向发展。三是维护和依靠和平共处的国际结构和秩序,达到政治上相互尊重、共同协商,经济上相互促进、共同发展,文化上相互借鉴、共同繁荣,安全上相互信任、共同维护,构建人类命运共同体,创造人类文明新形态。第五,共享是高质量发展的最终归宿,注重解决的是社会公平正义问题。中国共产党人的初心和使命是为中国人民谋幸福和为中华民族谋复兴,这是党对人民的庄严承诺,也是党自成立以来孜孜以求的伟大宏愿,更是中国式现代化与资本主义现代化的本质区别。民生改善、基础设施、成果惠及等方面要做到全民共享、全面共享、渐进共享、共进共享,这是一个螺旋式上升、波浪式前进的发展过程,不仅需要把"蛋糕"做大,更要将蛋糕"分好"。这就意味着在保障和改善民生中注重公平公正,持续推进公共服务均等化,让发展成果更多更好惠及人民。中国式现代化是共同富裕的现代化,新发展阶段基于这一特征,不仅注重物质上的共富共享,更加注意民主、法治、公平、正义等全面发展的目标要求。要以"全体人民共同富裕取得更为明显的实质性进展"为价值内核引领中国式现代化,以全面深化改革、改革中国特色社会主义治理制度为手段,构建系统全民的共同富裕制度体系。集中中国特色社会主义制度优势,以制度健全推动社会治理,以制度创新推进共同富裕进程,不仅为全面建成社会主义现代化强国增添磅礴之力,更是全面推进中华民族伟大复兴的题中之义。

新发展阶段要构建新格局。实现高质量发展是中国式现代化的本质要求,基于这一特征,得出贯彻新发展理念、构建新发展格局、推进实现高质量发展是重塑我国国际合作和竞争新优势的战略抉择这一结论,其形成逻辑缘起于"中华民族伟大复兴战略全局"和"世界百年未有之大变局"所形成的"变势",构建国内大循环为主,国内国际双循环相互促进的新发展格局。改革开放前,我国经济以国内循环为主,进出口占国民经济比重很小。改革开放以来,特别是 2001 年加入世贸组织之后,我国融入国际大循环,形成市场和资源"两头在外"的发展格局。2008 年国际金融危机是我国发展格局演变的分水岭。面对外部冲击,我们把扩大内需作为保持经济平稳发展的基本立足点,这是基于改革开放和社会主义现代化建设新时期的现实背景作出的正确决策。据国家统计局数据,从 2012 年到 2021 年,我国国内生产总值从 55 万亿元增长到 114 万亿元;我国经济总量占世界经济的比重从 11.3% 提高至 18.5%,提高 7.2 个百分点,十年一直稳居世界第二位;人均国内生产总值从 39800 元增加到 81000 元,人民生活水平有了显著提高。新中国成立以来特别是改革开放 40 多年的持续奋斗,我国成为拥有规模超大国内市场的世界第二大经济体,获得了实现现代化的物质基础。从供给来看,国内大循环活力日益增强,实施扩大内需发展战略的同时,发挥国内消费需求的支撑作用以及投资拉动的关键作用,使得国内需求对经济增长的贡献率不断提高。因此,我国基于国内大市场形成了强大的生产能力,能够促进全球要素资源整合创新,最大化发挥规模效应和集聚效应。近年来我国经常项目顺差占国内生产总值的比重和对外贸易依存度不断下降,经济增长越来越依靠国内消费和投资,国内大循环的动能明显增强。从经济循环供给侧来看,我国是全球唯一拥有联合国产业分类中全部工业门类的国家,具有生产供给配套齐全与功能强大的完备产业体系,内需对经济增大的年均贡献率达到 105.7%。这能满足我国经济国内大循环对供给侧的要求,只要顺势而上、因势而为,我们完全有条件构建新发展格局、重塑竞争新优势。从参与国际循环来看,通过国内市场需求与供给的相互实现,提高国际产业分工中地位和国际贸易效率,由经济运行的高质量实现全方位发展的高质量,一些国家的技术封锁使中国无法依靠技术引进的方式实现技术进步,中国只能依靠科技自立自强,由国内新质生产力代替廉价劳动力优势,形成我国构建新发展格局的吸引力。

新发展阶段要展现新风貌。进入新发展阶段,我们看到当前诸多矛盾叠加、风险挑战显著增多,我国发展面临着复杂艰巨的大变局,面对矛盾叠加、风高浪急的新发展环境,迎接新的挑战要展现出更为主动的精神状态和政治品格。中国式现代化是一项前无古人的历史伟业。习近平指出:"当代中国的伟大社会变革,不是简单延续我国历史文化的母版,不是简单套用马克思主义经典作家设想的模板,不是其他国家社会主义实践的再版,也不是国外现代化发展的翻版。"①强化历史意识,坚定历史自信,增强历史主动,既不走封闭僵化的老路,也不走改旗易帜的邪路,这是中国共产党为什么能,中国特色社会主义为什么好,归根到底是中国化时代化的马克思主义行的内在逻辑。中国式现代化是中国共产党人

---

① 《习近平谈治国理政》第三卷,外文出版社 2020 年版,第 76 页。

发挥历史主动精神持续奋斗出来的,百年党史的奋斗经验确证中国共产党人选择马克思主义的坚定信心,也镌刻了马克思主义中国化时代化的真理力量。中国式现代化是马克思主义和中国具体实际相统一、客观实在性和历史主动性相统一的时代产物。进入新发展阶段,以习近平同志为核心的党中央统揽伟大斗争、伟大工程、伟大梦想、伟大事业,发挥历史主动精神进行了许多具有新的现代化特点的伟大斗争。坚持以深刻的自我革命带领伟大社会革命,开展了刀刃向内、刮骨疗毒、重点治乱的反腐败斗争,取得了阶段性胜利,带领人民找到了跳出历史周期率的"第二个答案"。特别是全面建成小康社会,组织打赢脱贫攻坚战,完成了 14 亿多人民摆脱绝对贫困的深刻变革。每一位党员干部不断自我净化、自我提高、自我完善、自我革新,使党在广泛而深刻的社会变革中更为主动、更有力量。面对突如其来的新冠疫情,党和国家始终站稳人民立场,把人民群众的身体健康和生命安全放在第一位,充分发挥党的领导这个"主心骨"作用,国家治理能力与党的执政能力相辅相成,制度体系和治理体系共生合力,吸收国内外防疫治理经验,不断探索实践、改革创新,使疫情机制体制具备系统性、稳定性、长期性,积极部署开展抗击疫情总体战、阻击战,最快速、最高效地统筹疫情防控和经济社会发展取得最好成果。新阶段上要抢抓历史机遇,继续赢得历史主动,既要迎接"四大危险""四种考验"的严峻挑战,又要运用科学的历史思维积极应变、主动求变、准确识变,"从以往的历史中汲取经验和智慧,自觉按照历史规律和历史发展的辩证法办事"①,为中华民族伟大复兴积蓄更为主动的精神力量。

---

① 《现代中国多维观察:人民日报评论部文章选粹》,人民出版社 2016 年版,第 148 页。

第五章　中国式现代化
与经济建设新征程

一、中国共产党人对经济建设的接续探索

（一）新民主主义革命时期的艰辛探索

百年历史进程中,中国共产党团结带领人民走出了一条具有中国特色的经济发展道路,取得了举世瞩目的经济成就。新民主主义革命的胜利为实现我国经济建设的伟大成就创造了根本的社会条件。在实践探索中,中国共产党逐步形成了新民主主义革命时期的主要经济政策和基本纲领,为新民主主义革命的胜利提供了重要保障,也为中国式现代化建设和民族复兴奠定了基础。

1. 大革命时期新民主主义革命的经济政策

中国共产党成立初期,李大钊、瞿秋白、恽代英等早期中国共产党人就在实践中对中国经济建设进行了初步探索。李大钊通过剖析中国社会的经济结构,提出中华民族要从根本上摆脱这种受全世界资产阶级压迫,所受痛苦、所做牺牲远超各国无产阶级的悲惨状况,就必须选择一条正确的道路,迅速发展中国实业,摆脱世界资本主义的压迫和剥削,这与中共一大纲领中"消灭资本家私有制"的主张基本契合,为推翻旧社会私有制奠定了基础。但当时中国共产党刚刚成立,对于中国经济情况的认识还没有完全成熟。农民问题是中国革命的中心问题,土地问题则是解决农民问题的核心问题。在革命实践的积累中,中共二大纲领提出了争取民族独立、人民解放和实现国家繁荣富强、人民共同富裕两大历史

任务,获得了农民的拥护和支持。伴随对农民运动认识的深入,党的四大肯定了农民地位,认为农民是中国革命的"重要成分",是工人阶级的天然同盟者,提出"向国民党政府要求以官地分给贫民"。① 党的五大肯定"将耕地无条件的转给耕田的农民"的革命原则是正确的,提出了"耕地农有"的主张,为消灭封建土地制度指明了方向。② 从党的一大到五大,中国共产党对农民和土地的认识不断深化,为土地革命的开展奠定了基础。

2. 土地革命时期

大革命失败后,在对革命的总结和反思中,中国共产党将马克思主义基本原理和中国经济发展的客观实际相结合,充分分析中国革命任务、性质和动力,开辟农村革命根据地,因地制宜开展土地革命,持续进行经济建设。八七会议确定了土地革命和武装反抗国民党的总方针,提出没收大、中地主的土地给无地农民耕种,对小地主实施减租政策。③ 这一时期,先后颁布多个土地法,在实践中不断探索完善土地改革政策界限,到 1931 年前后,基本形成了一条完整而科学的土地革命路线:靠贫农和雇农,联合中农,限制富农,保护中小工商业者,调动一切反封建因素,消灭地主阶级,变封建半封建的土地所有制为农民的土地所有制。

3. 抗日战争时期

抗日战争时期,帝国主义和中华民族之间的矛盾已经上升为社会主要矛盾。这一时期的经济政策也随着主要矛盾的变化做出相应调整,通过实行减租减息,调动了农民的生产积极性,也促进统一战线的形成,实现了原则性和灵活性的统一。抗日战争中期,面临复杂严峻的经济形势,党领导边区人民在抗日根据地开展"自己动手、丰衣足食"的大生产运动,使经济困难得以有效解决,为抗日战争胜利奠定了基础。1945 年 4 月,毛泽东在党的七大上提出,减租减息政策,如果没有特殊障碍,我们准备在战后继续实行下去,首先在全国范围内实现减租减

---

① 《中国共产党重要文献汇编》第五卷(一九二五年一月— 一九二五年六月),人民出版社 2022 年版,第 51 页。

② 《中国共产党重要文献汇编》第十卷(一九二七年一月— 一九二七年五月),人民出版社 2022 年版,第 366 页。

③ 《中国共产党重要文献汇编》第十一卷(一九二七年六月— 一九二七年九月),人民出版社 2022 年版,第 177 – 202 页。

息,然后有步骤达到耕者有其田,同时鼓励私人资本主义经济发展,进一步完善了新民主主义时期的经济政策。①

4. 解放战争时期

解放战争时期,新民主主义经济政策趋于成熟,总体上延续抗日战争时期的方针,同时在解放区充分开展土地革命,明确提出了新民主主义革命"三大经济纲领"和基本经济方针。伴随着从农村转向城市的战略政策调整,经济工作也逐步转向工农并重,为新中国经济建设做好充分准备。1947年10月,颁布了《中国土地法大纲》,这是一个彻底的、比较完善的土地纲领。1948年毛泽东在晋绥干部会议的讲话中,明确提出了土地改革的总路线:依靠贫雇农、团结中农、有步骤、有分别地消灭封建剥削制度,发展农业生产。1948年秋,解放区彻底消灭了封建的生产关系,实现了真正的农民解放,对新民主主义革命的胜利起了决定性的作用。

新民主主义革命时期,中国共产党把马克思主义基本原理同中国具体实际相结合,将原则性和灵活性相结合,根据革命形势变化不断进行实践探索,解决了农民最关心的土地问题,逐步形成了党在新民主主义时期的经济建设方针和政策,为新中国的经济建设奠定了坚实的群众基础和物质基础。

(二)社会主义革命和建设时期的曲折历程

新中国成立后,中国共产党相继提出恢复和发展国民经济,必须调整工商业,正确对待私营工商业;农业是基础,工业是主导;铁路运输是重点等观点。经过三年艰苦奋斗,国民经济得到全面恢复和初步发展,构建了多种经济成分并存的新民主主义经济体制。1952年国民经济得到基本恢复后,以毛泽东为代表的党中央因时乘势提出党在过渡时期的总路线,将社会主义改造和社会主义工业化同时并举,顺利完成了对农业、手工业、资本主义工商业的社会主义改造。从理论和实践上解决了中国这样的落后国家,如何建立起社会主义制度的问题,初步建立起新中国的工业体系和国民经济体系,党的经济建设理论与实践也进入新的阶段。1954年9月,周恩来在第一届全国人民代表大会第一次会议上所作

---

① 《毛泽东选集》第三卷,人民出版社1991年版,第1055 – 1062页。

的政府工作报告中,提出要在我国建设起强大的现代化工业、现代化农业、现代化交通运输业和现代化国防。这是我党对"四个现代化"的最早提法和最初构想,为中国式现代化建设奠定了基础。

1958 年,由于党在经济建设上急于求成,开始在全国开展"大跃进"和人民公社化运动,我国经济建设进入集中统一的计划经济阶段,在生产关系上的急于过渡与"以阶级斗争为纲"的错误思想逐渐占据主要地位,对国民经济结构调整和经济社会发展造成了严重损失。虽然党的八大上提出的"调整、巩固、充实、提高"八字方针,在一定程度上纠正了"左"倾路线,使国民经济得到了一定程度的恢复和发展,但在"文化大革命"时期国民经济还是遭到了严重的破坏。

尽管在对社会主义建设进行探索的过程中遭受到了严重的挫折,国民经济发展较为缓慢,但这一时期的经济建设仍然在多方面取得了重大成就,社会生产力发展水平进一步提升,为中国特色社会主义经济建设积累了正反两方面的经验,为当代中国一切发展进步奠定了根本基础。

(三)改革开放时期的跨越发展

中国共产党深刻总结社会主义建设时期的经验教训,进入改革开放的新的历史时期,进入社会主义现代化道路新的探索阶段。党的十一届三中全会重新确立"解放思想,实事求是"的思想路线,将党的工作中心转移到经济建设上来。以邓小平同志为主要代表的中国共产党人科学分析了当今世界的环境和时代特征,对建设具有中国特色的经济进行了初步探索,实施了一系列经济改革政策,开创了中国特色社会主义理论体系,推进中国特色社会主义经济建设进入新的历史阶段。

1.改革开放初期的经济探索

邓小平将历史唯物主义与中国具体实际相结合,提出社会主义的根本任务就是"解放生产力,发展生产力"。而农业是我国经济的基础,解放农村生产力,对国民经济发展具有决定性意义。家庭联产承包责任制在全国范围内的推广揭开了农村经济体制改革的序幕。农村经营体制的改革在大力解放农业生产力的同时,赋予了农民更多的生产、经营自主权,催生了大批乡镇工业企业,以惊人的速度和规模,带动农村经济发展,对其他领域的改革产生了深远的影响。在农村改革的推动下,以扩大企业自主权为主要内容的城市经济体制进一步推行,通过承包、租赁等多种形式搞活企业经营,增强了企业的自主经营意识和市场意识,调动了企业和职工的生产积极性,为国有企业注入活力。1979 年伴随着知青返城大潮,"个体户"开始出现,所有制结构改革也开始进行。改革进一步推进。

在改革推进的进程中,对外开放逐步展开。个体经济、私人经济、外资经济在中国竞相绽放。除破除了以往在计划经济和市场经济划分上的思想束缚,邓小平还对经济体制和经济制度进行了划分,创造性地指出计划和市场只是手段,为我国经济体制改革奠定了基础。党的十二届三中全会通过的《中共中央关于经济体制改革的决定》提出"放权、让利、搞活",阐明了我国经济体制改革的重大理论和实践问题,突破了党在计划和市场关系问题上的传统观念,指出我国社会主义经济"是有计划的商品经济"。党的十二大后,邓小平的南方之行和经济特区的建设成就为我国对外开放提供了新的机遇。1984 年起,在原有深圳、珠海、汕头、厦门 4 个经济特区的基础上,中共中央、国务院决定逐渐开放广州、上海等14 个沿海城市,设立沿海经济开放区,形成了点面结合的对外开放新格局,成为我国经济社会发展的重要动力。

2. 改革开放的深入推进

以江泽民同志为核心的党的第三代中央领导集体把邓小平理论作为指引党继续前进的伟大旗帜,科学分析国内外形势创造性地回答了建设什么样的党、怎样建设党的问题,从我国具体实际出发,提出了一系列关于中国特色社会主义经济建设的新思想、新观点、新论断,把中国特色社会主义全面推向 21 世纪。

党的十四大,根据邓小平南方讲话精神,明确我国经济体制改革目标是建立社会主义市场经济体制,正式开启了社会主义市场经济体系建设新征程,是中国共产党的一个伟大创举。其后,在党中央领导下,加快推进财政、税收、金融、外贸等方面体制改革步伐。党的十五大在中国经济发展"三步走"战略第二步目标即将实现之际,针对第三步目标提出新的"三步走"战略部署,即 21 世纪第一个十年实现国民生产总值比 2000 年翻一番,使人民的小康生活更加宽裕,形成比较完善的社会主义市场经济体制;再经过十年的努力,到中国共产党成立一百年时,国民经济更加发展,各项制度更加完善;到下世纪中叶中华人民共和国成立一百年时,基本实现现代化,建成富强民主文明的社会主义国家。

党的十五大后,党中央继续加快推进改革,以建立"产权清晰、权责明确、政企分开、管理科学"的现代企业制度为方向的国有企业改革攻坚全面展开。从放权让利、政策调整进入转换机制、制度创新的新阶段。在减轻企业负担、分离社会服务功能,解决富余人员问题等方面搞活国有企业。

发展是党执政兴国的第一要务,必须以发展先进生产力为根本任务,根据我国发展状况对经济结构进行战略性调整。1993年党中央根据国际形势,顺应世界科技发展趋势,提出大力发展科教兴国战略,把科技和教育摆在经济、社会发展的重要位置,增强国家科技实力及向现实生产力转化的能力,提高全民族的科学文化素质,把经济建设转到依靠科技进步和提高劳动者素质的轨道上来。伴随经济高速粗放增长,党中央、国务院明确提出实施可持续发展战略,促进经济发展同人口、资源、环境相协调。为逐步缩小地区间的发展差距,实现全国各地区经济社会协调发展,党中央总揽全局提出实施西部大开发战略,扩大西部公共投资规模,加强西部地区的基础设施建设。青藏铁路、西气东输、西电东送等一大批重点工程相继开展,有利扩展了国家发展的战略回旋空间。

扩大对外开放与对内深化改革相辅相成。20世纪90年代,经济全球化进程加速推进,党中央综合分析国内外形势,扩大对外开放领域,不断提高对外开放水平。到1997年,从沿海到沿江,从沿边到内陆,全方位对外开放格局基本形成。明确提出实施"引进来"和"走出去"相结合的开放战略,充分利用国内国际两种资源、两个市场,加快了我国融入经济全球化进程,及时拓展了经济发展空间。2001年,我国正式加入世界贸易组织,为中国在全球化竞争中争取了有利位置,对推进我国经济体制改革和现代化建设产生了深远的影响。

3. 全面深化改革开放

经济发展目的是影响经济发展方式的关键。党的十六大指出,21世纪的头20年对中国来说,是一个必须紧紧抓住并且可以大有作为的重要战略机遇期,并提出全面建成小康社会的宏伟目标。党的十六大以来,中国特色社会主义进入一个新时期,经济高速增长,但受到经济发展阶段等因素的制约,我国经济发展方式并未发生根本改变,面临资源短缺、环境恶化等一系列突出问题。一些公共卫生事件的发生和蔓延也暴露了我国发展过程中存在的发展不协调、公共事业发展滞后等问题，"实现什么样的发展、怎样发展"成为新形势下中国共产党人必须面对的重大问题。以胡锦涛为代表的中国共产党人，对我国经济社会发展问题进行深入思考，提出科学发展观，把中国特色社会主义经济理论推进到一个新的阶段。

社会主义市场经济体制逐步完善。改革开放以来，我国初步建立了社会主义市场经济体制。党的十六大提出到 2020 年建成完善的社会主义市场经济体制。党的十六届三中全会通过《中共中央关于完善社会主义市场经济体制若干问题的决定》，提出在巩固和发展公有制经济的同时，毫不动摇地鼓励支持引导非公有制经济的发展，标志着中国共产党对市场经济规律的运用能力进一步提升，深化了对社会主义条件下发展市场经济的认识。

加快转变经济发展方式。加快转变经济发展方式，正确处理好与快的关系，关系到我国改革开放和社会主义现代化建设全局，标志着党对经济发展规律认识的进一步深化。党的十七大根据国内外形势发展变化和新世纪新阶段中国发展一系列新特征，提出加快转变经济发展方式的战略任务。党的十七届五中全会对加快转变经济发展方式做出进一步概括，提出要把经济结构战略性调整作为主攻方向，以创新驱动发展，建设资源节约型、环境友好型社会。此后，党和国家相继采取一系列措施，推动经济发展方式转变迈向新步伐。坚持走中国特色工业化道路，进一步推动中国式现代化建设。深入实施区域总体发展战略，加快调整区域经济结构，促进东北老工业振兴、西部地区发展以及中部地区崛起，区域经济发展更加协调。加快调整城乡结构，积极稳妥推进城镇化建设，2006 年取消了农业税、牧业税和特产税，不断深化农村农业改革。加快推进对外经济发展方式转变，开放型经济水平全面提升，在对外贸易、对外投资、利用外资等方面取得重要进展。

1978—2012 年，在改革开放和社会主义建设新时期，中国完成了从高度集中的计划经济体制到充满活力的社会主义市场经济体制、从封闭半封闭到全方位开放的历史性转变。中国共产党在实践探索中不断深化对社会主义经济建设规律的认识，为中国特色社会主义现代化建设提供了充满活力的体制保障和坚实的物质基础,也有力推动了世界经济的发展。

(四)新时代高质量发展和远景规划

党的十八大后,中国特色社会主义进入新时代,中国经济发展进入新常态,我国经济建设从高速增长转向高质量发展。以习近平同志为核心的党中央面对国内外错综复杂的经济形势,准确把握我国经济发展大势,统筹实施"五位一体"总体布局,协调推进"四个全面"战略布局,以新思想引领经济新常态,以新发展理念指导我国经济发展大局,推动改革开放和社会主义现代化建设取得历史性成就,发生历史性变革。

新时代坚持社会主义市场经济体制改革是我国经济体制改革的重要目标。党的十八届三中全会推动我国经济体制改革取得突破性进展,依据我国市场经济发展实践,提出市场在资源配置中起决定性作用,更好地发挥政府作用。这一科学定位体现了党和国家对社会主义市场经济理论的认识进一步深化,为发展和完善我国社会主义市场经济提供了实践路径。

适应、把握、引领经济新常态是新时代我国经济建设的重点。2013 年,针对我国经济发展处于增长速度转换期、结构调整阵痛期以及前期刺激政策消化期"三期叠加"阶段,以习近平同志为核心的党中央作出我国经济增长进入新常态的重大判断,标志着我国经济开始向高质量发展阶段迈进。新常态需要新理念来引领。党的十八届五中全会提出了创新、协调、绿色、开放、共享的新发展理念,彰显了人民至上的价值遵循,是新时代条件下我国经济发展思路、发展方向、发展着力点的集中体现,是党对我国经济社会发展规律认识的进一步深化。适应和引领经济发展新常态必须推进供给侧结构性改革。2015 年 11 月,习近平在中央财经领导小组会议上,对推进供给侧结构性改革从理论到实践作出了全面论述。2015 年 12 月习近平在中央工作会议讲话中,强调将去产能、去库存、去杠杆、降成本、补短板即"三去一降一补"作为推进供给侧结构性改革的五大任务。

在区域经济上,实施了"一带一路"、长江经济带、京津冀协同发展、粤港澳大湾区建设等一系列重大发展举措。将创新作为驱动经济发展的新引擎,强化激励实施创新驱动发展战略,取得丰硕成果。嫦娥、天宫、蛟龙、悟空、大飞机等科技成果相继问世。在新发展理念的正确指导下,党中央以推进供给侧结构性改革为主线,坚持稳中求进,推进我国经济社会发展取得重大成就,发展质量和效益不断提升,基础设施建设快速推进,农业现代化稳步推进,城镇化水平稳定提升。

党的十九大,根据社会主义初级阶段特点,综合我国发展实际状况,提出我国社会主要矛盾已经转化为人民日益增长的美好生活需要和不平衡不充分的发展之间的矛盾。这一重大论断对党和国家工作提出了许多新要求,也为我国经济发展规划和战略的制定提供了重要依据。大会结合"两个一百年"奋斗目标,对我国社会主义现代化建设作出新的战略安排。报告指出,从 2020 年到 21 世纪中叶全面建设社会主义现代化国家,可以分两个阶段安排:第一个阶段,从 2020 年到 2035 年,在全面建成小康社会的基础上再奋斗十五年,基本实现社会主义现代化;第二个阶段,从 2035 年到 21 世纪中叶,在基本实现现代化的基础上再奋斗十五年,把中国建成富强民主文明和谐美丽的社会主义现代化强国。明确了社会主义强国建设的时间表和路线图。

面对世界百年未有之大变局,国际环境不稳定和不确定因素增加,党的十九届五中全会作出了加快构建以国内大循环为主体,国内国际双循环相互促进的新大战格局的战略抉择,为我国经济社会发展提供了科学指南。把握新发展阶段、贯彻新发展理念、构建新发展格局三者紧密相连,体现了我们党对社会主义经济建设规律认识的不断深化和理论的不断创新。在中国共产党的领导下,我国胜利完成了"十三五"规划目标,2020 年在全社会的共同努力下,全面建成小康社会,第一个百年目标顺利实现。新时代十年来,在新发展理念的指导下,实施供给侧结构性改革,制定一系列具有全局性意义的区域重大战略,推动构建新发展格局,实现了我国经济的历史性跃升和高质量发展。

党的二十大是在全党全国各族人民迈上全面建设社会主义现代化国家新征程、向第二个百年奋斗目标进军的关键时刻召开的一次十分重要的大会。习近平总书记在党的二十大报告中指出,中国式现代化,是中国共产党领导的社会主义现代化,既有各国现代化的共同特征,更有基于自己国情的中国特色。而实现高质量发展是全面建设社会主义现代化国家的首要任务,是中国式现代化的本质要求,强调要坚持以推动高质量发展为主题,着力提高全要素生产率,着力提升产业链供应链韧性和安全水平,着力推进城乡融合和区域协调发展,推动经济实现质的有效提升和量的合理增长,这对于在新形势下推动我国经济高质量发展取得新突破,全面推进社会主义现代化建设具有十分重要的意义。

二、经济建设迈入新征程的时代背景

党的十八大以来,以习近平同志为核心的党中央统筹中华民族伟大复兴战略全局和世界百年未有之大变局,立足新发展阶段、贯彻新发展理念,构建新发展格局,推动我国经济建设取得决定性成就,经济发展实现历史性跨越。党的二十大报告指出,我们"党和国家事业取得历史性成就、发生历史性变革,推动我国迈上全面建设社会主义现代化国家新征程"[①],为我国经济建设指明了新方向。

(一)经济实力跃上新台阶,综合国力实现历史性跨越

中国特色社会主义进入新时代,我国在实践中形成了以新发展理念为主要内容的习近平经济思想,成功驾驭了中国经济发展大局,使我国经济高质量发展持续向纵深推进,推动经济实力、科技实力、综合国力进一步跃升。人均国民总收入实现新飞跃,人民生活水平迈上新台阶。在错综复杂的国际经济形势下中国展现出强大的经济韧性,国际影响力显著提升。

十年间,我国国内生产总值从2012年的54万亿元增长到2021年的114万亿元,经济总量占世界经济的比重达到18.5%,GDP增速始终保持在合理区间,稳居世界第二位,连续多年对世界经济增长贡献率保持在30%左右。中国是世界第一大工业国、第一大货物贸易国、第一大外汇储备国,服务贸易、对外投资、国内消费市场规模世界第二,是全球经济重要的稳定器、动力源。从人均看,我国人均国内生产总值从2012年的6300美元上升到2021年的12551美元,人民生活水平大幅提升。

宏观经济稳定性不断增强。保持经济持续稳定增长是实现国家长远战略目标的首要条件,也是提升人民生活水平的首要条件。当今世界面临百年未有之大变局,全球经济不稳定、不确定性因素增加,加之新冠疫情的出现使得世界经

---

① 习近平:《高举中国特色社会主义伟大旗帜　为全面建设社会主义现代化国家而团结奋斗》,《人民日报》2022年10月26日,第1版。

济雪上加霜。在此条件下,宏观经济稳定已经成为稀缺资源。尽管当前下行压力加大,但我国经济依然做到稳中求进。潜力足、韧性大、活力强、回旋空间大的基本特质没有变,经济韧性不断增强。经济运行呈现出增长平稳、物价温和、就业向好、国际收支基本平衡的良好运行格局。

加快建设高标准市场体系。党中央根据国内、国际形势变化提出加快建设现代化经济体系,加快构建以国内大循环为主体、国内国际双循环相互促进的新发展格局这一重大战略抉择。建设高标准市场体系是构建高水平社会主义市场经济体制的内在要求和重要内容,也是落实这一重大战略的体制保障。近年来以习近平同志为核心的党中央,促进"放管服"改革持续深化,营商环境不断优化,要素市场化配置、产权制度等重点改革稳步推进,流通体系加快健全,社会保障制度逐步完善,统筹城乡的基本公共服务体系加快形成,市场活力得到有效激发,逐步形成高效规范、公平竞争、充分开放的全国统一大市场。

经济结构不断优化。随着中国经济加快向高质量发展转型,我国经济结构随之不断优化升级。消费的基础性作用不断增强,成为经济增长的主要推动力。最终消费支出占国内生产总值的比重连续 11 年保持在 50% 以上。住行消费等传统消费显著增长,城镇居民人均住房建筑面积稳步提高,汽车新车销量连续 13 年位居全球第一。消费新业态、新模式快速发展,2021 年实物商品网上零售额占社会消费品零售总额比重为 24.5%,人均服务性消费支出占人均消费支出比重为 44.2%。经济增长的动力发生了明显变化,第三产业增加值占国内生产总值的比重持续上升,已由工业主导的增长向服务业主导转变,由传统要素驱动向创新驱动转变。

(二)科技创新能力显著增强,创新驱动发展战略成效明显

创新是引领发展的第一动力。党的二十大报告提出,要"坚持创新在我国现代化建设全局中的核心地位"[1]。高质量发展是以创新为动力的发展。党的十八大以来,以习近平同志为核心的党中央把创新的重要性摆在了前所未有的位置,

---

[1]　习近平:《高举中国特色社会主义伟大旗帜　为全面建设社会主义现代化国家而团结奋斗》,《人民日报》2022 年 10 月 26 日,第 1 版。

强化创新驱动顶层设计,以创新引领高质量发展。我国科技实力显著增强,基础研究和核心技术攻关不断取得突破,创新体系逐步健全,国家创新能力综合排名上升至世界第12位,为社会主义现代化强国建设提供有力保障。

完善新型举国体制。在新中国成立初期,我国国防科技领域取得成功无一不依靠举国体制,党的十八以来,习近平同志为核心的党中央把集中力量办大事的政治优势和发挥市场机制有效配置资源的决定性作用相结合,在载人航天、北斗导航、复兴号高速列车等方面取得了举世瞩目的伟大成就。面对突如其来的新冠疫情,充分发挥新型举国体制的强大优势,组织开展疫情防控应急科研攻关,在疫苗、药物、检测试剂等方面不断突破,为疫情防控提供有力支撑。

深入推进科技体制机制改革。党的十八大以来,我国科技体制机制改革不断向纵深推进,对科技创新工作作出一系列重大部署。完善科技创新激励机制和科技评价机制、科技计划管理体制,改革财政科研经费管理,加强科技伦理治理等,科技创新重点领域和关键环节改革取得实质性进展。

科技创新成果显著提升。党的十八大以来,我国关键核心技术攻关不断取得新突破,战略科技力量不断强化。载人航天、探月探火、深海深地探测、超级计算机、卫星导航、量子信息、核电技术、大飞机制造、人工智能等领域创新成果不断涌现,先进科学装置"上天入海"。论文和专利产出质量持续提升,2011—2021年,我国各学科高被引国际论文数达4.29万篇,位列世界第二位,国际专利申请连续三年位居世界第一位。三代核电、集成电路、超级计算等高技术领域成果竞相涌现,为我国开启社会主义现代化强国建设新征程提供有力保障。

(三)脱贫攻坚成果举世瞩目,如期实现全面建成小康社会

党的十八大以来,以习近平同志为核心的党中央把扶贫开发工作纳入"五位一体"总体布局和"四个全面"战略布局,全面打响了脱贫攻坚战。经过8年持续奋斗,我国如期完成了新时代脱贫攻坚目标任务,现行标准下农村贫困人口全部脱贫,贫困县全部摘帽,消除了绝对贫困和区域性整体贫困,近1亿贫困人口实现脱贫,脱贫成果举世瞩目。作为对全球减贫作出最大贡献的国家,我们为全球减贫贡献了中国方案和中国经验。全面建成小康社会,实现了中华民族千百年来的夙愿,是迈向中华民族伟大复兴的关键一步,充分彰显了中国特色社会主义

制度的强大生命力和巨大优越性。

实施精准扶贫精准脱贫。脱贫攻坚,贵在精准。党的十八大以来,习近平总书记反复强调脱贫攻坚工作中"精准"二字的重要性,提出实施精准扶贫方略,要做到扶持对象、项目安排、资金使用、措施到户、因村派人、脱贫成效"六个精准",实施发展生产、易地搬迁、生态补偿、发展教育、社会保障兜底"五个一批"的总体要求。在精准扶贫首倡之地湖南省花垣县十八洞村,村里因地制宜,分类施策,在脱贫攻坚战中率先取得全面胜利。得益于精准扶贫方略,西藏、四省藏区、南疆四地州和四川凉山州、云南怒江州、甘肃临夏州"三区三州"等深度贫困地区面貌发生根本改善,我国农村贫困人口逐年递减,人民生活水平显著提高。以习近平同志为核心的党中央,立足我国国情,不断深化对减贫规律的认识,走出了一条具有中国特色的脱贫攻坚之路,为世界其他发展中国家提供了有益借鉴。

激发脱贫内生动力。党的二十大报告指出,要"巩固拓展脱贫攻坚成果,增强脱贫地区和脱贫群众内生发展动力"[1]。保证脱贫人口不返贫,核心在于内生动力的增强。党的十八大以来,党中央把扶贫和扶志、扶智结合起来,不断激发贫困人口内生脱贫动力,不断巩固扩展脱贫攻坚成果,为乡村振兴提供前提基础。通过夯实基础教育、鼓励发展职业教育等,改善贫困地区人力资源状况,赋予贫困人口必要的脱贫致富技能,促产业、稳就业,巩固拓展脱贫攻坚成果。

（四）对外开放持续扩大,引领构建人类命运共同体

近年来,世界面临百年未有之大变局,霸权主义、强权政治、保护主义此起彼伏,逆全球化现象日渐突出,传统安全和非传统安全相互交织。以习近平同志为核心的党中央深刻把握国内、国际局势变化特点与趋势,统筹国内、国际两个大局,积极推动建设开放型世界经济,倡导构建人类命运共同体。这一理念既体现了中华优秀传统文化的智慧,也反映了当今世界人民共同的愿望和追求,为解决"世界怎么了,我们怎么办"这一时代课题不断贡献中国智慧和中国方案。

健全更高水平对外开放体系。当前世界经济整体呈现复苏态势,但依然面

---

① 习近平:《高举中国特色社会主义伟大旗帜　为全面建设社会主义现代化国家而团结奋斗》,《人民日报》2022 年 10 月 26 日,第 1 版。

临着供应链瓶颈、能源价格上涨以及全球债务水平高企等一系列全球性挑战。党的十八大以来,以习近平同志为核心的党中央根据经济全球化新趋势和我国对外开放新要求,坚持以开放发展理念为引领,推动我国开放型经济新体制基本形成并逐步健全。积极扩大高水平对外开放,加快推进制度型开放,推进贸易和投资自由化便利化,持续深化商品和要素流动型开放,稳步拓展规则、规制、管理、标准等制度型开放,在世界经济复苏乏力、全球贸易投资放缓的背景下,为稳定世界经济增长发挥着重要"压舱石"的作用。

推动共建"一带一路",打造全球伙伴关系。共建"一带一路"是中国特色大国外交的伟大实践,是构建人类命运共同体的重要实践平台。十年来,坚持共商、共建、共享原则,"一带一路"已经成为最受欢迎的国际公共产品和最大规模的国际合作平台,展现出强大的韧性和旺盛的活力。通过共建"一带一路",我国已与 140 个国家、32 个国际组织签署 200 多份共建"一带一路"合作文件,推进同各国、各地区发展战略和互联互通规划对接,加强政策、规则、标准融通,同各国不断深化基础设施建设、产业、经贸、科技创新、公共卫生、人文等领域务实合作。在建立多种形式伙伴关系的基础上,整体推进大国、周边、发展中国家外交和多边合作,扩大同世界各国的利益交汇点,拓展了对外开放领域,构建了广泛的朋友圈,为社会主义现代化强国建设营造了良好的外部环境。

统筹发展与安全。办好发展和安全两件大事,关系到实现中华民族伟大复兴中国梦这一宏伟目标。党的十八大以后,面对国内外风险挑战明显增多的复杂局面,以习近平同志为核心的党中央提出并贯彻总体国家安全观,统筹发展和安全两件大事,有效防范和化解了影响我国现代化进程的各种风险,极大提升了我国经济的安全性和自主性。我国经济发展外贸依存度逐步下降,在粮食安全、产业链安全、金融安全等领域展开专项行动,逐步建立起一套严密完善的法治体系、战略体系、政策体系、风险监测预警体系和国家应急管理体系,不断筑牢国家安全屏障。中国对外开放的大门不会关闭,只会越开越大。新时代践行开放理念的中国也将在世界经济中扮演越来越重要的角色,推动更高水平对外开放,为世界经济贡献中国力量。

（五）坚持绿色发展理念，深入推进生态文明建设

中国式现代化是人与自然和谐共生的现代化。高质量发展是生态优先的绿色发展。推进现代化建设，实现高质量发展，需要我国生产生活方式实现全面绿色低碳转型。生态文明建设是新时代中国特色社会主义的一个重要特征，也是实现高质量发展的必经之路。党的十八大将生态文明建设纳入中国特色社会主义事业"五位一体"总体布局，"美丽中国"成为生态文明建设的远景目标。党的十八大以来，以习近平同志为核心的党中央以前所未有的力度抓生态文明建设，推动美丽中国建设迈出重大步伐。

完善生态环境保护制度体系。党的十八大以来，党中央实行最严格的生态环境保护制度，全面推动生态文明顶层设计和制度体系建设。制定、修订30多部生态环境领域法律和行政法规，填补了有关领域的立法空白，完善了生态文明制度体系，实现了各类环境要素法律法规体系的基本覆盖。十年来，持续深入打好蓝天、碧水、净土保卫战，使我国地表水质优良断面比例不断增加，森林覆盖率不断提升，为全面推进美丽中国建设，加快推进人与自然和谐共生的现代化提供更加扎实有力的法治保障。

深度参与全球环境与气候治理。当今世界气候变暖、臭氧层破坏、生物多样性减少、大气污染等环境问题日益凸显，环境问题全球化治理日益成为国际共识。党的十八大以来，我国积极引导应对气候变化国际合作，对全球治理贡献日益凸显。2015年联合国气候变化大会上，中国就提出了以"人类命运共同体"推进全球环境治理的倡议，成为《巴黎协定》的坚定推动者和执行者，向世界作出实现碳达峰、碳中和的庄严承诺，对于推动全球治理具有重要意义。十年间，我国水电、风电、光伏、生物质发电装机规模和在建核电规模稳居世界第一，清洁能源消费比重不断上升，单位国内生产总值二氧化碳排放逐年下降。在推动构建"一带一路"具体实践中签署50多份生态环境保护合作文件，与31个共建国家共同发起"一带一路"绿色发展伙伴关系倡议，与32个共建国家共同建立"一带一路"能源合作伙伴关系，尽显大国担当，为全球生态治理和保护作出巨大贡献。

三、中国式现代化对经济建设的新要求

（一）加强党对经济工作的全面领导

《中共中央关于党的百年奋斗重大成就和历史经验的决议》提到百年来党的历史成就之一就是"党领导人民成功走出中国式现代化道路，创造了人类文明新形态，拓展了发展中国家走向现代化的途径"①。回顾党的百年发展历程，中国共产党始终坚持将中国国情与实现现代化目标相统一，带领中国人民重塑现代化范式，独立自主地探索出一条具有中国特色的现代化发展之路，为推进社会主义现代化强国建设提供有力支撑。中国共产党领导是中国特色社会主义的最本质特征，也是社会主义制度的最大优势。历史和实践经验证明，推进中国式现代化必须坚持中国共产党的领导。而实现中国式现代化必须坚持以经济建设为中心，加强党的全面领导必须抓住中心工作这一"牛鼻子"。

加强党对经济的全面领导是中国特色社会主义制度的最大优势。在马克思主义中国化的历史进程中，我们党将马克思主义政治经济学和我国经济发展具体实际情况相结合，从生产关系要适应生产力发展水平的原则出发，不断深化对社会主义经济建设规律的认识。特别是改革开放以来，根据我国发展的实际需要，坚持公有制为主体、多种所有制经济共同发展，逐步建立完善充满生机与活力的社会主义市场经济体制。党的十八大以来，以习近平同志为核心的党中央以习近平经济思想为指引，坚持贯彻新发展理念，构建新发展格局，不断激发我国经济发展的新活力，为加快推进社会主义现代化提供了坚实的物质基础。党对经济的全面领导始终坚持以人民为中心，统筹推进经济发展与人民生活水平的双提升，保障人民共享改革发展成果，体现了社会主义的本质特征。坚持党对经济工作的集中统一领导，能够确保我国经济发展沿着正确的政治方向，为实现共同富裕提供根本保障。加强党对经济的全面领导是"最本质"特征和"最大优势"的体现，是中国共产党带领中国人民百年奋斗得出的历史经验。

加强党对经济的全面领导是实现经济高质量发展的重要保障。当前国内外

---

① 《中共中央关于党的百年奋斗重大成就和历史经验的决议》，《人民日报》2021 年 11 月 17 日，第 1 版。

形势正发生深刻变革,国际社会上单边主义、保护主义冲击愈演愈烈,局部战争和冲突仍然存在,世界经济发展曲折艰难。伴随我国社会主要矛盾的转化,我国经济进入高质量发展阶段,带来发展机遇的同时也为我国经济发展带来了许多风险和挑战。坚持党对经济的集中统一领导,发挥党的组织优势,有利于充分调动利用社会各种资源,形成巨大合力,有效防范和化解风险与挑战。党的十八大以来,党中央将制度优势成功转化为治理效能,不断推进经济理论的创新和发展,以习近平经济思想指引我国经济建设,科学回答了中国经济怎么看、怎么干的问题。不断推进经济体制改革,完善党领导经济工作的体制机制,提出"七个坚持"和"八项任务",成功驾驭经济发展大局。坚持以推动高质量发展为主题,把实施扩大内需战略同深化供给侧结构性改革有机结合起来,统筹发展与安全,推动我国经济行稳致远。站在新征程上,面临我国经济发展的艰巨任务,仍需发挥中国共产党把握方向、统筹协调、谋划全局等方面的强大优势,不断改革创新,为中国式现代化建设提供强有力的保障。

加强党对经济的全面领导必须提高党领导经济工作的能力和水平。习近平总书记指出,无论是分析形势还是作出决策,无论是破解发展难题还是解决涉及群众利益的问题,都需要专业思维、专业素养、专业方法。强调领导干部要成为经济社会管理的行家里手。新时代加强党对经济的全面领导,要求我们党必须根据时代发展要求,不断提高党领导经济工作的能力和水平,改进党领导工作的观念、体制和方式方法,推动我国经济发展稳中求进。各级领导干部要学好经济理论知识,掌握经济发展规律,以便更好地解决我国经济发展的理论和实践问题。全面增强各方本领,充分利用社会各方面智力资源,创造性贯彻落实党中央关于经济社会发展的战略部署,不断开创新时代经济工作新局面。

(二)推动构建新发展格局

党的二十大报告提出,以中国式现代化全面推进中华民族伟大复兴,"必须完整、准确、全面贯彻新发展理念,坚持社会主义市场经济改革方向,坚持高水平对外开放,加快构建以国内大循环为主体、国内国际双循环相互促进的新发展格局"①。所谓发展格局,即指在对国内外发展状况进行综合分析的基础上,深刻把握发展规律,对我国的发展资源和生产要素进行优化调整,以实现更高质量的发展。在新发展阶段,贯彻新发展理念,构建新发展格局,是中国式现代化的路径选择,是建设社会主义现代化强国的必由之路。

构建新发展格局以满足人民美好生活需要。中国式现代化是"人口规模巨大的现代化","是全体人民共同富裕的现代化"。推进中国式现代化必须坚持以人民为中心。中国特色社会主义进入新时代,我国社会主要矛盾转化为人民日益增长的美好生活需要和不平衡不充分发展之间的矛盾。人民需求向多元化、高质量、多层次转变,对我国生产力发展提出了更高的要求。构建新发展格局,旨在通过提升供给一端的创造性和关联性,畅通国民经济循环,满足人民群众更高水平的需要,实现供求的动态平衡,从多方面切实提高人民群众的获得感、幸福感和安全感。

构建新发展格局以促进互利共赢。中国式现代化是走和平发展道路的现代化。当今世界逆全球化趋势不断显现,国际关系不确定性增加,这要求我国必须及时转变"两头在外"的出口型经济格局,把经济发展重心转移到依托国内循环,发挥国内大消费市场优势。与此同时,经济全球化趋势不可逆转,依然需要国际市场和资源来弥补各国发展的不足。中国提出构建新发展格局,不是封闭的内循环,而是以国内市场为依托,使国内市场和国际市场更好联通,实现更高水平的对外开放。通过推动"一带一路"倡议,倡导"共商共建共享"的发展理念,为世界各国提供发展机遇,促进世界共同发展。同时更好地利用国内国际两个市场、两种资源,形成参与国际竞争和合作的新优势,为中国经济发展开辟更多空间。

构建新发展格局以创新引领发展。中国现代化经济体系需以创新为引领,科技创新既是构建新发展格局的关键,也是实现中国式现代化的战略支撑。随

---

① 习近平:《高举中国特色社会主义伟大旗帜　为全面建设社会主义现代化国家而团结奋斗》,《人民日报》2022 年 10 月 26 日,第 1 版。

着生产力发展水平的提高,科学技术已成为各国经济竞争中的关键因素。改革开放之初,中国经济发展一定程度上依赖于发达资本主义国家的资源和技术转让。近年来随着经济发展水平的提升,我国产业发展进入中高端,科技水平距离发达国家越来越近,致使利益冲突逐渐凸显,技术引进难度逐步增大。在此情况下,唯有通过自主创新,才能使关键核心技术"卡脖子"问题得到根本性解决。构建新发展格局,有利于利用国内超大规模市场优势,集聚力量、进行原创性、引领性科技攻关,提高科技成果转化和产业化水平,实现科技创新由引进吸收向自主研发为主的根本性转变。

(三)持续深化改革开放

改革开放是我们党的一次伟大觉醒,是党和人民大踏步赶上时代的重要法宝,是坚持和发展中国特色社会主义的必由之路,是决定当代中国命运的关键一招,也是决定能否实现"两个一百年"奋斗目标、能否实现中华民族伟大复兴的关键一招。党的二十大强调,以中国式现代化推进中华民族伟大复兴,必须"坚持深化改革开放"这一重大原则。作为中国式现代化的发展动力,唯有全面深化改革开放,才能加快构建新发展格局,实现社会生产力的充分发展,全面推进社会主义现代化强国建设。

改革开放是中国式现代化取得成就的活力之源。40多年来,通过改革开放孕育了党在理论和实践上的伟大创造——中国特色社会主义,为中国式现代化注入了强大的生机与活力,创造了经济快速发展和社会长期稳定两大奇迹,社会生产力极大提升。2010年中国超越日本成为世界第二大经济体,城乡居民恩格尔系数不断下降,人民生活实现了从温饱不足到全面小康的历史性跨越,为中国式现代化建设夯实了基础。与此同时,40多年的改革开放也使得中国特色社会主义不断发展与完善。党坚持把马克思主义基本原理同改革开放和社会主义现代化建设具体实际相结合、同中华优秀传统文化相结合,形成了邓小平理论、"三个代表"重要思想、科学发展观和习近平新时代中国特色社会主义思想等一系列创新理论成果。坚持走自己的路,形成中国特色社会主义制度并不断发展完善。党的十八大以来,以习近平同志为核心的党中央把制度优势转化为治理效能,不断破除束缚现代化发展的深层次体制机制障碍,推进国家治理体系治理能力现代化。40多年来的改革开放彰显了中国特色社会主义理论体系和制度体系的独特优势,为中国式现代化建设提供了有力保障。站在新的历史阶段,只有坚持改革开放,不断改革不适应生产力要求的生产关系和不适应经济基础的上层建筑,才能进一步解决我国现代化建设过程中更深层次、更为复杂的难题,使中国式现代化建设稳步向前。

深化改革开放是应对当前风险挑战的必然要求。当前世界百年未有之大变局加速演进,全球治理体系和国际经济政治新秩序正在加速演变,一些新兴发展中国家正在崛起,中国式现代化发展迎来了新的机遇。但近年来,由于经济复苏乏力,逆全球化现象进一步凸显,局部冲突加剧,恐怖主义、气候安全等问题愈发突出,世界进入新的动荡时期,中国式现代化建设面临的外部环境更加艰巨。就国内来看,中国特色社会主义进入新时代,改革开放进入攻坚期和深水区,中国式现代化建设也面临很多新矛盾和新挑战。在推进高质量发展、实现共同富裕、缩小城乡区域发展差距等诸多领域还存在更为系统、复杂的深层次问题有待解决。国内外矛盾问题相互叠加,错综复杂。只有坚定不移深化改革开放,才能为中国特色社会主义不断赋予生机和活力,在诸多风险与挑战中争取更多主动权,进一步推进中国式现代化建设。

坚定不移扩大开放是当代中国的显著标识。党的二十大报告提出,要"推进高水平对外开放……稳步扩大规则、规制、管理、标准等制度型开放……加快建设贸易强国……推动共建'一带一路'高质量发展……维护多元稳定的国际经济格局和经贸关系"①。经济全球化的深入发展使世界成为休戚与共的命运共同体,中国的发展离不开世界,世界的发展也离不开中国。统筹国内国外两个大局,只有坚持改革开放,利用好国内国际两个市场、两种资源,与世界各国互联互通,才能更好地化解风险,加快推进中国式现代化。当前中国式现代化建设中改革开放的目标是通过形成以国内大循环为主体、国内国际双循环相互促进的新发展格局,建设更高水平开放型经济新体制,推进高水平对外开放。维护和完善

---

① 习近平:《高举中国特色社会主义伟大旗帜 为全面建设社会主义现代化国家而团结奋斗》,《人民日报》2022年10月26日,第1版。

经济全球化与多边贸易体制,通过"双循环"发展格局,维护全球产业链和供应链畅通。建设面向全球的自由贸易区网络,推进区域经济合作,推动共建更高质量的"一带一路"与发展中国家进行全面互通与合作,使中国式现代化建设条件更为有利。党的二十大首次提出"制度型开放"将是中国第三阶段对外开放的发展目标,是更深层次的开放,有助于维护多元稳定的国际经济格局和经贸关系,为世界发展继续贡献中国力量,也将为人类实现现代化提供新的选择。

(四)加快落实国家重大发展战略

党的十九大报告对中国式现代化进行了总的战略安排:第一个阶段,从2020年到2035年,在全面建成小康社会的基础上,再奋斗十五年,基本实现社会主义现代化。第二阶段,再奋斗十五年,把我国建设成为富强、民主、文明、和谐、美丽的社会主义现代化强国。为此,党中央以中国式现代化为统领,以新发展理念为指导,围绕创新驱动发展、乡村振兴、区域协调发展、美丽中国、文化强国等多个方面部署基础性引领性战略,将顶层设计和实践探索相结合,构建了强有力的战略体系,在中国式现代化新征程中将发挥重要作用。

加快落实国家重大发展战略要坚持系统观念。系统观念是马克思主义认识论和方法论的基本观点,贯穿中国共产党领导的中国式现代化的整个历史进程,是我们党的科学思维方式和重要工作方法。党的十八大以来,以习近平同志为核心的党中央坚持系统谋划,形成了一系列新布局和新方略,推动中国经济社会协调发展。中国式现代化是经济、政治、文化、社会、生态文明等领域全面发展的现代化,涉及治党治国治军、内政外交国防等方方面面,是一个系统工程,所以必须坚持系统观念。因此,要增强战略实施的协同性、融合性,提升战略评估的科学性、有效性,充分发挥关键领域战略的带动性,整合优化战略资源。实现国家各领域战略布局一体融合,构建一体化的国家战略体系和能力,全面推进中国式现代化。

加快落实国家重大发展战略必须加强全局性谋划。当前我国国内外形势发生深刻变化,进入全面建设社会主义现代化国家新征程,牵一发而动全身,必须从党和国家事业全局出发,找准战略抓手和战略要点,增强战略的全局性,谋划战略目标、作出战略部署,推动国家发展战略体系精准落地。

加快落实国家重点战略必须整体推进。中国式现代化包含经济、政治、文化、社会以及生态文明等多个领域,各领域相互影响、相互作用。全面推进中国式现代化,必须站在整个国家的维度谋篇布局,统筹推进"五位一体"总体布局,协调推进"四个全面"战略布局,在统筹兼顾中实现协调发展。坚持以人民为中心,以新发展理念为指导,以构建新发展格局为战略导向,全面推动我国经济实现高质量发展,在取长补短中实现经济社会协调发展,促使不同地区、不同民族、不同群体都能均衡享受到现代化建设的成果,进而实现全体人民共同富裕。

(五)着力保障和改善民生

民生问题是党的执政之基、人民幸福之本。保障和改善民生贯穿了中国共产党百年奋斗历程。党的十八大以来,以习近平同志为核心的党中央坚持"以人民为中心"的发展思想,将民生问题作为治国理政的重要内容,不断提升人民群众的幸福感、获得感和安全感。党的二十大报告以中国式现代化为纲领,以实现全体人民共同富裕为目标,对增进民生福祉、提高人民生活品质进一步作出系统的战略部署,以人民对美好生活的向往为出发点和落脚点,全心全意保障和改善民生,体现了鲜明的中国特色。进入全面建设社会主义现代化国家新征程,我们依然要坚持发展为了人民、发展依靠人民、发展成果由人民共享的价值理念,推动我国民生事业蓬勃发展。

保障和改善民生是中国式现代化的根本目的。中国式现代化是全体人民共同富裕的现代化,是以实现每个人的自由而全面发展为目的的现代化。坚持保障和改善民生,以现代化更好地回应人民日益增长的美好生活需要,才能进一步彰显中国式现代化的人民性。因此,推进中国式现代化建设,要坚持以人民为中心的发展思想,保障和改善民生。不断提高公共服务均等化水平,统筹城乡和区域发展,加速解决发展不平衡、不充分问题。整合优化社会保障结构,满足人民各方面诉求和多层次需要,让发展成果不断转化为生活品质,真正做到"发展为了人民、发展依靠人民,发展成果由人民共享",始终把人民利益放在最高位置。

保障和改善民生是高质量发展的重要基础。中国式现代化是经济建设和民生福祉共进的现代化。近年来我国国内外发展环境和社会结构不断发生变化,我国经济已由高速增长阶段转向高质量发展阶段,发展要求及条件不断发生变化。民生连着内需,抓民生就是抓发展。党的十八大以来,党中央不断优化产业布局、健全就业公共服务体系,促进高质量充分就业,以就业连通生产、分配、交换、消费,支撑我国经济平稳运行。推动高质量发展,离不开高素质的劳动者,实现人力资源的有效开发利用,有利于进一步提高全要素生产率。深化服务类社会保障、不断完善工资分配制度也是拉动消费需求的重要前提。以高质量发展增进民生福祉,通过保障和改善民生充分调动人民群众的积极性、创造性,为高质量发展赋能,二者相辅相成,推动实现物的全面丰富和人的全面发展,为中国式现代化建设创造条件。

保障和改善民生是实现社会安定的内在要求。经济建设需要稳定的社会环境。当前国内外形势不断发展变化,新一轮产业革命给人们的工作生活方式、思想观念带来了深刻变革。外部环境的变化对我国现代化建设产生了一系列新的挑战,全球发展不平衡加剧、局部动荡不安、民粹主义泛滥等一系列问题不断凸显。在党的二十大报告中,"增进民生福祉,提高人民生活品质"单列成章,从完善分配制度、实施就业优先战略、健全社会保障体系、推进健康中国建设等多个方面,为今后实现人民美好生活向往描绘了新的图景。加强保障和改善民生,全面做好就业、社会保障、医药卫生、社会治安等各方面工作,推动人民平等参与、平等发展、平等享有,有利于维护社会和谐安定,为扎实推进中国式现代化作出积极贡献。

(六)统筹发展和安全

统筹发展和安全是中国式现代化的重要战略保障,二者如一体之两翼、驱动之双轮,共同推动我国经济社会稳步向前发展。党的十八大以来,以习近平同志为核心的党中央科学分析当前现代化进程面临的发展趋势,作出世界面临百年未有之大变局的标识性判断。我国发展和安全形势与条件更加错综复杂,区别于传统发展安全,其内涵和外延都发生了深刻变化。新时代统筹发展与安全,既要通过高质量发展为国家安全夯实基础,又要为经济社会发展营造高水平安全环境,才能在现代化建设过程中牢牢掌握战略主动权。

安全发展是我国现代化建设的底线。当今世界全球化发展与现代化建设相互交织,密不可分。随着全球化进程的不断深入,全球性风险也将给我国现代化进程带来深刻的影响。在世界百年未有之大变局大背景下,逆全球化、单边主义、保护主义、霸权主义等国际环境和新问题日益突出,我国经济发展面临着产业安全、粮食安全、气候安全等多方面的挑战。就国内发展而言,全面建成小康社会后,我国经济实力和国际影响力不断增强,推进中国式现代化建设进入新的发展阶段。这也意味着在经济社会发展过程中将面临更多阵痛、矛盾和冲突,社会公平公正、产业转型中人口就业压力、资源环境压力等各种新兴社会风险不断增多,艰巨性、复杂性前所未有。因此在新发展阶段推进中国式现代化建设需要始终存在忧患意识,树立安全发展的基本原则。

高质量发展是国家安全的基础。发展是第一要务,是解决一切问题的基础和关键。改革开放以来,依靠出口导向型经济,我国经济社会实现迅速发展。但这种以进出口贸易为主,带动经济增长的经济模式不稳定因素较多,一旦国际经济环境遭遇较大波动,将对我国经济发展产生巨大影响。就当前外部环境来看,自2008年经济危机后,世界经济虽有恢复,但国际需求仍然较低,增加了我国经济发展的下行压力。同时伴随中国经济实力不断增强,一些西方国家通过经济制裁和技术封锁等手段企图遏制我国经济的增长,给我国经济发展的外部环境带来较大压力。基于对我国经济发展现状的把握,习近平总书记提出,要加快构建新发展格局,夯实我国经济发展的根基,增强发展的安全性、稳定性。同时要强化自主创新能力,将科技创新作为驱动经济社会发展的动力,才能从根本上摆脱核心技术受制于人的困境,真正实现发展质量、结构、规模、速度、效益、安全相统一,保障中国式现代化顺利进行。

统筹发展和安全,增强机遇意识和风险意识,树立底线思维。习近平总书记在党的二十大报告中指出:"我们必须增强忧患意识,坚持底线思维,做到居安思危、未雨绸缪,准备经受风高浪急甚至惊涛骇浪的重大考验。"[1]底线思维作为一种重要的思维方式,是解决问题时不可突破的最低标准。中国式现代化建设是一项伟大而艰巨的事业,当前我国发展战略机遇和风险挑战并存,不确定性因素

① 习近平:《高举中国特色社会主义伟大旗帜　为全面建设社会主义现代化国家而团结奋斗》,《人民日报》2022年10月26日,第1版。

增多。坚持底线思维,是以习近平同志为核心的党中央将马克思主义基本原理同中国具体实际尤其是同党的建设实际相结合而形成的方法论创新,为新时代中国共产党人防范和抵御重大风险和挑战提供了重要的方法论支撑。坚持统筹发展和安全,坚持底线思维,时刻准备应对重大挑战、抵御重大风险、克服重大阻力、解决重大矛盾。必须牢牢把握底线,不断提高底线思维能力。凡事从最坏处着眼、向最好处努力,才能牢牢把握主动权,在中国式现代化建设过程中着力防范化解重大风险。

四、中国式现代化经济建设的当代意义

（一）为全面建设社会主义现代化国家提供坚实的物质技术基础

马克思、恩格斯认为,社会在生产力和生产关系,经济基础和上层建筑的矛盾运动中形成变迁,在此基础上提出:"无产阶级将利用自己的政治统治,一步一步地夺取资产阶级的全部资本,把一切生产工具集中在国家即组织成为统治阶级的无产阶级手里,并且尽可能快地增加生产力的总量。"[①]指明了无产阶级夺取政权、争得民主之后的首要任务将是发展生产力,并以生产力的长期积累和持续发展为重要目标。生产力的发展是一个循序渐进、不断积累的过程,中国共产党在革命、建设、改革每一个历史时期都在坚持不懈地解放和发展生产力。

经济基础决定上层建筑,要建成社会主义现代化强国,必须坚持以经济建设为中心,建设现代化经济体系。没有坚实的物质技术基础,就不可能全面建成社会主义现代化强国。改革开放以来,我们始终坚持以经济建设为中心,不断解放和发展社会生产力,夯实了我国经济社会发展的基础,成了世界第二大经济体。但与世界上一些发达国家相比,仍有较大差距,很多领域"大而不强"的特征依然明显。因此,从党和国家事业全局出发,顺应实现"两个一百年"奋斗目标和中国特色社会主义进入新时代的新要求,我们必须建设现代化经济体系,才能为其他领域的现代化提供强力支撑,全面推进中国式现代化建设。

（二）解决新时代我国社会主要矛盾

马克思主义认为,矛盾是事物发展的根本动力,社会主要矛盾决定着社会的

---

① 《马克思恩格斯文集》第二卷,人民出版社 2009 年版,第 52 页。

主要任务。社会的发展过程就是不断解决主要矛盾的过程,是主要任务的不断产生和完成。习近平总书记在省部级主要领导干部学习贯彻党的十九届六中全会精神专题研讨班开班式上指出:"党的百年奋斗历程告诉我们,党和人民事业能不能沿着正确方向前进,取决于我们能否准确认识和把握社会主要矛盾、确定中心任务。"①社会主要矛盾是社会中问题集中的反映和诉求,抓住主要矛盾讲究抓住了解决社会问题、推动社会发展的"牛鼻子"。进入新时代,我国社会主要矛盾已经转化为人民日益增长的的美好生活需要和不平衡不充分的发展之间的矛盾。新时代主要矛盾的转化意味着中国共产党百年来不同历史时期主要矛盾的圆满解决,是一种历史进步,继续推进中国式现代化建设必须在实践要求中准确把握新时代社会主要矛盾和中心任务。

中国式现代化经济建设对于解决新时代我国社会主要矛盾的意义可以从供给和需求两个方面来体现:从需求一侧来看,人民生活水平从普遍贫穷向小康转变,对美好生活的需要不仅体现在物质层面,对民主、法治、安全、环境等方面也有了更加宽泛的需求。人均收入普遍提高,消费逐渐升级,为中国式现代化经济建设提供了新动能。从供给一侧来看,尽管经过四十多年的改革与发展,我国经济实力不断提升,但发展不平衡不充分的问题已成为我国经济发展的绊脚石,成为满足人民美好生活需要的主要制约因素。着力解决发展的不平衡性问题,要把发展放在第一位,而经济建设作为中心工作是重中之重,通过建设现代化经济体系,提升发展的质量和效益,才能持续推动社会生产向前发展,更好满足人民日益增长的美好生活需要。

(三)体现中国特色社会主义制度的优越性

马克思和恩格斯在《共产党宣言》中系统论述了无产阶级政党的性质和特点,指出:"过去的一切运动都是少数人的,或者为少数人谋利益的运动。无产阶级的运动是绝大多数人的,为绝大多数人谋利益的独立的运动。"②"两个绝大多

---

① 《继续把党史总结学习教育宣传引向深入更好把握和运用党的百年奋斗历史经验》,《人民日报》2022 年 1 月 12 日,第 1 版。

② 《马克思恩格斯文集》第二卷,人民出版社 2009 年版,第 42 页。

数"的提出为无产阶级政党建设指明了方向,为中国共产党人确立初心和使命提供了精神路标。改革开放 40 多年来,党领导人民成功走出中国式现代化道路,用几十年时间走完了发达国家几百年走过的工业化历程,中国特色社会主义制度不断完善和发展,中国也发生了举世瞩目的变化,更有利于实现人的自由而全面发展,体现了中国特色社会主义制度的极大优越性。

习近平总书记指出:"没有坚定的制度自信就不可能有全面深化改革的勇气,同样,离开不断改革,制度自信也不可能彻底、不可能久远。"①中国特色社会主义制度体现了规律和价值的统一。中国特色社会主义制度坚持生产力是人类社会发展的基础,生产关系要适应生产力的发展,既符合人类社会的发展规律也符合我国具体国情,同时始终着眼于实现好、维护好、发展好最广大人民的根本利益,具有无可比拟的先进性。通过中国式现代化经济建设,我国经济在短时间内得到快速发展,有效促进了社会生产力的解放和发展,促进了现代化建设各项事业,促进了人民生活质量和水平不断提高,体现了中国特色社会主义制度强大的制度优势。

(四)为构建人类命运共同体提供中国方案

习近平总书记在党的二十大报告中指出:"中国式现代化,是中国共产党领导的社会主义现代化,既有各国现代化的共同特征,更有基于自己国情的中国特色"②,阐述了中国式现代化的鲜明特征及其与西方现代化的根本区别。中国式现代化遵循了现代化理论中关于以工业化、市场化、经济全球化促进生产力发展的普遍规律,但与西方现代化的基本逻辑并不相同。中国式现代化经济建设,坚持以人民为中心,摒弃了西方现代化仅以资本为中心推进生产力发展的传统现代化模式,将社会主义与市场经济有机结合起来,充分发挥市场经济提高资源配置效率的长处,又有效发挥了社会主义制度集中力量办大事的优越性。发挥市场在资源配置中的决定性作用的同时也更好地发挥了政府的作用,极大解放和

---

① 《习近平关于全面深化改革论述摘编》,中央文献出版社 2014 年,第 22 页。

② 习近平:《高举中国特色社会主义伟大旗帜　为全面建设社会主义现代化国家而团结奋斗》,《人民日报》2022 年 10 月 26 日,第 1 版。

发展了社会生产力,为世界经济增长作出了巨大贡献。

同时中国式现代化建设传承了中华优秀传统文化中"天下为公""亲仁善邻""以和为贵"等中华民族精神,提出推动构建人类命运共同体,具有深刻的历史性。中国式现代化坚持"和而不同"的文明理念,实现了现代性和传统性的完美结合,体现了极具包容性的人类文明形态。在努力谋求自身经济社会不断发展进步的同时,坚持走和平发展道路,积极为维护世界和平、促进共同发展贡献力量。

第六章　中国式现代化
与政治建设新征程

　　"政治建设"在中国特色社会主义的治理体系中具有双重意蕴①,一重是中国特色社会主义政治建设,即"五位一体"总体布局中的政治建设,一重是党的建设中的政治建设,二者既紧密相连、不可分割,又存在一定的区别。"五位一体"总体布局中的社会建设属于中国特色社会主义领域,是与经济建设、文化建设、社会建设、生态文明建设既相互联系又相对独立的一个领域。按照新时代党的建设总要求,即"全面推进党的政治建设、思想建设、组织建设、作风建设、纪律建设,把制度建设贯穿始终,深入推进反腐败斗争",党的建设中政治建设是新时代党的建设总体布局的一个方面,以党的政治建设统领党的建设其他各项工作具有根本性地位、统领性作用、决定性意义。"五位一体"总体布局中的政治建设侧重政治建设在中国特色社会主义现代化强国中的作用,党的建设中政治建设侧重党作为领导主体的自身建设,而中国特色社会主义现代化强国建设离不开党的坚强领导,在以中国式现代化推进中华民族伟大复兴的新征程中,二者各有侧重,又缺一不可。在中国式现代化建设新征程中,中国共产党如舵手,党的建设中政治建设是提升舵手的政治能力,"五位一体"中的政治建设如船舵,是治国理政的控制系统,中国式现代化能否行稳致远,一方面取决于舵手的能力,另一方面取决于控制系统的水平。本书重点阐述"五位一体"总体布局中的政治建设。

---

　　①　袁红、张延丽:《政治建设的双重意蕴》,《中共石家庄市委党校学报》2020 年第 10 期。

一、坚定不移走中国特色社会主义政治发展道路是历史的选择、人民的选择

（一）政治建设的提出

新民主主义革命实现了中国从几千年封建专制政治向人民民主的伟大飞跃，社会主义革命和建设时期的政治建设为实现中华民族伟大复兴奠定了根本政治前提和制度基础。改革开放和社会主义现代化建设新时期成功开辟和坚持了中国特色社会主义政治发展道路。

1980 年，邓小平发表的《党和国家领导制度的改革》的重要讲话成为新时期政治领域改革的纲领性文件。关于改革要达到的目的，文件指出："改革党和家领导制度及其他制度，是为了充分发挥社会主义制度的优越性，加速现代化建设事业的发展。"关于政治方面改革的任务，文件指出："政治上，充分发扬人民民主，保证全体人民真正享有通过各种有效形式管理国家、特别是管理基层地方政权和各项企业事业的权力，享有各项公民权利，健全革命法制，正确处理人民内部矛盾，打击一切敌对力量和犯罪活动，调动人民群众的积极性，巩固和发展安定团结、生动活泼的政治局面。"[①]

1982 年，在基本完成拨乱反正任务的历史背景下召开的党的十二大提出了"走自己的道路，建设有中国特色的社会主义"的指导思想，强调"社会主义的物质文明和精神文明建设，都要靠继续发展社会主义民主来保证和支持。建设高度的社会主义民主，是我们的根本目标和根本任务之一"，并提出"继续改革和完善国家的政治体制和领导体制"的任务[②]，这些都"把努力建设社会主义民主提升到前所未有的认识与实践的高度"。[③] 同时，这一时期也提出了社会主义民主必须同社会主义法制建设紧密结合起来，其中重要的实践就是制定和通过新宪法。

1997 年，党的十五大在总结改革开放以来经验的基础上，进一步将党的基本

---

① 《改革开放三十年重要文献选编》上卷，中央文献出版社 2008 年版，第 143 页。
② 《十二大以来重要文献选编》上卷，人民出版社 1986 年版，第 33 - 34 页。
③ 王伟光主编：《社会主义通史》第八卷，人民出版社 2011 年版，第 215 页。

路线中提出的奋斗目标具体化,提出了党在社会主义初级阶段的基本纲领,明确提出"建成富强民主文明的社会主义现代化国家"的目标。针对"什么是社会主义初级阶段有中国特色社会主义的政治"及"怎样建设有中国特色社会主义的政治"的重大时代课题,党的十五大给出了答案:"建设有中国特色社会主义的政治,就是在中国共产党的领导下,在人民当家作主的基础上,依法治国,发展社会主义民主政治。这就要坚持和完善工人阶级领导的、以工农联盟为基础的人民民主专政;坚持和完善人民代表大会制度和共产党领导的多党合作、政治协商制度以及民族区域自治制度;发展民主,健全法制,建设社会主义法治国家。实现社会安定,政府廉洁高效,全国各族人民团结和睦,生动活泼的政治局面。"①

2002 年,党的十六大再次强调,"发展社会主义民主政治,建设社会主义政治文明,是全面建设小康社会的重要目标",首次将"政治建设和政治体制改革"作为独立章节来表述,体现了政治建设已经成为相对独立的范畴,具有相对完备的体系。报告指出:"发展社会主义民主政治,最根本的是要把坚持党的领导、人民当家作主和依法治国有机统一起来。"自此形成了我国发展社会主义民主政治的主体结构。报告还指出:"党的领导是人民当家作主和依法治国的根本保证,人民当家作主是社会主义民主政治的本质要求,依法治国是党领导人民治理国家的基本方略。"②不仅使三个方面的具体内涵更加丰富,而且进一步明确了三者之间的关系,使党的政治建设更加体系化、重点更加突出。

2007 年,党的十七大正式将政治建设纳入中国特色社会主义建设总体布局,明确了中国特色社会主义政治建设的具体目标是"扩大社会主义民主,更好保障人民权益和社会公平正义。公民政治参与有序扩大。依法治国基本方略深入落实,全社会法制观念进一步增强,法治政府建设取得新成效。基层民主制度更加完善。政府提供基本公共服务能力显著增强"③。同时专设"坚定不移发展社会主义民主政治"章节强调了"要坚持中国特色社会主义政治发展道路,坚持党的领导、人民当家作主、依法治国有机统一,坚持和完善人民代表大会制度、中国共

① 《十五大以来重要文献选编》上,人民出版社 2000 年版,第 18 - 19 页。
② 《十六大以来重要文献选编》上,中央文献出版社 2005 年版,第 24 页。
③ 《十七大以来重要文献选编》上,中央文献出版社 2009 年版,第 15 页。

产党领导的多党合作和政治协商制度、民族区域自治制度以及基层群众自治制度,不断推进社会主义政治制度自我完善和发展"①。

(二)新时代政治建设的创新发展

党的十八大明确了中国特色社会主义事业"五位一体"总体布局,政治建设依然作为总体布局中的一个领域,始终具有重要的地位和作用。中国特色社会主义政治建设,是指在中国共产党的领导下,在社会主义方向的指引下,走中国特色社会主义政治发展道路,通过推进政治体制改革,健全完善政治制度,从而保障人民当家作主。长期以来,我国在不断推进社会主义政治建设的伟大实践中,逐步探索形成了具有中国特色的社会主义政治发展道路,把党的领导、人民当家作主、依法治国作为我国政治建设健康发展的基本要求,把坚持党的全面领导、坚持马克思主义思想的指导地位,这一具有鲜明特色的政治要求作为基本前提。我国社会主义政治制度既包括人民代表大会制度,也包括中国共产党领导的多党合作和政治协商制度等基本政治制度,同时还包括具有中国特色的社会主义法律体系以及对权力运行进行的制约和监督体系等重要而具体的内容。经过新时代十年多的发展,政治建设的理论和实践都有了创新发展。

2019 年 11 月 2 日,习近平总书记来到虹桥街道,同正在参加立法意见征询的社区居民代表亲切交流,提出全过程的人民民主这一概念:"我们走的是一条中国特色社会主义政治发展道路,人民民主是一种全过程的民主。"

2021 年 7 月 1 日,习近平总书记在庆祝中国共产党成立 100 周年大会上的讲话中强调,"践行以人民为中心的发展思想,发展全过程人民民主"。这是对全过程人民民主的首次完整表述。

2021 年 10 月,习近平总书记出席党的历史上首次召开的中央人大工作会议并发表重要讲话,系统阐释全过程人民民主重大理念和实践,对不断发展全过程人民民主作出重大部署、提出明确要求。他强调,"我国全过程人民民主实现了过程民主和成果民主、程序民主和实质民主、直接民主和间接民主、人民民主和国家意志相统一,是全链条、全方位、全覆盖的民主,是最广泛、最真实、最管用的

---

① 《十七大以来重要文献选编》上,中央文献出版社 2009 年版,第 22 页。

社会主义民主"①。

2021 年 11 月 11 日,党的十九届六中全会把"发展全过程人民民主"作为习近平新时代中国特色社会主义思想的重要内容,纳入"十个明确"中。

2022 年 10 月 16 日,党的二十大报告提出"全过程人民民主是社会主义民主政治的本质属性",明确发展全过程人民民主是中国式现代化的本质要求之一,对"发展全过程人民民主,保障人民当家作主"作出系统部署。

二、新时代以来我国政治建设的成就

（一）社会主义政治制度化、规范化、程序化全面推进

十年来,我国社会主义民主政治制度化、规范化、程序化全面推进,中国特色社会主义政治制度的优越性得到更好发挥,生动活泼、安定团结的政治局面得到巩固和发展。

2002 年 5 月,江泽民在继承邓小平有关思想的基础上首次提出了社会主义民主政治的制度化、规范化、程序化的重大命题。他指出:"要着重加强社会主义民主政治制度建设,实现社会主义民主政治的制度化、规范化、程序化。"②党的十六大报告进一步指出"要着重加强制度建设,实现社会主义民主政治的制度化、规范化和程序化"③。随后召开的党的十七大和十八大都重申了推进社会主义民主政治制度化、规范化、程序化的重大任务。

党的十八大报告在阐述中国特色社会主义制度时,对中国特色社会主义政治制度作了深刻论述,指出人民代表大会制度是中国特色社会主义民主政治的根本政治制度,中国共产党领导的多党合作和政治协商制度、民族区域自治制度以及基层群众自治制度等是中国特色社会主义民主政治的基本政治制度。这些根本政治制度、基本政治制度与中国特色社会主义法律体系,以及建立在这些制度基础上的政治体制等具体制度一起构成了中国特色社会主义民主政治的制度体系。在论述全面建成小康社会和全面深化改革开放的目标的时候,党的十八

---

① 习近平:《论坚持人民当家作主》,中央文献出版社 2021 年版,第 336 页。
② 江泽民:《努力开创建设有中国特色社会主义事业新局面》(2002 年 5 月 31 日),《十五大以来重要文献选编》(下),人民出版社 2003 年版,第 2416 页。
③ 《中国共产党第十六次全国代表大会文件选编》,人民出版社 2002 年版,第 31 页。

大报告"提出了加快推进社会主义民主政治制度化、规范化、程序化的战略任务，这为中国特色社会主义民主政治建设指明了方向"①。

党的十八届四中全会报告进一步明确了我国社会主义初级阶段民主政治制度化、规范化、程序化的内涵和外延。②"以保障人民当家作主为核心，坚持和完善人民代表大会制度，坚持和完善中国共产党领导的多党合作和政治协商制度、民族区域自治制度以及基层群众自治制度，推进社会主义民主政治法治化。加强社会主义协商民主制度建设，推进协商民主广泛多层制度化发展，构建程序合理、环节完整的协商民主体系。完善和发展基层民主制度，依法推进基层民主和行业自律，实行自我管理、自我服务、自我教育、自我监督，完善国家机构组织法，完善选举制度和工作机制。"③

（二）社会主义协商民主广泛开展

"协商民主是我国社会主义民主政治的特有形式和独特优势，是党的群众路线在政治领域的重要体现。推进协商民主，有利于完善人民有序政治参与、密切党同人民群众的血肉联系、促进决策科学化民主化。"④

党的十八大提出，在发展我国社会主义民主政治的进程中，要完善协商民主制度和工作机制，推进协商民主广泛多层制度化发展。党的十八届三中全会决定把推进协商民主广泛多层制度化发展作为政治体制改革的重要内容，强调在党的领导下，以经济社会发展重大问题和涉及群众切身利益的实际问题为内容，在全社会开展广泛协商，坚持协商于决策之前和决策实施之中。要构建程序合理、环节完整的协商民主体系，拓宽国家政权机关、政协组织、党派团体、基层组织、社会组织的协商渠道；深入开展立法协商、行政协商、民主协商、参政协商、社会协商；发挥统一战线在协商民主中的重要作用，发挥人民政协作为协商民主重

① 田恒国：《加快推进社会主义民主政治制度化、规范化、程序化》，《中共福建省委党校学报》2012年第12期。

② 何增科：《论中国社会主义初级阶段民主政治的制度化、规范化、程序化》，《政治学研究》2015年第2期。

③ 《十八大以来重要文献选编》中卷，中央文献出版社2016年版，第163页。

④ 习近平：《关于〈中共中央关于全面深化改革若干重大问题的决定〉的说明》，《人民日报》2013年11月16日，第1版。

要渠道作用,完善人民政协制度体系,规范协商内容、协商程序,拓展协商民主形式,更加活跃有序地组织专题协商、对口协商、界别协商、提案办理协商,增加协商密度,提高协商成效。

(三)人民当家作主更加扎实

人民当家作主是社会主义民主政治的本质要求。为了将人民当家作主落到实处,中国共产党领导人民建立了人民代表大会制度这一具有根本意义的政治制度。这一制度确保了人民通过普遍、平等的民主选举,产生自己的代表,组成各级人民代表大会,保障了全国各族人民依法行使民主选举、民主决策、民主管理、民主监督的权利,充分享有宪法和法律赋予的广泛民主、自由和权利。党的十八大以来,人民代表大会制度更加成熟、定型,为人民当家作主提供了更加可靠的制度保障。全国人大及其常委会定期召开会议,审议和通过一系列重要的法律法规,体现了人民代表大会在立法工作中的主导作用。各级人大代表的结构更加优化,涵盖了更广泛的行业和领域,这使得代表们更能反映不同群体的利益诉求。代表们的履职能力也在不断提升,积极参与调研、视察和提出议案建议等,为人民发声,为国家和地方的发展献计献策。相关数据表明,越来越多的高质量议案和建议得到了采纳和实施。公开听取意见、网络征集民意等成为常态,反映了人民在决策过程中的参与度不断提高。一些地方探索实行了乡镇人大代表联络站、村民议事会等做法,基层民主实践更加丰富多元。随着人民民主的领域不断拓展、民主实绩不断提升,人民当家作主的制度优势不断向治理效能转化[1]。

(四)爱国统一战线巩固拓展

党的十八大报告指出:"统一战线是凝聚各方面力量,促进政党关系、民族关系、宗教关系、阶层关系、海内外同胞关系的和谐,夺取中国特色社会主义新胜利的重要法宝。"[2]党的十八大以来,以习近平同志为主要代表的中国共产党人继承马克思主义统战思想精髓,围绕"两个大局",对新时代统一战线理论进行创新发展,就加强和改进统战工作提出一系列新理念、新思想、新战略,深刻回答了新时

---

① 王炳权:《发展全过程人民民主与推进中国式现代化》,《中国特色社会主义研究》2024年第2期。
② 《中国共产党第十八次全国代表大会文件汇编》,人民出版社2012年版,第27页。

代为什么需要统一战线、需要什么样的统一战线、怎样巩固发展统一战线等重大问题。

2015 年中共中央印发《中国共产党统一战线工作条例(试行)》,2020 年对其进行修订,之后印发了修订后的《中国共产党统一战线工作条例》,提出"统一战线是中国共产党凝聚人心、汇聚力量的政治优势和战略方针,是夺取革命、建设、改革事业胜利的重要法宝,是增强党的阶级基础、扩大党的群众基础、巩固党的执政地位的重要法宝,是全面建成小康社会、加快推进社会主义现代化、实现中华民族伟大复兴中国梦的重要法宝"[①]。明确统一战线主体是"包括全体社会主义劳动者、社会主义事业的建设者、拥护社会主义的爱国者、拥护祖国统一和致力于中华民族伟大复兴的爱国者的联盟"[②]。

2022 年中央统战工作会议召开,习近平总书记系统总结了党的十八大以来,中国共产党推动统战工作取得的历史性成就:我们加强党对统战工作的全面领导,制定《中国共产党统一战线工作条例》《中国共产党政治协商工作条例》,统战工作科学化、规范化、制度化水平进一步提升;坚持和完善我国新型政党制度,巩固共同思想政治基础,中国特色社会主义参政党建设不断加强;坚定不移走中国特色解决民族问题的正确道路,坚持和完善民族区域自治制度,铸牢中华民族共同体意识,"中华民族一家亲、同心共筑中国梦"的生动局面更加巩固;坚持我国宗教中国化方向,提高宗教工作法治化水平,我国宗教与社会主义社会相适应迈出新步伐;加强对党外知识分子和新的社会阶层人士的思想政治引领,组织动员更加有力、发挥作用更加有效;促进非公有制经济健康发展和非公有制经济人士健康成长,推动构建亲清政商关系,民营经济人士的向心力和凝聚力进一步增强;做好港澳台和海外争取人心工作,发展壮大爱国爱港、爱国爱澳力量和台湾爱国统一力量,凝聚侨心侨力,海内外中华儿女大团结不断加强;构建大统战工作格局,全党重视、大家共同来做的合力显著增强。统一战线呈现出团结、奋进、

---

① 《中国共产党统一战线工作条例》,人民出版社 2021 年版,第 4 页。
② 《中国共产党统一战线工作条例》,人民出版社 2021 年版,第 3 - 4 页。

开拓、活跃的良好局面。①

党的二十大报告强调："人心是最大的政治,统一战线是凝聚人心、汇聚力量的强大法宝。完善大统战工作格局,坚持大团结大联合,动员全体中华儿女围绕实现中华民族伟大复兴中国梦一起来想、一起来干。"②

(五)民族团结进步展现新气象

党的十八大以来,以习近平同志为核心的党中央,基于对我国经济社会发展迈入新时代和民族工作实际的深入分析与把握,确立了加强民族团结、培育中华民族共同体意识、推进民族工作创新发展的总体思路。在这一思路下,大力培育中华民族共同体意识、加强各民族交往交流交融,成为新时代民族工作思想的主基调和主旋律。

2017年,党的十九大在全面建成小康社会决胜阶段和中国特色社会主义发展的关键节点上召开。习近平总书记站在实现中华民族伟大复兴的战略高度,对全面建成小康社会和建设中国特色社会主义现代化强国进程中的民族工作进行了全面部署。他强调要"全面贯彻党的民族政策,深化民族团结进步教育,铸牢中华民族共同体意识,加强各民族交往交流交融,促进各民族像石榴籽一样紧紧抱在一起,共同团结奋斗、共同繁荣发展"③。这一重要论述不仅被写入党的十九大报告,还成为新修订党章的重要内容。

从党的十八大提出积极培育中华民族共同体意识,到之后明确"筑牢"和牢固树立中华民族共同体意识,再到党的十九大报告特别强调"铸牢"中华民族共同体意识,这一变化并非简单的词汇更替,而是深刻反映了党中央在新时代对民族工作的新认识和新要求,是习近平新时代中国特色社会主义思想在民族工作领域的具体体现,也是改革开放以来各民族在政治、经济、社会、文化领域广泛交

---

① 习近平:《完整、准确、全面贯彻落实关于做好新时代党的统一战线工作的重要思想》,《求是》2024年第1期。

② 习近平:《高举中国特色社会主义伟大旗帜 为全面建设社会主义现代化国家而团结奋斗——在中国共产党第二十次全国代表大会上的报告》,人民出版社2022年版,第39页。

③ 习近平:《决胜全面建成小康社会 夺取新时代中国特色社会主义伟大胜利——在第十九次全国代表大会上的讲话》,人民出版社2017年版,第40页。

往交流交融、"你中有我、我中有你、谁也离不开谁"的命运共同体关系的深刻反映。①

（六）全面依法治国总体格局基本形成

党的十八大以来,党中央把全面依法治国纳入"四个全面"战略布局予以有力推进,对全面依法治国作出一系列重大决策部署,组建中央全面依法治国委员会,完善党领导立法、保证执法、支持司法、带头守法制度,基本形成全面依法治国总体格局。② 党的二十大报告首次明确作出了"全面依法治国总体格局基本形成"这一重要论断。③ 全面依法治国总体格局基本形成,标志着过去十年全面依法治国各项法治工作取得了历史性成就,为坚定不移地走中国特色社会主义法治道路提供了路线图,为在法治轨道上全面建设社会主义现代化国家构建了扎实的制度基础。④

三、中国共产党的领导是推进中国式现代化的首要原则

政党是引领和推动现代化进程的重要力量。习近平总书记在中国共产党与世界政党高层对话会上指出:"我们要保持奋发有为姿态,确保现代化领导的坚定性。"这体现了中国共产党探索现代化道路的坚毅和执着,彰显了中国共产党的作为与担当。⑤

习近平总书记在党的二十大报告中明确指出:"全面建设社会主义现代化国家、全面推进中华民族伟大复兴,关键在党。"明确"坚持中国共产党领导"是中国式现代化的首要本质要求,"坚持和加强党的全面领导"是中国式现代化必须牢牢把握的首要重大原则。在学习贯彻党的二十大精神专题研讨班开班式上,习近平总书记进一步强调:"党的领导直接关系中国式现代化的根本方向、前途命

---

① 王延中:《铸牢中华民族共同体意识 建设中华民族共同体》,《民族研究》2018 年第 1 期。

② 《坚定不移走中国特色社会主义法治道路 更好推进中国特色社会主义法治体系建设》,《人民日报》2021 年 12 月 8 日,第 1 版。

③ 习近平:《高举中国特色社会主义伟大旗帜 为全面建设社会主义现代化国家而团结奋斗——在中国共产党第二十次全国代表大会上的报告》,人民出版社 2022 年版,第 10 页。

④ 莫纪宏:《"全面依法治国总体格局基本形成"意义重大》,《中国社会科学报》2022 年 11 月 30 日,第 4 版。

⑤ 钟会兵:《确保现代化领导的坚定性》,《人民日报·理论版》2023 年第 91 期。

运、最终成败。"①新时代新征程,外部环境越是风高浪急,越是凸显中国共产党的领导是中国特色社会主义制度的最大优势,越是凸显中国共产党的领导是风雨来袭时全中国人民最可靠的主心骨,越是凸显中国共产党的领导是促进经济社会发展的最大压舱石。因此,要毫不动摇地坚持和加强中国共产党的全面领导,切实把中国共产党的领导落实到推进和拓展中国式现代化的各领域各方面各环节,确保中国共产党始终成为领导实现中国式现代化的核心力量,不断开辟中国式现代化的新境界。

（一）党的领导决定中国式现代化的根本性质

中国式现代化是中国共产党领导的社会主义现代化。"党的领导决定中国式现代化的根本性质,只有毫不动摇坚持党的领导,中国式现代化才能前景光明、繁荣兴盛;否则就会偏离航向、丧失灵魂,甚至犯颠覆性错误。"②中国特色社会主义最本质的特征是中国共产党领导,中国特色社会主义制度最大的优势是中国共产党领导,中国共产党领导确保了中国式现代化的社会主义性质。党的性质宗旨、初心使命、信仰信念、政策主张决定了中国式现代化是社会主义现代化,而不是别的什么现代化。中国式现代化是我们党领导全国各族人民在长期探索和实践中历经千辛万苦、付出巨大代价取得的重大成果。百余年党史,就是一部党领导人民长期探索和实践、推进现代化强国建设的恢宏史诗。历史和现实充分证明,没有中国共产党,就没有中国特色社会主义和中国式现代化的开创、推进和拓展,就没有中华民族伟大复兴。

方向决定道路,道路决定命运。中国式现代化道路的成功开创、推进和拓展,离不开中国特色社会主义道路、理论、制度、文化的独特优势。中国共产党始终高举中国特色社会主义伟大旗帜,坚定不移地走中国特色社会主义道路,既坚持科学社会主义基本原则,又不断赋予其鲜明的中国特色和时代内涵,确保中国式现代化在正确的轨道上顺利推进。中国共产党坚持把马克思主义作为根本指导思想,不断深化对共产党执政规律、社会主义建设规律、人类社会发展规律的

---

① 《正确理解和大力推进中国式现代化》,《人民日报》2023年2月8日,第1版。
② 《正确理解和大力推进中国式现代化》,《人民日报》2023年2月8日,第1版。

认识,不断开辟马克思主义中国化时代化新境界,创立、发展和形成了中国特色社会主义理论体系,为中国式现代化提供科学指引。中国共产党坚持和完善中国特色社会主义制度,推进国家治理体系和治理能力现代化,为中国式现代化稳步前行提供坚强制度保证。中国共产党坚持和发展中国特色社会主义文化,激发全民族文化创新创造活力,建设社会主义文化强国,为中国式现代化提供强大精神力量。中国特色社会主义道路、理论、制度、文化优势是中国共产党领导中国人民在中国特色社会主义伟大实践中逐渐培育、发展起来的,为中国式现代化的成功推进和拓展奠定道路自信、理论自信、制度自信、文化自信,确保中国式现代化始终沿着社会主义方向稳步前行。

(二)党的领导确保中国式现代化锚定奋斗目标行稳致远

"党的领导确保中国式现代化锚定奋斗目标行稳致远,我们党的奋斗目标一以贯之,一代一代地接力推进,取得了举世瞩目、彪炳史册的辉煌业绩。"[1]建设社会主义现代化强国,实现中华民族伟大复兴是近代以来中国人民最伟大的梦想,也是我们党一以贯之的奋斗目标。中国共产党不忘初心使命,团结和带领中国人民,坚持将远大理想、共同理想和阶段性目标统一起来,将党的执政纲领和阶段性规划结合起来,保证中国特色社会主义事业"一张蓝图绘到底",在接续奋斗中深化推进中国式现代化。

1. 中国共产党领导的新型政党制度保证了政治纲领的稳定性和连贯性

1840 年鸦片战争爆发,自此近代中国被动卷入资本主义现代化的世界历史浪潮中,中国逐步沦为半殖民地半封建社会,国家蒙辱、人民蒙难、文明蒙尘,无数仁人志士为此苦苦求索、进行各种尝试,但都以失败告终。探索中国现代化道路的重任,历史地落在了中国共产党身上。中国共产党领导中国人民取得新民主主义革命的胜利,建立了中华人民共和国。中华人民共和国的成立,标志着中国现代化探索进入一个全新时期,实现了从被动现代化到主动现代化的历史转变,中国开始了真正意义上对现代化的自主探索。毛泽东同志提出"将我们现在这样一个经济上文化上落后的国家,建设成为一个工业化的具有高度现代文明

---

① 《正确理解和大力推进中国式现代化》,《人民日报》2023 年 2 月 8 日,第 1 版。

程度的伟大的国家"的奋斗目标。党的十一届三中全会开辟了社会主义现代化建设新时期。邓小平同志指出："我们搞的现代化,是中国式的现代化。我们建设的社会主义,是有中国特色的社会主义",并提出"中国式的现代化"的小康社会奋斗目标。

中国特色社会主义进入新时代以来,以习近平同志为核心的党中央围绕"建设什么样的社会主义现代化强国、怎样建设社会主义现代化强国"的中国之问、时代之问和人民之问,经过党的十八大以来在理论和实践上的创新突破,成功推进和拓展了中国式现代化,标志着我国社会主义现代化建设进入新的历史阶段。党的二十大擘画了全面建成社会主义现代化强国的宏伟蓝图,提出"从现在起,中国共产党的中心任务就是团结带领全国各族人民全面建成社会主义现代化强国、实现第二个百年奋斗目标,以中国式现代化全面推进中华民族伟大复兴"①。从"小康社会"到"全面建设小康社会",从"全面建成小康社会"到"全面建设社会主义现代化国家",再到"全面建成社会主义现代化强国",中国共产党逐步廓清中国式现代化的路线图、时间表,中国式现代化宏伟蓝图正一步一步变成美好现实。

2. 中国共产党全国代表大会保证中国共产党把握历史主动

《中国共产党章程》规定:"党的全国代表大会每五年举行一次,由中央委员会召集。""第二十条党的全国代表大会的职权是:(一)听取和审查中央委员会的报告;(二)审查中央纪律检查委员会的报告;(三)讨论并决定党的重大问题;(四)修改党的章程;(五)选举中央委员会;(六)选举中央纪律检查委员会。"可见,党代会对于凝结全党智慧、凝聚全党共识、谋划党领导人民建设国家具有非常重要的作用,党的重要方针政策也往往集中体现在党代会报告这一纲领性文献中。

历史充分证明,中国共产党全国代表大会作出的是关系党的生存发展、关系国家民族命运和人民福祉的根本性、战略性重大决策,承载着举旗定向、明确目

---

① 习近平:《高举中国特色社会主义伟大旗帜　为全面建设社会主义现代化国家而团结奋斗——在中国共产党第二十次全国代表大会上的讲话》,人民出版社 2022 年版,第 21 页。

标、凝聚力量的重要使命。全国代表大会是党和国家政治生活中的一件大事,每一次成功的中国共产党全国代表大会都为中国共产党更好把握历史主动提供了重要保证,进而开启了新的伟大征程。① 一百多年来,中国共产党始终坚持通过科学理论武装全党,总结历史经验把握历史主动,科学分析党内外形势,通过制定路线方针政策,形成坚强有力的领导集体和领导核心把握历史主动。② 全国代表大会制度是中国共产党重要的政治制度。从党的一大到党的二十大,已经召开的 20 次党代会,都是在中国共产党发展的重要时刻召开的。历史证明,每一次成功的全国代表大会在中国共产党历史上都占有极其重要的地位。在一定意义上说,全国代表大会的历程就是中国共产党发展历史的一个缩影,展现了中国共产党不懈奋斗、艰辛探索和不断加强自身建设的历史,由小到大、由弱到强的光辉历程。新时代新征程,坚持全国代表大会制度,对于继续把握历史主动具有重要的意义。③

3.“五年规划”制度安排分阶段落实党的路线方针政策

编制和实施“五年规划”是中国共产党领导中国人民实现现代化的具体方式。五年规划,即国民经济和社会发展五年规划纲要,是社会主义现代化战略在规划期内的阶段性部署和安排,主要是阐明国家战略意图、明确政府工作重点、引导规范市场主体行为,是经济社会发展的宏伟蓝图、全国各族人民共同的行动纲领,是政府履行经济调节、市场监管、社会管理、公共服务、生态环境保护职能的重要依据。这一制度安排是保证党的执政思想转化为国家意志的一个过程。中国的国家体制决定了中国共产党的执政是长期稳定的,这也是我们这么多年稳定发展的一个重要秘诀。正如习近平总书记指出的,以五年规划引领经济社会发展,是我们党治国理政的一个重要方式。在党中央的统一领导下,集中全党全国的智慧,制定和形成引领经济社会发展的中长期规划,成为全国各族人民的

---

① 吴德刚:《从党的全国代表大会看中国共产党如何把握历史主动》,《世界社会主义研究》2022 年第 12 期。

② 吴德刚:《从党的全国代表大会看中国共产党如何把握历史主动》,《世界社会主义研究》,2022 年第 12 期。

③ 吴德刚:《从党的全国代表大会看中国共产党如何把握历史主动》,《世界社会主义研究》,2022 年第 12 期。

共同愿景,这也集中体现了我国的政治优势、制度优势和道路优势。① 正因此,才能确保执政理念的连续稳定,这才有了规划的落实。

以党的集中统一领导保证规划的连续性,坚持开门问策、集思广益实现规划的人民性,突出统筹兼顾、综合平衡增强规划的系统性,遵循行为逻辑,推动机制创新提升规划的引领性,解决超长周期接续发展、规划过程主体动员、复杂议题选择排序、超大规模力量汇聚等治理难题,实现了"五年规划"制度优势向治理效能的转化。同时,"五年规划"制度对于塑造和增进人民的执政党认同、国家认同以及中国特色社会主义制度认同具有重要意义。②

(三)党的领导激发建设中国式现代化的强劲动力

"党的领导激发建设中国式现代化的强劲动力,我们党勇于改革创新,不断破除各方面体制机制弊端,为中国式现代化注入不竭动力。"③全面深化改革是推进中国式现代化的根本动力。改革开放是决定当代中国命运的关键一招,也是决定中国式现代化成败的关键一招。没有改革开放,就没有社会主义现代化建设的巨大成就,就没有中国式现代化的繁荣兴盛。党的十一届三中全会正式开启改革开放历史新时期,四十多年的改革开放史,就是一部党领导人民深化改革开放、赢得伟大胜利的历史。经过改革开放 40 多年的不懈努力,我们创造了经济快速发展和社会长期稳定两大奇迹。特别是党的十八大以来,以习近平同志为核心的党中央以巨大的政治勇气全面深化改革,打响改革攻坚战,加强改革顶层设计,敢于突进深水区,敢于啃硬骨头,敢于涉险滩,敢于面对新矛盾、新挑战,冲破思想观念的束缚,突破利益固化的藩篱,坚决破除各方面体制机制弊端,各领域基础性制度框架基本建立,许多领域实现历史性变革、系统性重塑、整体性重构,中国特色社会主义制度更加成熟、更加定型,国家治理体系和治理能力现代化水平明显提高。改革开放只有进行时,没有完成时。我们要把全面深化改革作为推进中国式现代化的根本动力,作为稳大局、应变局、开新局的重要抓手,

---

①　杨永恒:《发展规划定位的理论思考》,《中国行政管理》2019 年第 8 期。

②　任鹏、李毅:《中国"五年规划"制度优势的历史生成、转化机制和认同功能》,《思想教育研究》2022 年第 6 期。

③　《正确理解和大力推进中国式现代化》,《人民日报》2023 年 2 月 8 日,第 1 版。

把准方向、守正创新、真抓实干，为继续推进和拓展中国式现代化提供制度基础和强大动力。

党的自我革命是推进中国式现代化的内生动力。推进中国式现代化与党的自我革命相辅相成、互为表里。党领导人民在探索中国式现代化道路中所取得的历史性成就、发生的历史性变革，是我们党通过自我革命引领社会革命、不断斗争取得的。勇于自我革命是中国共产党区别于其他政党的显著标志，也是推进中国式现代化的内在要求。党的二十大报告指出："全面从严治党永远在路上，党的自我革命永远在路上。"当前中国式现代化进入战略机遇和风险挑战并存、不确定难预料因素增多的时期，落实党要管党、全面从严治党的任务比以往任何时候都要紧迫。我们要以自我革命精神加强党的建设，切实增强党的自我净化、自我完善、自我革新、自我提高能力，敢于斗争、善于斗争，以确保党在现代化进程中始终保持旺盛生命力、强大战斗力、社会感召力，为中国式现代化注入源源不断的内生动力，不断从胜利走向胜利。

（四）党的领导凝聚建设中国式现代化的磅礴力量

"党的领导凝聚建设中国式现代化的磅礴力量，我们党坚持党的群众路线，坚持以人民为中心的发展思想，发展全过程人民民主，充分激发全体人民的主人翁精神。"①人民是历史的创造者，是中国式现代化的主体，是推进现代化最坚实的根基、最深厚的力量。现代化道路最终能否走得通、行得稳，关键要看是否坚持以人民为中心。我们党始终代表中国最广大人民的根本利益，党的一切工作都是为了实现好、维护好、发展好最广大人民的根本利益，因而赢得了人民群众的衷心拥护。新时代的伟大成就，是在以习近平同志为核心的党中央坚强领导下，在习近平新时代中国特色社会主义思想科学指引下，全党全国各族人民团结奋斗取得的，是党和人民一道拼出来、干出来、奋斗出来的。历史充分证明，团结奋斗是中国人民创造历史伟业的必由之路。

吉尔伯特·罗兹曼在《中国的现代化》一书中指出："中国现代化的成功之处，应归功于共产党和国家为特定目标而对技能和资源所进行的审慎而有计划

---

① 《正确理解和大力推进中国式现代化》，《人民日报》2023年2月8日，第1版。

的动员。加入所有一个特征使今日中国现代化格局特别地不同于其他国家的话,那就是他的组织能力。"①

中国式现代化是人口规模巨大的现代化。我国 14 亿多人口整体迈进现代化社会,规模超过现有发达国家人口的总和,艰巨性和复杂性前所未有,必须充分发挥亿万人民推动社会主义现代化建设的创造伟力。我们坚持党的群众路线,站稳人民立场、把握人民愿望、尊重人民创造、集中人民智慧,坚持一切为了群众、一切依靠群众,从群众中来,到群众中去,始终保持党同人民群众的血肉联系,努力使党的理论和路线方针政策得到人民群众的衷心拥护,让党的正确主张变为人民群众的自觉行动。我们党始终坚持以人民为中心的发展思想,积极顺应人民群众对美好生活的向往,着力保障和改善民生,着力解决人民群众急难愁盼问题,推动改革发展成果更多更公平惠及全体人民,推动共同富裕取得更为明显的实质性进展,不断增强全体人民在中国式现代化进程中的获得感、幸福感、安全感。我们党扎实推进全过程人民民主,坚持和完善人民当家作主制度体系,健全民主制度,丰富民主形式,拓展民主渠道,扩大人民有序政治参与,确保人民依法通过各种途径和形式管理国家事务,管理经济和文化事业,管理社会事务,以主人翁精神满怀热忱地投入到现代化建设中来。我们党以中国式现代化的美好愿景激励人、鼓舞人、感召人,有效促进政党关系、民族关系、宗教关系、阶层关系、海内外同胞关系和谐,不断巩固全国各族人民大团结,加强海内外中华儿女大团结,形成海内外全体中华儿女心往一处想、劲往一处使的强大合力,为全面建设社会主义现代化国家、全面推进中华民族伟大复兴凝聚磅礴伟力。

四、发展全过程人民民主为中国式现代化提供制度保证

习近平总书记在学习贯彻党的二十大精神研讨班开班式上强调:"中国式现代化蕴含的独特世界观、价值观、历史观、文明观、民主观、生态观等及其伟大实践,是对世界现代化理论和实践的重大创新。"什么是中国式现代化蕴含的独特民主观? 总体来说,就是全过程人民民主。

---

① ［美］吉尔伯特·罗兹曼:《中国的现代化》,国家社会科学基金"比较现代化"课题组译,江苏人民出版社 2014 年版,第 218 页。

"全过程人民民主是社会主义民主政治的本质属性",习近平总书记强调,保证和支持人民当家作主不是一句口号、不是一句空话,必须落实到国家政治生活和社会生活之中,保证人民依法有效行使管理国家事务、管理经济和文化事业、管理社会事务的权力。

（一）中国式现代化蕴含着独特的民主观

民主是人类社会共同的价值追求,是人类政治文明发展进步的重要标志。从世界各国历史实践来看,民主又是多样的、具体的、发展的。习近平总书记在学习贯彻党的二十大精神研讨班开班式上指出:"中国式现代化蕴含的独特世界观、价值观、历史观、文明观、民主观、生态观等及其伟大实践,是对世界现代化理论和实践的重大创新。"当代中国的民主观是马克思主义的民主观。它基于马克思主义立场、观点和方法,植根于中华优秀传统文化,借鉴并汲取了其他国家和地区民主化的经验和教训,不照搬照抄西式民主教条及政治模式,是正确的、全面的、科学的民主观。中国共产党高举人民民主的旗帜,团结带领中国人民成功走出了一条中国特色社会主义政治发展道路,提出全过程人民民主重大理念,彰显了当代中国民主观的人民性、自主性、共识性、效能性、系统性,展现了对民主这一全人类共同价值的全新理解,贡献了政治发展的中国方案,开启了人类政治文明发展的新境界。

习近平总书记关于全过程人民民主的重要论述是中国式现代化蕴含独特民主观的直接体现,标志着我们党对社会主义民主政治建设规律的把握达到了新的高度。它以民主发生论、民主本质论、民主结构论、民主发展论、民主评价论为基本内容,构成了一个系统完备的科学理论体系,并呈现出秉持人民至上、彰显民主自信、突出制度导向、凸显世界眼光的鲜明理论特质。发展全过程人民民主必须以重要论述为指导,坚持中国特色社会主义政治发展道路,坚持和完善人民当家作主制度体系,充分发挥人民群众民主参与的创造性。①

1. 全过程人民民主的本质特征与独特优势

中国民主的最本质特征是人民当家作主。全过程人民民主是中国民主的最

---

① 任鹏、刘丹丹:《习近平关于全过程人民民主重要论述的基本内容、理论特质和实践要求》,《思想教育研究》2023 年第 6 期。

新概括与独特表达,是中国式现代化的本质要求。全过程人民民主是一种全新的民主形态,凸显了人民是历史的创造者,是决定党和国家前途命运的根本力量。

人民至上的社会主义民主。人民当家作主是社会主义民主政治的本质。全过程人民民主体现了社会主义民主政治的鲜明特点。习近平总书记指出:"人民只有投票的权利而没有广泛参与的权利,人民只有在投票时被唤醒、投票后就进入休眠期,这样的民主是形式主义的。"全过程人民民主是坚持以人民为中心,旨在保障和实现人民经济、政治、文化、社会、生态文明等方面广泛权利的真实的民主。全过程人民民主以人民为底色和特质,始终以人民满意与否为评价标准,在保障人民的主人翁地位的同时,充分调动了人民的积极性和能动性,有利于凝聚起亿万人民群众的智慧和力量。

扎根本国土壤的自主性民主。不同国家具有不同的社会政治环境、历史文化土壤,因而坚持什么样的民主观、选择什么样的民主道路、采取什么样的民主实现形式等,取决于各国人民的选择。习近平总书记指出,民主是"各国人民的权利,而不是少数国家的专利。实现民主有多种方式,不可能千篇一律"。经过长期独立自主的探索,中国共产党领导中国人民逐步建立起适应中国国情、符合人民需要、有利于社会发展进步的社会主义民主制度体系,为真正实现人民当家作主提供了坚实的制度保障。

具有比较优势的共识性民主。中国特色社会主义民主有两种重要实现形式,一是人民通过选举、投票行使权利,二是人民内部各方面在重大决策之前进行充分协商、尽可能就共同性问题取得一致意见。两种民主形式相互补充、相得益彰,是中国特色社会主义民主政治制度的重要特征,也是中国特色社会主义民主发挥制度优势的重要因素。找到全社会意愿和要求的最大公约数,是全过程人民民主的真谛。在中国,重大决策往往是经过民意征集、民主酝酿,广泛听取意见,通过科学论证、民主决策产生的。各层级意见和建议尤其是基层民意经过听证、函询、座谈、网络问政等多种方式被广泛纳入决策程序。

形式多样的高效能民主。全过程人民民主是致力于解决人民关心的问题的有效的民主。对一个国家政治制度体系的评价,最终要看其能否促进社会发展与进步,能否真正改善广大人民群众的生活。如果不能有效促进社会发展和真实保障民生,政治制度无论设计包装得多么华丽,都徒有其表。全过程人民民主具有丰富的民主内容,必然要运用多种形式来保障其有效贯彻和实现,比如,直接民主和间接民主相结合、选举民主和协商民主相结合。同时在基层治理中充分发挥人民的积极性和能动性,鼓励人民群众在党的领导下创造新的符合基层治理特点的民主形式,从而凝聚社会共识,保障人民依法通过各种途径和形式参与到国家政治生活和社会公共事务治理中来。

与时俱进的系统性民主。与国际上有些国家民主政治暴露出的对抗性、撕裂性不同,中国式现代化蕴含的民主观展现出鲜明的共识性、团结性。中国特色社会主义进入新时代,我国社会主要矛盾发生转化,人民对美好生活的向往更加强烈,不仅对物质文化生活提出了更高要求,而且在民主、法治等方面的要求日益增长。全过程人民民主通过不断健全民主制度、丰富民主形式、拓宽民主渠道,更好满足人民日益增长的民主需要。中国式民主发展越来越表现出形式的多样性、结果的效能性。广大人民群众通过各种平台和方式关注和参与社会治理,表达诉求。基层民主实践也更加广泛、生动。村民理事会、村民监事会、村民议事会、居民议事会等一系列丰富多样的基层民主形式在城乡社区蓬勃发展,电视问政、广播问政、党报问政、网络问政等一系列充满时代气息的基层民主渠道不断拓宽。全过程人民民主在实践中日益丰富发展。

2. 坚持正确的民主观,发展全过程人民民主

中国式现代化蕴含的民主观展现出鲜明的人民性。民主必须与一个国家的基本国情相适应,服务于人民需求,由人民来实践,由人民来检验。全过程人民民主深化了对民主政治发展规律的认识,丰富和发展了社会主义民主政治理论,为建设社会主义政治文明指明了前进方向,彰显了中国式现代化政治发展的独特魅力。中国以自身的成功实践证明了民主不只有西方民主这一条道路和模式。

发展全过程人民民主,推进国家治理体系和治理能力现代化。全过程人民民主与国家治理不仅具有高度的理论契合性,也具备实践的互联互动性。通过坚持民主与集中相统一,尊重人民主体地位,听取人民群众意见,广泛凝聚社会

共识,实现了人民群众的知情权、参与权、表达权、监督权全覆盖,坚持了党内民主与人民民主、国家治理与基层治理相促进,充分激发人民群众参与国家政治生活的动力,促进政治稳定、经济发展和社会繁荣,有效推进国家治理体系和治理能力现代化。

发展全过程人民民主,推进中国式现代化。民主是各国实现本国现代化的重要内容,是衡量一国现代化与否的重要标志,可以说,没有民主就没有现代化。各个国家在追求现代化、实现民主的道路探索中理应具有自主性、对话性、创新性,而不是只有一种固定模式。习近平总书记指出:"治理一个国家,推动一个国家实现现代化,并不只有西方制度模式这一条道,各国完全可以走出自己的道路来。可以说,我们用事实宣告了'历史终结论'的破产,宣告了各国最终都要以西方制度模式为归宿的单线式历史观的破产。"全过程人民民主在党的领导下,突出了现代化方向的人民性,突出了探索现代化道路的多样性,保持了现代化进程的持续性,增强了现代化成果的普惠性。

发展全过程人民民主,展现中国政治文明光彩。中华文明绵延数千年,有着深厚的价值底蕴和人文关怀。在漫漫历史长河中,中国人民创造了独特的政治文明。中华文化秉承"民惟邦本,本固邦宁",推崇"己所不欲,勿施于人",主张"和而不同,美美与共"等,这些思想和理念蕴含着百姓日用而不觉的价值追求,随着时间推移和时代变迁而不断与时俱进,其自身又有连续性和稳定性,体现出鲜明的中国特色和永不褪色的精神价值。中国的民主政治在运行中始终注重了解民意、吸纳民意,人民群众能够参与到政治决策中来,并达成最广泛的共识,这是中国民主政治明显区别于西式民主的显著特征,体现了中国民主的显著优势。

发展全过程人民民主,以"中国之治"丰富人类政治文明百花园。冷战结束时,西方社会鼓吹西方自由主义民主模式是普世的、永恒的,是人类通往幸福世界的唯一道路。然而,人类历史非但没有终结,反而日益呈现多元化的发展态势,逐渐失灵的西方民主制度遭遇越来越严峻的困境。这充分证明民主是历史的、发展的、具体的,也是成长的、多样的,任何一个国家都不能垄断对民主质量的评价标准,将民主绝对化、模式化。民主必须与一个国家的基本国情相适应,服务于人民需求,由人民来实践,由人民来检验。全过程人民民主在推动实现自身快速发展的同时,也为世界其他国家探索民主制度提供了成功实践范式,为丰富和发展世界政治文明提供了中国智慧、中国方案、中国力量。

当前,顺应经济全球化、世界多极化时代要求,多元文明将竞相绽放,人类政治文明的百花园必将随着全过程人民民主的发展而更加五彩斑斓、多姿多彩。中国式现代化蕴含的民主观既具有鲜明的中国特色,又吸收借鉴了人类政治文明成果,符合人类政治文明发展规律,在实践中显示出强大的生命力和巨大的优越性,推动和引领人类政治文明发展进程。

(二)坚持以制度为保障发展全过程人民民主

面对当今世界百年未有之大变局和日趋激烈的国际竞争,习近平总书记深刻指出:"制度竞争是综合国力竞争的重要方面,制度优势是一个国家赢得战略主动的重要优势。历史和现实都表明,制度稳则国家稳,制度强则国家强。"我国社会主义民主之所以具有旺盛生命力和强大竞争力,根本之点就在于逐步形成了保障人民当家作主的全链条式的现代制度体系。党的十九大报告明确指出:"发展社会主义民主政治就是要体现人民意志、保障人民权益、激发人民创造活力,用制度体系保证人民当家作主。"党的二十大报告进一步强调:"我们要健全人民当家作主制度体系","坚持人民主体地位,充分体现人民意志、保障人民权益、激发人民创造活力"。用制度体系保障人民当家作主,是我们党为人民民主长期奋斗所取得的最重要的经验,是中国式民主的最鲜明特质。我国民主之所以是一种全过程人民民主,根本依据就在于这是一种全链条式的制度化民主,完整的"民主制度链"有效保障了人民当家作主的权益,"实现了过程民主和成果民主、程序民主和实质民主、直接民主和间接民主、人民民主和国家意志相统一,是全链条、全方位、全覆盖的民主,是最广泛、最真实、最管用的社会主义民主"①。

以全链条为载体的制度化民主,一个突出优势是实现民主的全方位和全覆盖,通过根本政治制度、基本政治制度、重要政治制度等制度体系建设,将民主全方位地覆盖到政治和社会生活的各个方面和全过程,从而有效实现了从国家治理到日常生活都能体现人民意志、保障人民权益,有力激发人民的主体意识和创

---

① 习近平:《论坚持人民当家作主》,中央文献出版社 2021 年版,第 336 页。

造活力。党的二十大报告明确指出，"未来五年是全面建设社会主义现代化国家开局起步的关键时期"，这一时期的一个重要目标任务就是全面加强全链条的民主制度建设，实现"全过程人民民主制度化、规范化、程序化水平进一步提高"。

1. 加强人民代表大会制度建设，巩固人民当家作主的根本制度保障

人民代表大会制度是我国的根本政治制度，是适应和体现人民民主专政的国家性质、保证国家权力始终掌握在人民手中的根本制度安排。在全过程人民民主完整制度链条中，人民代表大会制度居于根本性重要地位、具有全局性重要功能，"是实现我国全过程人民民主的重要制度载体"。与西方国家的议会制不同，我国人民代表大会不是代表某个政党和某些利益集团的权益，而是代表全国各族人民的权益，深深植根于人民之中，深刻体现了人民是民主的主体这一社会主义民主的本质。我国政治发展实践深刻表明，人民代表大会制度是完善民主选举、确保人民主权的重要制度载体，是坚持民主立法、实现良法善治的重要制度载体，是加强民主监督、制约权力运行的重要制度载体。在中国式现代化新征程上，必须进一步加强人民代表大会制度建设，"支持和保证人民通过人民代表大会行使国家权力，保证各级人大都由民主选举产生、对人民负责、受人民监督"，从而"确保人民依法通过各种途径和形式管理国家事务，管理经济和文化事业，管理社会事务"。[①]

"在中国式现代化的进程中，区别于别的国家和地区的'民主'，中国始终坚持民主集中制，建立了人民代表大会制度，中国共产党领导的多党合作和政治协商制度、民族区域自治制度、基层群众自治制度的基本政治制度。这些制度是党领导人民所作的伟大创造，是推进人类现代化的全新制度。"[②]

2. 加强中国共产党领导的多党合作和政治协商制度建设，完善人民当家作主的基本制度渠道

协商民主制度是我国的基本政治制度，是保障人民当家作主的重要制度，是中国式民主的独特体现。这一民主政治制度的鲜明特点和突出优势在于通过政

---

① 习近平：《高举中国特色社会主义伟大旗帜　为全面建设社会主义现代化国家而团结奋斗——在中国共产党第二十次代表大会上的报告》，人民出版社 2022 年版，第 37-38 页。

② 陈江生：《论中国式现代化对人类文明新形态的原创性贡献》，《理论视野》2023 年第 7 期。

党协商、人大协商、政府协商、政协协商、人民团体协商、基层协商、社会组织协商等多种民主协商渠道,充分尊重民意、广泛集中民智、增进民主共识,有效保证人民当家作主权利的充分表达和真实实现。在中国式现代化新征程上,必须"全面发展协商民主","完善协商民主体系","健全各种制度化协商平台,推进协商民主广泛多层制度化发展";必须"完善大统战工作格局","巩固和完善最广泛的爱国统一战线",为全面建设社会主义现代化国家、实现中华民族伟大复兴凝聚起磅礴伟力。

3.加强基层群众自治制度建设,拓展人民当家作主的重要制度路径

我国社会主义民主是直接民主与间接民主的有机统一,基层群众自治是发展直接民主的根本渠道,是全过程人民民主的重要体现。这一民主政治制度的鲜明特点和突出优势在于通过制度化的参与渠道和参与平台,确保人民群众广泛参与基层民主实践,激发运用民主权利促进经济社会发展的政治积极性和创造活力,建设人人有责、人人尽责、人人享有的政治和社会共同体。在中国式现代化新征程上,必须进一步"健全基层党组织领导的基层群众自治机制,加强基层组织建设,完善基层直接民主制度和工作体系,增强城乡社区群众自我管理、自我服务、自我教育、自我监督的实效"①,在广泛的社会生活领域确保人民当家作主权利的真实实现。

五、坚持全面依法治国是中国式现代化的内在要求和重要保障

党的二十大报告系统规划了坚持全面依法治国,推进法治中国建设的战略部署和重大举措,强调"全面依法治国是国家治理的一场深刻革命,关系党执政兴国,关系人民幸福安康,关系党和国家长治久安。必须更好发挥法治固根本、稳预期、利长远的保障作用,在法治轨道上全面建设社会主义现代化国家"②。随着中国式现代化的推进,全面依法治国将承载更多使命,发挥更为重要的作用。法治能够最大限度凝聚社会共识,稳定社会预期,确保国家治理体系的系统性、

---

① 习近平:《高举中国特色社会主义伟大旗帜 为全面建设社会主义现代化国家而团结奋斗——在中国共产党第二十次代表大会上的报告》,人民出版社2022年版,第39页。

② 习近平:《高举中国特色社会主义伟大旗帜 为全面建设社会主义现代化国家而团结奋斗——在中国共产党第二十次全国代表大会上的报告》,人民出版社2022年版,第40页。

规范性、协调性,实现高效能的国家治理,为推进中国式现代化保驾护航。

(一)全面依法治国事关党执政兴国

中国式现代化是中国共产党领导的社会主义现代化,依法治国是党领导人民治国理政的基本方式,在全面建设社会主义现代化国家的新征程上,我们要充分发挥党总揽全局、协调各方的领导核心作用,关键之一就是加强社会主义法治功能,实现党的领导制度化、法治化,正如我们通过全过程人民民主把"中国共产党领导是中国特色社会主义最本质的特征"写入国家宪法,完善党领导立法、保证执法、支持司法、带头守法制度。

(二)全面依法治国事关人民幸福安康

中国式现代化是全体人民共同富裕的现代化,是物质文明和精神文明相协调的现代化,是以人民为中心的现代化。推进全面依法治国,根本目的是依法保障人民权益。比如,《中华人民共和国民法典》《中华人民共和国个人信息保护法》《中华人民共和国反电信网络诈骗法》的设立回应了人民群众反映强烈的问题。多元化纠纷解决机制不断健全,实现为群众解忧,帮法官减负,让正义提速。随着我国经济社会的持续发展和人民生活水平的不断提高,人民群众对民主、法治、公平、正义、安全、环境等方面的要求日益增长,要积极回应人民群众的新要求、新期待,坚持问题导向、目标导向,树立辩证思维和全局观念,系统研究谋划和解决法治领域人民群众反映强烈的突出问题,不断增强人民群众的获得感、幸福感、安全感,用法治保障人民安居乐业。[①] 厉行法治,才能确保人民依法享有广泛的权利和自由。确保国家治理反映人民愿望,维护人民权益,增进人民福祉,使现代化建设成果更多更公平地惠及全体人民。

(三)全面依法治国事关党和国家长治久安

法治和人治问题是人类政治文明史上的一个基本问题,也是各国在实现现代化过程中必须面对和解决的一个重大问题。纵观世界近现代史,凡是顺利实现现代化的国家,没有一个不是较好解决了法治和人治问题的,"一个现代化国

---

① 《习近平著作选读》第二卷,人民出版社 2023 年版,第 378 页。

家必然是法治国家"①。习近平总书记强调:"发展人民民主必须坚持依法治国、维护宪法法律权威,使民主制度化、法律化,使这种制度和法律不因领导人的改变而改变,不因领导人的看法和注意力的改变而改变。"确保党和国家长治久安,是事关中国式现代化前途命运的根本性问题。依法治理是最可靠、最稳定的治理,实践证明"法治兴则民族兴,法治强则国家强"。依靠法治才能增强国家治理的权威性、稳定性、连续性,提高国家治理能力。因此,我们必须坚持在法治轨道上推进中国式现代化,积极回应推进中国式现代化的法治需求。着眼实现高质量发展,发展全过程人民民主,丰富人民精神世界,实现全体人民共同富裕,促进人与自然和谐共生。深化法治领域改革,以国家各项工作法治化水平的不断提高推动经济社会健康发展,让中国式现代化行稳致远。

---

① 《习近平关于协调推进"四个全面"战略布局论述摘编》,中央文献出版社2015版,第109页。

第七章　中国式现代化
与文化建设新征程

　　党的十八大以来,习近平站在党和国家事业发展的全局性和战略性高度,突出文化建设在党和国家事业全局中的重要地位和作用,站在中华民族伟大复兴和中华文明永续传承的战略高度,贯通历史、现实和未来,融通中国与世界,深刻把握历史发展逻辑和文化建设规律,系统回答了有关文化传承发展的一系列重大理论和现实问题,具有很强的政治性、思想性、战略性、指导性,不断丰富和发展中国特色社会主义文化建设的理论创新与实践创造。2023 年 10 月 7 日至 8 日,在全国宣传思想文化工作会议上首次提出习近平文化思想,这一思想充分反映了习近平总书记关于文化建设理论成果在体系化、学理化方面日益完善,标志着我们党对中国特色社会主义文化建设规律的认识达到了新高度,表明我们党的历史自信、文化自信达到了新高度。迈入中国式现代化与文化建设的新征程,我们要牢牢把握新时代新的文化使命,以坚定的文化自信引领中国式现代化实践创新,以社会主义文明新形态引领中国以高度的政治自信推动中华民族现代文明发展和社会主义文化强国建设。

　　一、中国式现代化的文化建设新征程面临新的历史方位和时代定位

　　习近平指出,宣传思想文化工作"事关党的前途命运,事关国家长治久安,事关民族凝聚力和向心力"①。新时代新征程,世界百年未有之大变局加速演进,中华民族伟大复兴进入关键期,战略机遇和风险挑战并存,宣传思想文化工作面临新形势、新任务,必须有新气象、新作为。聚焦中国式现代化,习近平总书记指出,"统筹推进'五位一体'总体布局、协调推进'四个全面'战略布局,文化是重要内容;推动高质量发展,文化是重要支点;满足人民日益增长的美好生活需要,文化是重要因素;战胜前进道路上各种风险挑战,文化是重要力量源泉"②,"中国式现代化既要物质财富极大丰富,也要精神财富极大丰富、在思想文化上自信自强"③。深刻把握中国式现代化的文化建设新征程面临新的历史方位和时代定位,有利于推动宣传思想文化事业取得历史性成就,意识形态领域形势发生全局性、根本性转变,以中国特色社会主义文化建设的生动实践引领新征程上中华民族的文化建设,进一步激活了中华文明的内生动力,推动中华文化展现时代新貌。

(一)历史方位:中华民族伟大复兴的实践主题赋予新时代新的文化使命

实现中华民族伟大复兴不仅需要坚实的物质基础,还需要更为主动的精神力量。习近平多次强调:"没有高度的文化自信,没有文化的繁荣兴盛,就没有中华民族伟大复兴。"④可见,文化在以中国式现代化推进中华民族伟大复兴的伟大征程中扮演着不可或缺的角色。中国共产党人坚定高度的文化自信和文化自觉,带领中国人民历经百年沧桑,完成了新民主主义革命和社会主义革命,推动了"党和国家事业取得历史性成就、发生历史性变革,为实现中华民族伟大复兴提供了更为完善的制度保证、更为坚实的物质基础、更为主动的精神力量"⑤。习近平在文化发展座谈会上的重要讲话为新时代新的文化使命发展何以可能、何以必要、何以促成提供了根本遵循。新时代新文化具有赓续绵延、守正创新、自信自立的精神特质。站在新的文化起点上,坚持在党性和人民性的辩证统一,

---

① 《习近平总书记系列重要讲话读本》,学习出版社、人民出版社 2014 年版,第 105 页。
② 《习近平关于社会主义精神文明建设论述摘编》,中央文献出版社 2022 年版,第 30 页。
③ 《习近平新时代中国特色社会主义思想学习纲要(2023 年版)》,学习出版社、人民出版社 2023 年版,第 59 页。
④ 《习近平著作选读》第二卷,人民出版社 2023 年版,第 33 页。
⑤ 《习近平著作选读》第二卷,人民出版社 2023 年版,第 479 页。

坚守新时代文化使命,在批判性和建设性的辩证统一中展现中华民族现代文明新气象,在贴近历史、继承创新、吸收外来的辩证统一中增强文化自信自强,在核心价值观引领、守正创新和自主外鉴的未来指向中增强中华民族伟大复兴的精神力量。

中华民族是历经磨难、不屈不挠的伟大民族,五千多年的中华文化历经沧桑,是世界上唯一没有中断的文明形态。人类社会的每一次跃升、人类文明的每一次进步,都伴随着文化的历史性进步。从新文化运动开始,陈独秀等人率先批判"中体西用""西方文化超越论""西方文化中心论"等言论,并宣告资产阶级文化的破产。在众多文化思潮中中国共产党选择了马克思主义作为指导思想,踏上了马克思主义与中华优秀传统文化相融合的新征程。自新中国成立到改革开放的今天,中国共产党人继承并发展了新民主主义文化观,在文化传承发展策略和根本路径上坚守中华文化立场又不断与时俱进,使中华民族保持坚定的民族自信和强大的修复能力,打破西方一元文明独占鳌头的现实困境,走上了从"西强东弱"到"转向东方"的现代文明自强之路。

从中国共产党革命、建设、改革的各个阶段来看,每一时期中国共产党人都坚持批判性和建设性辩证统一的基本原则,批判旧文化的本质缺陷,凸显中华民族文化的民族性和主体性;建设中华民族新文化,彰显文化的时代性,进行文化的现代化转型和发展。通过对传统文化与西式文化的直观比较,无论是闭关自守还是效仿西洋,都无法使中华民族摆脱水深火热的烈狱深渊。唯有找到自身文化的主心骨,即从文化立场和价值导向上选择中华文化和中国人民,将人民群众的文化创造与中华民族前途命运紧密联系在一起,才能以深厚的文化支撑增强中华民族的精气神。

自 1840 年鸦片战争以来,中国社会逐步沦为半殖民地半封建社会。国家蒙辱、人民蒙难、文明蒙尘的密布阴云把中华民族的前途命运笼罩起来,帝国主义的殖民掠夺行径无疑让中华民族遭受沉重打击,前所未有的文明劫难让中华民族贴上了"闭关自守"的消极标签。一时间,无数仁人志士迫切寻获扭转华夏民族前途命运的中国方案。面临如此困境,无数先进分子为挽救民族危亡接续探索。魏源提出的"师夷长技以制夷",流于器物建设层面,无法触动封建社会的牢固根基；"乱世英雄"洪秀全不堪清政府的腐朽统治和帝国主义的强制侵略而揭竿起义，但"人皆兄弟"的博爱观念及农民保守、散漫、因循守旧的特点使其无法带领人民探寻真正的近代新路；康有为、梁启超为代表的维新派发起制度层面的戊戌变法，实质上是光绪皇帝与慈禧太后的政治博弈。大兴民权、设立议院，建立君主立宪制的改良运动，并没有真正"革掉中国人的辫子"，探索出救亡图存的现代化之路。作为辛亥革命先驱的孙中山提出三民主义革命纲领，提出变革封建专制为共和政体，他撰写的《建国方略》是近代中国谋划现代化的第一份蓝图，为探索民族复兴道路提供了宝贵经验，但他的思想仍带有资本主义色彩，本质上是效仿美国的资产阶级民主共和国，因此也不能找到振兴中华的光明之路。1921年，中国共产党应运而生，"深刻改变了近代以后中华民族发展的方向和进程，深刻改变了中国人民和中华民族的前途和命运，深刻改变了世界发展的趋势和格局"①。我国的现代化是伴随着救亡图存的民族复兴运动起步的，从本质上来看是外发型现代化，即在受到外部刺激引发或外部力量直接促成的现代化。明确中国式现代化的本质属性，是把握当代中国社会发展深层矛盾的前提。中国共产党人团结带领中国人民浴血奋战、艰苦奋斗，围绕"什么是现代化，怎么建设现代化"的历史之问，以"敢教日月换新天"的大无畏气概凝聚革命力量，开辟中国式现代化建设的恢宏篇章。

新民主主义革命时期，以毛泽东为代表的中国共产党人推翻了帝国主义、封建主义、官僚资本主义三座大山，围绕中国革命向何处去的问题进行了艰辛探索，完成民族独立、人民解放的根本任务，"完成了中华民族有史以来最为广泛而深刻的社会变革，为当代中国一切发展进步奠定了根本政治前提和制度基础，为中国发展富强、中国人民生活富裕奠定了坚实基础，实现了中华民族由不断衰落到根本扭转命运、持续走向繁荣富强的伟大飞跃"②。中国共产党带领中华民族和中国人民实现民族独立、人民解放的站起来阶段，标志着我党从夺取政权的革命战争时期进入经济建设特别是工业化建设的历史时期。这一时期，我国现代

---

① 习近平：《在庆祝中国共产党成立95周年大会上的讲话》，《人民日报》2016年7月2日，第2版。
② 习近平：《在庆祝中国共产党成立95周年大会上的讲话》，《人民日报》2016年7月2日，第2版。

化发展经历了两次重大转变,即从资本主义转变为新民主主义,又从新民主主义转变为苏联经典式的社会主义。两次重大转变是我国社会主义现代化从一般性走向特殊性的历史转化,是对跨越"卡夫丁峡谷"设想的有力确证,是落后东方国家走社会主义道路的典型示范。只有政权建立和制度建设坚实稳固,才能让一个国家在精神上实现独立自主。这为接下来确立思想路线、抵制错误思潮打下坚实基础。社会主义革命和建设时期,除完成新民主主义革命遗留下的革命任务外,中国共产党还进行了社会主义革命,推进社会主义建设,建立比较独立完整的工业体系和国民经济体系,在物质文明建设和精神文明建设协调发展中保障党和国家各项事业长治久安,为实现中华民族伟大复兴奠定根本政治前提和制度基础。以毛泽东为代表的中国共产党人坚持将马克思主义基本原理与中国具体实际相结合,走出一条以苏为鉴的社会主义工业化建设道路,社会面貌焕然一新,让新中国在错综复杂的国内国际环境中站稳了脚跟。

改革开放和社会主义现代化建设新时期,以邓小平同志为主要代表的中国共产党人围绕什么是社会主义,怎样建设社会主义这个重大时代课题,坚持解放思想、实事求是的思想路线,合理结合政府、社会与外国资源三者的力量,找到了以深化改革开放为中心的社会主义现代化开放之路,使中国进入了有中国特色的社会主义新阶段,成为中国现代化历程中的第二次历史性转变。党的十一届三中全会是党在思想文化工作上拨乱反正的重要转折点。这次会议结束了"以阶级斗争为纲"的错误思想,提出将党和国家工作中心转移到经济建设上来的伟大决策,创造了改革开放和社会主义现代化建设的伟大成就,推动中国特色社会主义理论体系不断丰富,为实现中华民族伟大复兴提供了充满新的活力的体制保证和快速发展的物质条件。

党的十八大以来,中国特色社会主义进入新时代。以习近平同志为核心的党中央坚持马克思主义指导思想和中国共产党的坚强领导,在"中华民族伟大复兴战略全局"和"世界百年未有之大变局"激荡交织的现实背景下,坚持和完善中国特色社会主义制度,统筹推进"五位一体"整体布局和"四个全面"战略布局,推动党和国家事业取得历史性成就、发生历史性变革,为实现中华民族伟大复兴提供更为完善的制度保证、更为坚实的物质基础、更为主动的精神力量。习近平在文化传承发展座谈会上强调:"我们的社会主义为什么不一样? 为什么能够生机勃勃充满活力? 关键就在于中国特色,中国特色的关键就在于'两个结合'。""造就了一个有机统一的新的文化生命体。"①"两个结合"是又一次的思想解放,使中华优秀传统文化、中国革命文化、社会主义先进文化从视界融合走向实质性融合,在对话交流中寻求马克思主义基本原理和中华优秀传统文化的高度契合点。因此,习近平提出新时代新的文化使命是在新的起点上继续推动文化繁荣、建设文化强国、建设中华民族现代文明。中华文化是中华民族守望相助的"根",马克思主义是中国人民共同塑造的"魂",返本开新源远流长的中华优秀传统文化、赓续绵延为崇高理想而奋斗的革命基因、守正创新社会主义先进文化,构建以马克思主义为指导的,具有连续性、自主性、对话性的中国特色社会主义话语体系,展现一派共荣共生、和谐发展的中华民族现代文明新气象。

党的十九大报告指出:"中国共产党从成立之日起,既是中国先进文化的积极引领者和践行者,又是中华优秀传统文化的忠实传承者和弘扬者。"②中国共产党人的文化身份和文化使命指引其积极践行社会主义先进文化,推动中华优秀传统文化创造性转化、创新性发展,从而推动传统文明向现代文明转型。中国共产党的领导是全面建设社会主义现代化国家、全面推进中华民族伟大复兴的根本政治保证。全面建成小康社会、实现第一个百年奋斗目标之后,我们要乘势而上开启全面建设社会主义现代化国家新征程、向第二个百年奋斗目标进军。习近平总书记指出,我国经济实力、科技实力、综合国力和人民生活水平跃上了新的大台阶。国内生产总值从 54 万亿元增长到 114 万亿元,我国经济总量占世界经济的比重达 18.5%,提高 7.2 个百分点,稳居世界第二位,人均国内生产总值从 39800 元增加到 81000 元。我国经济实力实现历史性跃升,经济长期向好,发展韧性强劲,社会大局稳定,进行现代化发展具有多方面优势和条件。要坚定不移抓机遇、用机遇,调动和运用好国内外形势变化带来的一切积极因素,充分发挥我们的独特优势,抢占未来现代化发展制高点。要发挥党总揽全局、协调各方

---

① 习近平:《在文化传承发展座谈会上的讲话》,人民出版社 2023 年版,第 6-7 页。
② 《十九大以来重要文献选编》上卷,中央文献出版社 2019 年版,第 31 页。

的领导核心作用,提高党把方向、谋大局、定政策、促改革的能力和定力,下好党和国家事业这一盘大棋局,确保中国式现代化沿着正确方向行稳致远。在文化赶考之路上,要创造出无愧于时代、无愧于人民的精品力作,交出人民满意的时代答卷,不断推进中国特色社会主义文化理论创新和实践创新,矢志不渝、笃行不怠,以咬定青山不放松的坚韧意志推进党和国家各项事业取得举世瞩目的伟大成就,以行百里者半九十的坚定信念引领党的百年征程开辟文化繁荣发展的全新天地,坚定文化自信自强,扎实推进中华民族现代文明和社会主义文化强国建设。

(二)时代定位:百年未有之大变局和中华民族伟大复兴战略全局下的文化选择

当前世界正经历百年未有之大变局,加之西方资本主义国家政治极化、种族冲突、民粹主义、贸易保护主义、孤立主义的社会思潮不断抬头,决定了资本主义现代化必然造成生产过剩、社会分裂、阶级对立、种族隔阂、生态危机、国际冲突等严重弊端。习近平总书记概括了资本主义现代化的四项"原罪":"以资本为中心的现代化""两极分化的现代化""物质主义膨胀的现代化"和"对外扩张掠夺的现代化。"[1]西方资本主义现代化注定是维护少数人利益的现代化,是片面的现代化,因此西方的现代化具有历史局限性,不是现代化的终点。

时代是思想之母,实践是理论之源。中国特色社会主义进入新时代,中国特色社会主义事业取得举世瞩目的伟大成就,这是坚持理论与实践相结合的时代产物,彰显了中国式现代化鲜活的生命力。中国发展理念、发展道路、发展模式不断吸引国际目光,人们正在见证"中国崩溃论"的崩溃、"历史终结论"的终结、"社会主义失败论"的失败,中国式现代化道路越走越宽广,使两种社会制度、两种意识形态朝着有利于社会主义、有利于马克思主义的方向前进。习近平总书记在十九届五中全会上概括了中国式现代化的五个特征:人口规模巨大的现代化,全体人民共同富裕的现代化,物质文明和精神文明相协调的现代化,人与自然和谐共生的现代化,走和平发展道路的现代化。这是深化共产党执政规律、社

---

[1] 《习近平著作选读》第二卷,人民出版社 2023 年版,第 553 页。

会主义建设规律、人类社会发展规律的集中体现,体现了中国式现代化发展规律的鲜明特质和独特优势。中国的社会发展不仅要把发达国家的现代化历程压缩在较短的时间内进行,追赶发达国家已经达到的目标,而且要适应当前发展的趋势,实现后来居上并超越资本主义现代化的西方模式,这就使得社会发展的历时态在当代中国共时态化了,必然展现出社会主义的优越性、中国特色社会主义的优越性。

如何进一步将马克思主义思想精髓同中华优秀传统文化的精华贯通起来、同群众日用而不觉的共同价值观念融通起来,在批判继承中推动中国特色社会主义文化繁荣发展,是党中央高度关注的问题。党的十七届六中全会首次提出我国要建设"社会主义文化强国",意味着接下来党和国家将深入推进文化体制改革,持续激发全民族文化创造活力、建设中华民族共有精神家园,为人类文明进步做出更大贡献。党的十八大以来,以习近平同志为核心的党中央把文化建设提升到一个新的历史高度,强调文化是国家和民族之魂,没有社会主义文化繁荣发展,就没有社会主义现代化。2022 年 8 月 16 日,中共中央办公厅、国务院办公厅印发了《"十四五"文化发展规划》,阐述未来五年是创造光耀时代、光耀世界的中华文化的关键时期。从规划背景、总体要求、思想武装、加强新时代思想道德建设和群众性精神文明创建、巩固壮大主流舆论、繁荣文化文艺创作生产、传承弘扬中华优秀传统文化和革命文化、提高公共文化服务覆盖面和实效性、推动文化产业高质量发展、推动文化和旅游融合发展、促进城乡区域文化协调发展、扩大中华文化国际影响力、深化文化体制改革、建强人才队伍、加强规划实施保障十五个方面为进一步推动社会主义文化繁荣兴盛,社会主义文化强国建设提供自信自强底气,推动中华文明新发展为人类文明进步贡献新增量。中国共产党人在文化建设中主动推动马克思主义本土化,丰富和发展了中国共产党人自信自立的文化观,为中华民族现代文明提供充满活力的文明形态和正确道路指向。一个政党能在历史洪流中淬炼成钢、在沧桑巨变中屹立不倒,根本的原因就是具有文化主体性。党的百年奋斗史就是一部文化发展史。习近平坚持守正而不守旧、尊古而不复古的原则,面临时代发展大势,推动全党挖掘中华优秀传统文化的丰富资源,以马克思主义之"矢"射中国特色社会主义之"的",形成"九个坚持"两个结合""五个方面""十四个强调""七个着力"为主要内容的习近平文化思想,整合出中国特色社会主义物质文明、政治文明、精神文明、社会文明、生态文明"五位一体"的人类文明新形态,体现鲜明的政治性立场、人民性情怀、整体性谋略、全球性视野。这不是凭空遐想的结果,而是既汲取中国共产党百年奋斗的历史经验又立足于"百年未有之大变局"的伟大实践,应时代之变迁,立时代之潮头,发时代之先声,为培育现代化发展新动力、形成现代化发展新优势、引领现代化创新发展提供实践指导,是"两个结合"的理论产物。探索中华民族现代文明建设规律,有利于深化马克思主义中国化时代化规律研究,深化党的基本理论、基本路线、基本方略研究,深化中国特色社会主义道路、理论、制度、文化研究,深化中华文明与中国特色社会主义关系研究,深刻解读中国奇迹背后的理论密码。新发展阶段完成了第一个百年奋斗目标的实现,而且关系到能否为实现第二个百年奋斗目标打下坚实的基础。在这样一个承前启后的历史阶段,我们要全面系统把握我国现代化发展的新特征、新矛盾、新情况,着眼于社会主要矛盾转化的基本现实和人民群众对美好生活的新期待,以习近平新时代中国特色社会主义思想为根本指导,深刻洞察中华文明发展规律,不断推进中华优秀传统文化的创造性转化、创新性发展,探索面向未来的理论创新、实践创新和制度创新。

二、中国共产党人对中国式现代化的文化建设的接续探索

"文化是一个国家、一个民族的灵魂。文化兴国运兴,文化强民族强。"①中国共产党百年来始终重视文化建设并坚持对文化建设的领导,历经初步探索、曲折前进、调整恢复与繁荣发展、深入推进新时代文化使命四个发展阶段,逐步发展、成熟与完善,呈现出文化繁荣发展的新局面。中国共产党人先后形成了关于新民主主义和社会主义文化建设、社会主义精神文明建设、中国特色社会主义文化建设等丰富的理论成果,不断丰富和发展马克思主义文化理论,引领了党和人民文化奋斗的接续实践,有助于繁荣发展中国特色社会主义文化,加快建设社会

---

① 习近平:《决胜全面建成小康社会　夺取新时代中国特色社会主义伟大胜利———在中国共产党第十九次全国代表大会上的报告》,人民出版社 2017 年版,第 40 - 41 页。

主义文化强国,谱写马克思主义文化理论中国化时代化的新篇章。

(一)新民主主义革命时期对文化建设的初步探索(1921—1949 年)

中国共产党在推进马克思主义与中国革命具体实际相结合中,意识到"马克思主义必须和我国的具体特点相结合,并通过一定的民族形式才能实现"①,明确提出要发展民族的、科学的、大众的新民主主义文化。这是新民主主义革命时期中国共产党人探索文化建设规律的具体呈现,是中国共产党领导革命文艺事业的智慧结晶。新民主主义文化是民族的文化,是反对侵略和压迫、维护民族独立、捍卫民族尊严的文化。中国共产党人高度重视对民族文化的认同教化,以抵抗各类错误思潮的渗透与侵蚀。毛泽东提出"学习我们的历史遗产,用马克思主义的方法给以批判的总结,是我们学习的另一任务"②,党的七大进一步提出建设新文化的举措,"取消国民党的党化教育,发展民族的科学的大众的文化教育""救济失学青年""使青年和儿童得到有益的学习"③,重塑中国人民的重要心理文化,让中国革命知识分子感受到马克思列宁主义与中华优秀传统文化相结合改造旧世界、建立新世界的实践伟力。建党之初,党领导创办了一系列刊物,这些刊物与工人运动相结合,运用马克思主义基本原理指导我国文化建设,是我党坚持将马克思主义文化理论与中国具体实际相结合的初步尝试。第一次国内革命战争时期,党通过报纸、刊物等形式抓国民革命军的政治宣传工作,积累了大量文化建设经验。第二次国内革命战争时期,党在总结前期文化建设经验的同时格外重视对青年文化人才的培养。党团结了鲁迅、茅盾等文化工作者,领导其创建各种文艺组织,创办了一批有影响力的文艺期刊,组建了一批文艺社团等文化单位,这一时期的文化建设开创了良好局面。抗日战争时期,党阐述文化创新的根本目的,强调文化统一战线的重要性。通过创办艺术学院、成立研究机构,让马克思主义指导的新文化在中国落地生根、开花。新民主主义革命时期党坚持一切从实际出发,以实事求是的

① 《毛泽东选集》第二卷,人民出版社 1991 年版,第 534 页。
② 《毛泽东选集》第二卷,人民出版社 1991 年版,第 533 页。
③ 《毛泽东选集》第三卷,人民出版社 1991 年版,第 1064 页。

科学方法论领导文化建设从理论走向实践,通过批判各种错误思想,逐步意识到只有牢牢把握意识形态的领导权,繁荣发展哲学社会科学,才能不断巩固马克思主义的指导地位,才能为社会主义文化繁荣兴盛提供坚强的政治保证和思想引领。

(二)社会主义革命和建设时期文化建设的曲折发展(1949—1978 年)

中国共产党人进一步深化批判抵制旧社会思想道德文化中"尊孔复古""历史虚无主义"等错误思潮,提出教育事业改革的总方针,有利于新民主主义文化向社会主义文化的过渡,从而使"一个被旧文化统治因而愚昧落后的中国,变为一个被新文化统治因而文明先进的中国"①。1949 年,《中国人民政治协商会议共同纲领》提出"肃清封建的、买办的、法西斯主义的思想,发展为人民服务的思想为主要任务"②,并在七届三中全会上有针对性地提出教育改革方针,即"有步骤地谨慎地进行旧有学校教育事业和旧有社会文化事业的改革工作,争取一切爱国的知识分子为人民服务"③。这一时期批评反动政治教育,引入马克思主义教育到学校、社会、人群之中,改革发展高等教育和职业教育,积极投身新中国的建设事业,缓解文化话语和民众话语的疏离感,使人民群众对政治、文化的理论认同和文化认同大幅提升,为巩固新生政权、探索新时期社会主义文化现代化提供了人才保障和教育方向。

(三)改革开放和社会主义现代化建设时期文化建设的繁荣发展(1978—2012 年)

1979 年 3 月 21 日,邓小平会见英中文化协会执行委员会代表团时,首次提到"中国式的四个现代化"。他说,过去搞民主革命要适合中国情况,走毛泽东同志开辟的农村包围城市的道路,现在搞建设也要适合中国情况,走出一条中国式的现代化道路。中国式的现代化命题的提出,主要是从现代化水平还不是那么高的角度出发,从"底子薄"和"人口多,耕地少"的现实国情出发。在团结带领

①　《毛泽东选集》第二卷,人民出版社 1991 年版,第 663 页。
②　《中共中央文件选集(1949 年 10 月—1966 年 5 月)》第三册,人民出版社 2013 年版,第 209 页。
③　《中共中央文件选集(1949 年 10 月—1966 年 5 月)》第三册,人民出版社 2013 年版,第 143 页。

中国人民独立自主、自力更生,取得社会主义改革与建设伟大成就的"富起来"阶段,以邓小平代表的中国共产党人坚持将马克思主义普遍真理和社会主义实践相结合,坚持解放思想、实事求是的开创精神,在改革开放的浪潮中走出一条具有中国特色的开放之路。同时,提出了关于科学技术是"第一"生产力构想,关于"经济民主"以及社会主义市场经济体制的构想,关于"政治生活民主化"以及民主法律化、制度化的构想,关于在向世界开放中走向现代化的构想,等等,形成了关于中国式现代化开放之路的"总体构想"。邓小平认为分工不发达和二元经济结构是中国面临的主要问题。因此,主要是从把握中国社会发展的双重作用来看待中国式现代化。从社会主体上看,提出社会主义根本任务、社会主义初级阶段理论,"把社会关系归结于生产关系,把生产关系归结于生产力的高度。因为生产力的发展构成了社会发展的最终决定力量",这是对中国社会发展实际的科学研判。从社会客体上看,从构建社会主义市场经济体制到全面建设小康社会,再到提出"三步走"战略,是从人民群众的需要、利益是否能够得到满足以及满足的程度来认识和把握社会发展。在文化建设方面,邓小平批判和否定"两个凡是"的错误方针,要求肃清"左"的文艺路线和"左"的教育路线,确立"实事求是"的思想文化路线,开启了在宣传思想、文学艺术、科技教育等领域的拨乱反正。[①]确立"实事求是"思想路线是一次思想解放,确保中国共产党科学理解和传播社会主义文化的形成、发展,并凝结出社会主义现代化探索建设时期的智慧结晶,为中国特色社会主义文化道路提供深厚的历史文化根基,更为"第二个结合"这又一次的思想解放奠定了坚实基础。

(四)中国特色社会主义新时代肩负新的文化使命(2012 年至今)

习近平指出:"中国特色社会主义文化,源自于中华民族五千多年文明历史所孕育的中华优秀传统文化,熔铸于党领导人民在革命、建设、改革中创造的革命文化和社会主义先进文化,植根于中国特色社会主义伟大实践。"[②]可见,新时

---

① 张国祚、李哲:《中国共产党文化建设思想的"变"与"不变"》,《湖南大学学报(社会科学版)》2022 年第 6 期。

② 习近平:《论党的宣传思想工作》,中央文献出版社 2020 年版,第 10 页。

代新文化是中国共产党以马克思主义为指导思想,在中国特色社会主义伟大实践中形成的复合型文化。这里的文化不是指某一单一的文化形态,而是立足新时代的奋斗起点,以习近平为代表的中国共产党人彰显中华文化的自主性、革命文化的斗争性和社会主义先进文化的历史主动性而凝练升华出的社会主义文化形态。三种文化在中国特色社会主义伟大实践的现实境遇下互融共通,是中华文化和中国精神在新时代的凝练与彰显。

2017 年习近平在广西考察工作时谈到,"要增强文化自信,在传承中华优秀传统文化基础上发展社会主义先进文化,加快建设社会主义文化强国"①。社会主义先进文化是面向现代化、面向世界、面向未来的、民族的科学的大众的文化,从本质属性和发展方向上规定了新时代新文化的现代转型指向。"在中国革命传统中凝结了中华民族的优良传统,它是中国传统文化的积极成果在新的形式中的延伸和再创造;中华民族文化传统正是由于新的革命传统而不会发生传统文化的中断和没落。"②中国特色社会主义文化形态实现"传统—现代"二元对立的顺利转型,是新时代的新文化批判革除传统文化和革命文化的不合理因素,继承发扬社会主义核心价值观、以爱国主义为核心的民族精神和以改革开放为核心的时代精神,从而共同构筑社会主义文化强国建设的精神伟力,以中华民族现代文明的鲜明底色铸就中国式现代化的新辉煌。

因此,中华优秀传统文化、中国革命文化和社会主义先进文化不是各自为战的单一文化形态,而是在同一时空场域和现实际遇下弥合发展、共荣共生的"文化生命体"。互融共通的三种文化为新时代新文化提供了文明指向,展现出强大的时空连续性、包容统一性、共荣共生性,共同为实现新时代文化使命、建设社会主义文化强国、构建中华民族现代文明提供了深厚的底蕴和丰厚的滋养。

三、中国式现代化的文化建设的理论意蕴

党的十八大以来,习近平总书记把文化建设摆在全局工作的重要位置,不断深化对文化建设的规律性认识,提出一系列新思想、新观点、新论断,形成了

---

① 《习近平关于社会主义文化建设论述摘编》,中央文献出版社 2017 年版,第 18 页。
② 陈先达:《马克思主义和中国传统文化》,人民出版社 2015 年版,第 28 页。

习近平文化思想。习近平文化思想从理论高度和实践深度回应文化建设的时代之思,赓续中华文脉,推动中华优秀传统文化创造性转化、创新性发展,勾勒出新时代中国文化建设的新蓝图,为新时代中国特色社会主义事业发展发挥了更加全面的文化实践指导作用。深刻认识习近平文化思想的理论意蕴,对于坚定文化自信,深入推进中国式现代化的文化建设,实现中华民族伟大复兴具有十分重要的意义。

(一)文化自信是更基础、更广泛、更深厚的自信

文化自信是指一定时期内文化主体对其自身所具有的文化价值及文化生命力的积极肯定,是一种相对稳定的、积极的心理和行为态势,是社会变革和社会发展中更基本、更深沉、更持久的力量,展现出一个民族和国家在特定时期的文化精神面貌。[1] 2011 年 7 月,胡锦涛在庆祝中国共产党成立 90 周年大会上的讲话中首次提出"文化自信"这一概念。同年 10 月,中国共产党第十七届中央委员会第六次全体会议通过《中共中央关于深化文化体制改革推动社会主义文化大发展大繁荣若干重大问题的决定》,不仅总结我国文化改革发展的丰富实践和宝贵经验,充分认识推进文化改革发展的重要性和紧迫性,更加自觉、更加主动地推动社会主义文化大发展大繁荣,而且按照实现全面建设小康社会奋斗目标新要求,在思想引领、人民精神文化需求、文化体制改革、文化强国建设等方面制定出到 2020 年实现的文化改革发展奋斗目标,即"社会主义核心价值体系建设深入推进,良好思想道德风尚进一步弘扬,公民素质明显提高;适应人民需要的文化产品更加丰富,精品力作不断涌现;文化事业全面繁荣,覆盖全社会的公共文化服务体系基本建立,努力实现基本公共文化服务均等化;文化产业成为国民经济支柱性产业,整体实力和国际竞争力显著增强,公有制为主体、多种所有制共同发展的文化产业格局全面形成;文化管理体制和文化产品生产经营机制充满活力、富有效率,以民族文化为主体、吸收外来有益文化、推动中华文化走向世界的文化开放格局进一步完善;高素质文化人才队伍发展壮大,文化繁荣发展的人

---

① 尹蕾:《新时代文化自信的使命与实现研究》,电子科技大学博士学位论文,2021 年。

才保障更加有力"①。2014 年 10 月 15 日,习近平在文艺工作座谈会上谈道:"增强文化自觉和文化自信,是坚定道路自信、理论自信、制度自信的题中应有之义。"②将文化自信与道路自信、理论自信、制度自信并列,强调文化建设是中国特色社会主义事业的重要组成部分,中华优秀传统文化是中华民族的精神命脉,是涵养社会主义核心价值观的重要源泉,也是我们在世界文化激荡中站稳脚跟的坚实根基。2016 年,习近平在哲学社会科学工作座谈会上提出"中国特色社会主义文化自信"的理论命题,指出:"我们说要坚定中国特色社会主义道路自信、理论自信、制度自信,说到底是要坚定文化自信。"文化自信在四个自信中有着最根本、最核心的地位。历史和现实表明,每一个国家的文化都有自己国家积累的知识智慧和形成的思想体系,文化是根植于本国的历史发展中、凝聚于本国的民族血液中不断传承的思想精髓。新时代中国特色社会主义文化,是马克思主义融合了中华优秀传统文化的思想精粹、赓续了中国革命文化的红色基因、弥合了社会主义先进文化的本质属性而形成的新时代文化。

中国式现代化事业需要中华民族对伟大复兴的中国梦有较强的文化底气和志气。伟大事业是中国共产党带领中华民族和中国人民在长期理论和实践中探索出来的,需要树立高度的文化自信和文化自立。一个民族没有高度的文化自信和文化自立,就无法推动现代化事业的顺利发展,无法实现伟大复兴的梦想启航,更无法屹立于世界民族之林。文化自立是指在文化上依靠自己,确认文化的主体身份,并自主捍卫与保证文化主体地位不受他者文化的威胁。③ 因此,文化上的独立自主是伟大事业的"根"与"魂"。推动伟大事业要发挥历史主动精神,强化中华文化的主体身份,不忘本来,吸收外来。在和平与发展的时代主题的感召下,坚守新时代文化使命,展现中华民族现代文明新气象,增强屹立于世界民族之林的文化自信,推动中国特色社会主义文化走向世界、自立自强。其中展现

---

① 《中共中央关于深化文化体制改革　推动社会主义文化大发展大繁荣若干重大问题的决定》,人民出版社 2011 年版,第 9 页。

② 习近平:《在文艺工作座谈会上的讲话》,《人民日报》2015 年 10 月 15 日,第 2 版。

③ 陈宇翔、李怡:《推进文化自强的思想基础与实现途径》,《湖南大学学报(社会科学版)》2023 年第 3 期。

的连续性、创新性、统一性、包容性、和平性是中华民族实现中华民族伟大复兴中国梦的底气所在,使中华民族现代文明在人类文明新形态中绽放绚丽之花。从伟大事业的阶段性发展到伟大复兴阶段性目标的实现,是中国共产党人从文化自发到文化自觉的智慧传承,是中华民族从文化自立到文化自信的当代表达。三种文化融汇为中国特色社会主义文化这一新时代的文化形态,为中华民族自立提供文明根基,充满活力的现代化事业和团结奋进的复兴梦想是中华民族自信的现实写照。

(二)中华文化和中国精神的时代精华引领中国式现代化的文化建设

2021年11月11日,中国共产党召开第十九届中央委员会第六次全体会议,首次提出"习近平新时代中国特色社会主义思想是当代中国马克思主义、二十一世纪马克思主义,是中华文化和中国精神的时代精华,实现了马克思主义中国化新的飞跃。"[1]习近平新时代中国特色社会主义思想作为马克思主义中国化时代化的最新理论成果,对中国式现代化的文化建设起到了政治引导和价值塑造的关键作用。2023年10月召开的全国宣传思想文化工作会议,首次提出"习近平文化思想"。习近平文化思想作为习近平新时代中国特色社会主义思想的重要组成部分,是指导我国社会主义文化建设的科学世界观和方法论。

习近平总书记在全国宣传思想工作会议上强调,坚持党对意识形态工作的领导权是总结党的思想工作历史经验得出的科学结论。如果没有中国共产党对社会主义文化的全面领导,错误的文化思潮就会盛行,我国文化建设就不可能取得实质性突破,就不可能沿着正确方向和轨道稳健前行。因此,要坚持党对文化建设的守正创新和对文艺事业的文化主动,遵循社会主义文化建设规律,发挥党的领导是中国特色社会主义制度的最大优势,建章立制解决文化供给侧结构性改革等现实问题,确保多种文化在中国特色社会主义场域中和谐地朝着正确的方向健康发展。中国共产党是中国特色社会主义最本质的特征,以党是中华优秀传统文化的忠实传承者和弘扬者的文化身份创造既能满足人民文化需求,又能增强人民精神力量的文化产品,使中国特色社会主义文化起到高举旗帜、凝聚

---

① 《中共中央关于党的百年奋斗重大成就和历史经验的决议》,《人民日报》2021年11月11日,第1版。

民心、培育新人、兴盛文化、展示形象的作用。"坚持把社会效益放在首位、社会效益和经济效益相统一,深化文化体制改革,完善文化产业规划和政策,不断扩大优质文化产品供给。要顺应数字产业化和产业数字化发展趋势,加快发展新型文化业态,改造提升传统文化业态,提高质量效益和核心竞争力。要围绕国家重大区域发展战略,把握文化产业发展特点规律和资源要素条件,促进形成文化产业发展新格局。"①当前,各国之间的文化交流交融交锋、意识形态领域的斗争十分激烈,想在意识形态领域掌握主动权、话语权,就要把创造新时代新文化、建设中华民族现代文明作为自己的使命,在党的全面领导下积极推动新时代文化建设和文艺事业繁荣发展,在全球文化发展问题上提供中国智慧和文化方案。

坚持以人民为中心的创作导向是凝聚全党全国人民坚持和发展中国特色社会主义的必然要求。人民是文艺创作的主体和来源,反过来,文艺创作需要人民、扎根人民。人民的现实生活是文艺创作的源头活水。文艺创作者通过现实实践不断的理论积累、生活体验,创作出反映人民精神需求、体现文艺灵魂的文艺精品,推动文化繁荣发展,使中华民族精神的大厦巍然耸立。"中国特色社会主义文化建设是广大人民群众的事业,人民群众是文化建设的主人。"②人民是文化创造和文化创新的重要主体,没有人民在长期物质生活实践中的精神生产和输出,就无法让我们打开文化创新创造空间,无法掌握思想和文化主动。"以文化人、以文育人、以文培元"不仅是文艺工作者的使命任务,还是文化建设的立足点和落脚点。新时代的文化使命,从根本上来说就是创造新时代的人的文化,而"文艺的一切创新,归根到底都直接或间接来源于人民"。"文艺创作方法有一百条、一千条,但最根本、最关键、最牢靠的办法是扎根人民、扎根生活。"③因此,在人民奋斗征程和民族复兴进程中不断增强文艺主体的综合素质和思想道德水平,让社会主义文艺发挥浸润人心的价值形塑功能,不断增强人才的理论储备、思想积累,做到才学真、德行好、品位高。让中华文明根扎得深、魂守得正,为人

---

① 习近平:《在教育文化卫生体育领域专家代表座谈会上的讲话》,《人民日报》2020 年 9 月 23 日,第 2 版。
② 田克勤、李彩华、孙堂厚:《中国化马克思主义通论》,人民出版社 2013 年版,第 270 页。
③ 习近平:《论党的宣传思想工作》,中央文献出版社 2020 年版,第 108 页。

民奋斗创造和中华民族伟大复兴伟业提供强大的凝聚力和战斗力。"广大文艺工作者要深刻把握民族复兴的时代主题,把人生追求、艺术生命同国家前途、民族命运、人民愿望紧密结合起来,以文弘业、以文培元、以文立心、以文铸魂,把文艺创造写到民族复兴的历史上、写在人民奋斗的征程中。"①因此,要坚持党性和人民性辩证统一的基本原则,党的全面领导为满足人民物质文化需求、丰富人民精神世界统摄方向、指明道路,人民群众的积极智慧为党对文化建设的领导提供丰富精神滋养和鲜活经验,二者相辅相成、互为补益,统一于中国特色社会主义文化实践。将党的领导和人民的精神文化需求相结合,在党的领导下增强人民群众在文化建设中的主体自觉性,让人民自觉成为文艺审美的鉴赏家和评判者,让党主动担当文化发展实践的传播者和践行者,科学研判中国文化发展趋势和文化发展规律,实现新时代新的文化使命。

党的十九大报告指出:"文化兴国运兴,文化强民族强。没有高度的文化自信,没有文化的繁荣兴盛,就没有中华民族伟大复兴。"在这里,习近平理性概括了文化自信的重要性及文化自信与中华民族伟大复兴的内在联系。中华文明延续着我们国家和民族的精神血脉,是中华民族屹立于世界民族之林的源头活水,既需要薪火相传、代代守护,也需要与时俱进、推陈出新。要加强对中华优秀传统文化的挖掘和阐发,使中华民族基本的文化基因与当代文化相适应、与现代社会相协调,把跨越时空、超越国界、富有永恒魅力、具有当代价值的文化精神弘扬出来。习近平指出,实现中华文化的创造性转化和创新性发展就是要"古为今用、洋为中用、辩证取舍、推陈出新"②,这就要求中国共产党秉持贴近历史、继承创新,吸收外来辩证统一的基本原则,批判传统文化认同的血缘崇拜和封建统治奴役人民群众的精神异化,从文化立场和价值导向上选择中华文化和中国人民。这是中华文化积淀千年的遗传基因,作为同体文化的中国特色社会主义文化继承了爱国主义精神、集体主义精神等思想精华,将人民群众的文化创造与中华民族的现代文明走向、中华民族的前途命运紧密联系在一起,人民群众在对中华文

---

① 习近平:《在中国文联十一大、中国作协十大开幕式上的讲话》,《人民日报》2021 年 12 月 15 日,第 2 版。

② 习近平:《论党的宣传思想工作》,中央文献出版社 2020 年版,第 115 页。

化传承和创新中逐步坚定文化自信,走向文化自强。

(三)"第二个结合"是又一次思想解放

2021年7月1日,在庆祝中国共产党成立100周年大会上,习近平正式提出,把马克思主义基本原理"同中华优秀传统文化相结合",即"第二个结合"。"第二个结合"理论从中国历史长河的深厚积淀和现实写照走来,找准了马克思主义和中华优秀传统文化价值融通的契合点,赓续了中华民族的根与魂,激活了传统文化的生命力,助推了理论认知的新飞跃,创造了人类文明新形态。建党百年以来,中国共产党之所以能够历经磨难而浴火重生,关键就在于不断推动马克思主义中国化时代化,持续推动理论创新和实践创新。"'第二个结合',是我们党对马克思主义中国化时代化历史经验的深刻总结,是对中华文明发展规律的深刻把握,表明我们党对中国道路、理论、制度的认识达到了新高度,表明我们党的历史自信、文化自信达到了新高度,表明我们党在传承中华优秀传统文化中推进文化创新的自觉性达到了新高度。"①

第一,"结合"的前提是彼此契合。马克思主义和中华优秀传统文化来源不同,但彼此存在高度的契合性。相互契合才能有机结合。如理想信念、以伟大建党精神为内核的精神谱系、历史主动精神、文化自信等都是围绕中华民族伟大复兴的宏伟主题和深刻内涵展开的时代叙事,是更为主动地增强复兴力量的要素和基础,在各阶段形成的文化队列效应中推动新时代文化繁荣、建设文化强国,建设中华民族现代文明,是各阶段形塑文明观的重要表征。

第二,"结合"的结果是互相成就,造就了一个有机统一的新的文化生命体,让马克思主义成为中国的,中华优秀传统文化成为现代的,让经由"结合"而形成的新文化成为中国式现代化的文化形态。文化传承是文化主体自主的内生性创造,文化发展是文化主体外鉴的外部性创新,文化繁荣是文化主体进行文化传承和发展的必然结果。这里的文化主体是指历经五千多年经久不衰的中华民族,没有中华民族的自主传承,就没有文化形态的更替叠续,没有中华民族的自省外鉴,就没有文化交流的多样性和各国文明多元共生的繁盛景象,就不能推动世界

---

① 《担负起新的文化使命努力建设中华民族现代文明》,《人民日报》2023年6月3日,第1版。

各国共同进步发展。因此,要处理好文化传承、文化发展、文化繁荣的辩证关系,这也是历史的辩证法。要从党史、新中国史、改革开放史和社会主义发展史中汲取民族复兴的凝聚力,建功立业的感召力,指引发展的理论创新力和激发人民群众创造的实践牵引力。做到尊重历史、理解历史、从历史中汲取更为主动的精神力量,而不是简单复制西方国家的外部要素,纯粹照搬成功案例,机械嫁接其他社会主义国家的制度创设,以谋求我国新时代新文化的现代化转型。

第三,"结合"筑牢了道路根基,让中国特色社会主义道路有了更加宏阔深远的历史纵深,拓展了中国特色社会主义道路的文化根基。中国式现代化赋予中华文明以现代力量,中华文明赋予中国式现代化以深厚底蕴。习近平指出:"中华优秀传统文化是中华文明的智慧结晶和精华所在,是中华民族的根和魂,是我们在世界文化激荡中站稳脚跟的根基。"①相比 20 世纪"轴心时代"实现飞跃的古文明国,如古埃及、古印度、古巴比伦最终都成了文明的化石,终结了文化传承和文明迭代,中国因中华优秀传统文化赓续绵延五千多年,我国之所以没有逐渐衰败,抑或呈现出主体性失落,就在于中华文化的主体性特质具有非排他性。"海纳百川、有容乃大"的胸怀,善于吸收人类一切优秀文明成果,使中国人民具有日用而不觉的文化自信和文化自强。与"农民的民族从属于资产阶级的民族、东方从属于西方"的西方文明发展格局不同,"以我为主、为我所用"的中华文明在文化表征上体现为精神上的独立自主,从理论认知上的文化自信到实践介入的文化自强是中华民族在五千多年历史长河中摸索出的文化发展方向。从传统文艺历史来看,诗经、楚辞、汉赋、唐诗、宋词、元曲、明清小说无不体现出中华民族独特的精神标识和文化气度。从传统文化实践主体来讲,儒家文化中的"天人合一""厚德仁爱""崇尚民本""守信重义"等精神特质与中国化时代化的马克思主义相结合,一以贯之革命文化和社会主义先进文化的发展形态之中。革命文化的斗争性和先进文化的历史主动性是流淌在中华民族五千多年文化血脉中的"原初禀赋",也是中国文化发展转型路径的时代彰显。三者的碰撞、弥合、融通

---

① 《把中国文明历史研究引向深入　推动增强历史自觉坚定文化自信》,《人民日报》2022 年 5 月 29 日,第 1 版。

打破了"中体西用"的西方一元文明发展困境和"传统—现代"的二元对立,以极大的理论自信和文化自信构建起新时代新文化的精神特质和发展形态。

第四,"结合"打开了创新空间,让我们掌握了思想和文化主动,并有力地作用于道路、理论和制度。如构建以国内大循环为主体,促进国内国际双循环协调发展的新发展格局,是我们站在新的历史起点上做出的准确战略判断。当前,世界百年未有之大变局加速演进,我国面临新的战略机遇、新的战略任务、新的战略阶段、新的战略要求、新的战略环境。纵观国际,新一轮科技革命和产业变革突飞猛进,各主要国家纷纷把科技创新作为国际战略博弈的主要战场;放眼国内,贯彻新发展理念、构建新发展格局、推动高质量发展,比过去任何时候都需要科学技术解决方案,都更需要增强创新这个第一动力。坚持创新在我国现代化建设全局中的核心地位,把科技自立自强作为国家发展的战略支撑,这是适应世界科技发展趋势的长远之计,也是基于我国发展阶段的治本之策。

第五,"结合"巩固了文化主体性,围绕中华民族伟大复兴的主题和发展历程研究新时代新文化的接榫点,推动文化自信自强。中华民族伟大复兴是中华民族和中国人民接续奋斗的永恒主题和持久梦想,中国共产党人对文化建设的重要推动为复兴伟业提供了锐利的思想武器,指明了前进的方向。因此,要将更为主动的精神力量汇聚于中国共产党百年奋斗历程之中,才能寻获新时代新文化的生发逻辑和理论依归,在历史脉络的理性梳理中深入了解新时代新文化在新时代文化使命中的引领作用,继而发挥中国共产党人精神上的独立自主性,对中国特色社会主义的认识不断深入、在战略层面的顶层设计不断成熟,推动中国式现代化文化建设实践不断丰富,铸就社会主义文化新辉煌。

(四)"两个文明"协调发展是中国式现代化的文化建设的重要内容

党的二十大报告强调,中国式现代化是物质文明和精神文明相协调的现代化,物质富足、精神富有是社会主义现代化的根本要求。物质文明和精神文明相协调的现代化,内在规定着我国现代化文明建设的价值取向,也决定了中国必然走一条不同于西方的现代化道路。推动"两个文明"协调发展是中国式现代化的应有之义,是我国推进现代化建设的重要经验,是中国式现代化的重要特征,也是我国现代化发展的实践要求。

　　"两个文明"协调发展是我国推进现代化建设的重要经验。中国共产党自成立以来,在注重物质生产的同时,也不断推进精神文明建设的开展,推动了社会全面发展、全面进步。新中国成立初期,毛泽东同志指出:"我们共产党人……不但为中国的政治革命和经济革命而奋斗,而且为中国的文化革命而奋斗;一切这些的目的,在于建设一个中华民族的新社会和新国家。在这个新社会和新国家中,不但有新政治、新经济,而且有新文化。"①在社会主义建设时期,毛泽东同志指出:"将我国建设成为一个具有现代工业、现代农业和现代科学文化的社会主义国家。"②在现代化建设中把科学文化和工业、农业并提,使中国式现代化道路的内涵愈加丰富,党领导人民根治娼、毒、赌等社会痼疾,开展了移风易俗等文明活动,塑造了崭新的社会风气,广大人民群众斗志昂扬、精神高涨,为恢复发展国民经济和进行社会主义建设提供了强大的精神动力。

　　"两个文明"协调发展是中国式现代化的重要特征。改革开放之初,邓小平同志提出了"中国式的现代化"概念,指出"我们搞的现代化,是中国式的现代化"。中国式现代化是社会主义现代化,最显著和最根本的社会属性是社会主义性质,克服了西方资本主义国家"以物质优先的单向度""贫富两极化""对外扩张侵略"等先天性弊端。一方面,解放生产力、发展生产力是社会主义的内在要求。马克思在《共产党宣言》中肯定了资本主义的历史进步性,"资产阶级在它的不到一百年的阶级统治中所创造的生产力,比过去一切世代创造的全部生产力还要多,还要大"③。在《〈政治经济学批判〉序言》中,马克思指出:"资产阶级的生产关系是社会生产过程的最后一个对抗形式,这里所说的对抗,不是指个人的对抗,而是指从个人的社会生活条件中生长出来的对抗;但是,在资产阶级社会的胎胞里发展的生产力,同时又创造着解决这种对抗的物质条件。因此,人类社会的史前时期就以这种社会形态而告终。"④可以看出资本主义现代化的巨大成就之一是推动生产力的极大发展。从物质文明角度来看,西方资本主义现代化

① 《毛泽东选集》第二卷,人民出版社1991年版,第663页。
② 《毛泽东文集》第七卷,人民出版社1999年版,第207页。
③ 《马克思恩格斯文集》第二卷,人民出版社2009年版,第36页。
④ 《马克思恩格斯文集》第二卷,人民出版社2009年版,第592页。

本质上是建立在对外殖民掠夺、对内剥削人民的资本原始积累基础之上的,是资本的无限扩张和榨取剩余价值的过程,是"资本逻辑"驱动的现代化;中国式现代化扬弃和超越了资本主义现代化的逻辑窠臼,打破了只有遵循资本主义现代化才能实现现代化的神话,克服资本主义现代化的固有弊端,坚持以人民为中心的价值取向,是"人本逻辑"驱动的现代化。生产力的极大提高是中国式现代化新道路和通往共产主义之路的坚实物质基础,人的解放是资产阶级文明的极端伪善和野蛮本性的最终消解,是实现"自由人联合体"的终极目标。另一方面,社会主义精神文明是社会主义的重要特征。从精神文明角度看,只有社会主义现代化,才能创造出比资本主义现代化还要高的生产力,才能真正解放人的主体性失落,这是超越资本主义现代化之路的物质准备和前提条件。在中世纪神权的洗礼下,西方中心主义在资本市场的推动下,与世界各民族和地区的文化自主性和独特性产生矛盾和冲突,其"非此即彼"的政治博弈思维衍生出文明冲突论、普世价值论及文化殖民和霸权主义强权政治的表现形式。西方中心主义者力图运用普世价值传统推动西方文明的政治、经济、文化不断向着"西方中心主义"发展,这是掌控发展中国家的现实表现和变相政治手段。与资本主义相比,社会主义是更先进的社会制度,不仅可以创造更多的物质文明,还能创造更高层次的精神财富。社会主义精神文明是社会主义区别于以往社会的重要标志,体现了社会主义的优越性。如果没有社会主义精神文明,经济发展就会陷入"单条腿走路"的恶性循环,就不可能建设社会主义,更不可能实现共产主义。西方国家"串联式"的发展过程,导致极端物欲主义、拜金主义、个人主义泛滥,也进一步凸显了中国式现代化中"两个文明"协调发展的优越性。

十一届三中全会以后,邓小平强调高度物质文明和高度精神文明的统一。"我们要建设的社会主义国家,不但要有高度的物质文明,而且要有高度的精神文明。所谓精神文明,不但是指教育、科学、文化,而且是指共产主义的思想、理想、信念、道德、纪律,革命的立场和原则,人与人的同志式关系,等等。"①丰富了精神文明建设的重要内容,强调内容的全面性和文明建设高度。精神文明不仅

---

① 《邓小平文选》第二卷,人民出版社1994年版,第367页。

是相对物质文明提出的上层建筑概念,更加诠释了马克思所说"人的解放"相对于"政治解放"的深层含义。如社会主义市场经济体制超越和扬弃了资本主义私有制,在人与物的关系、人与自然的关系、人与人的劳动能力的关系、人与社会的关系上进行重构,实现人与自然、人与社会、人与人的逻辑自洽和关系和解,是精神文明建设的典型示范。1992 年,党的十四大在概括建设中国特色社会主义理论的主要内容时再次指出:同经济、政治的改革和发展相适应,以"有理想、有道德、有文化、有纪律"为目标,建设社会主义精神文明。"坚持两手抓,两手都要硬,把社会主义精神文明建设提高到新水平。"①党的十四大正式把建设"社会主义精神文明"纳入中国特色社会主义理论的范畴。江泽民同志提出:"要把物质文明建设和精神文明建设作为统一的奋斗目标,始终不渝地坚持两手抓、两手都要硬。任何情况下,都不能以牺牲精神文明为代价去换取经济的一时发展。"②要处理好物质文明和精神文明协调发展的辩证关系,物质文明是精神文明的前提和基础,精神文明为物质文明提供了强大的动力支持。两者相互影响、相互渗透,为建成富强民主文明的社会主义国家指明了前进方向。

"两个文明"协调发展是我国现代化发展的实践要求。中国特色社会主义进入新时代,我国社会主要矛盾已经转化为人民日益增长的美好生活需要和不平衡不充分的发展之间的矛盾。推动"两个文明"协调发展是解决新时代我国社会主要矛盾的关键。从量的积累上看,发展中国特色社会主义需要经济、政治、文化、社会、生态文明、国防、外交、军事等各方面整体推进、全面发展,既为一域争光,又展全局风采,巩固好经济快速发展和社会长期稳定两大历史性成果,为中国式现代化发展提供更为完善的制度保证、更为坚定的物质基础、更为主动的精神力量。从质的规定性上看,新发展阶段是中国式现代化文化建设的出场语境,在这一限定的时空场域下进行的中国特色社会主义实践对人类历史行程具有根本限制性。立足新发展阶段,我们要着力解决发展不平衡不充分的矛盾,把人民对美好生活的向往作为中国式现代化的根本准则和价值追求,扎实推进全体人

---

① 《江泽民文选》第一卷,人民出版社 2006 年版,第 237 页。

② 《江泽民文选》第一卷,人民出版社 2006 年版,第 473－474 页。

民共同富裕;在"开放的世界"中建设中国特色社会主义,坚持开放性和共生性相统一,将世界中具有普遍意义的历史镜鉴变为富有中国气象的自主活动条件。因此,中国式现代化的文化建设要符合中国社会发展规律,要基于中国发展实际、满足人民群众意愿、顺应时代发展潮流。一方面,大力发展物质文明,为满足人民日益增长的美好生活需要奠定坚实的物质基础。解决发展不平衡不充分问题,就要坚持创新、协调、绿色、开放、共享的新发展理念,激发经济发展的新活力,实现经济高质量发展,不断做大经济"蛋糕",为满足人民在民主、法治、公平、正义、安全、环境等方面日益增长的需求奠定基础。另一方面,通过大力开展精神文明建设,教育和引导全社会坚定理想信念,恪守传统美德观念和公民道德建设要求,培育和践行社会主义核心价值观,最大限度凝聚人民共识和敢于斗争的顽强意志,为中国特色社会主义事业注入强大的精神力量。总之,"两个文明"相协调的中国式现代化,坚持决定性和选择性相统一,合目的性和规律性相统一、科学尺度和价值尺度相统一,内在规定着我国现代化文明建设的价值取向,昭示了一条不同于西方的现代化道路。

(五)从传统文明到现代文明的历史转型是中国式现代化的生动刻写

习近平指出:"在五千多年中华文明深厚基础上开辟和发展中国特色社会主义,把马克思主义基本原理同中国具体实际、同中华优秀传统文化相结合是必由之路。这是我们在探索中国特色社会主义道路中得出的规律性的认识,是我们取得成功的最大法宝。"[1]"第二个结合"造就了一个有机统一的新的文化生命体,是从社会主义文明形态对资产阶级文明形态的批判与建设中形成的,是中国共产党人在百年奋斗史中主动求索出来的,必须要守正创新三种文化,实行"精神生产—文化创造—文化交往—文化生产"的互动机制,以高度的文化自觉和坚定的文化自信更加有效地推动中华优秀传统文化的创造性转化、创新性发展,更有力地推进中国特色社会主义文化建设,建设中华民族现代文明。

首先,新时代新文化是从社会主义文明形态对资产阶级文明形态的批判与建设中形成的。马克思在《德意志意识形态》中谈及"物质生活的生产方式制约

---

[1] 《担负起新的文化使命努力建设中华民族现代文明》,《人民日报》2023 年 6 月 3 日,第 1 版。

着整个社会生活、政治生活和精神生活的过程"①,不仅阐发了唯物史观之"物"的根本立场,更决定了马克思对市民社会的批判是立足于精神生活的生产之上的。从民族历史到世界历史的开拓,是从资本原始积累的文化侵蚀中逐步开始的,而资产阶级旧社会到共产主义新社会之阶级转变是从资本主义文明向社会主义现代文明之文化批判中揭示而来的。由此可见,有什么样的文化形态就有什么样的社会形态。新时代新文化正是在世界历史场域中选择扎根马克思主义的坚实土壤,在中国共产党的统摄领导下,守正创新三种文化,在社会主义文明形态中结出的现代文明之果,在民族历史向世界历史转变的文化激荡下解锁中华文明的时代密码。

其次,新时代新文化是中国共产党人在百年奋斗史中主动求索出来的。中国共产党在挽救民族危亡的革命斗争中选择了马克思主义这一思想武器,"精神上就由被动转入主动"②。毛泽东认为,"一定的文化(当作观念形态的文化)是一定社会的政治和经济的反映。"他主动把握新民主主义文化发展的脉搏,回答了用什么样的文化引领新民主主义革命的问题,即发展民族的、科学的、大众的文化。剔除传统文化糟粕,赋予其时代性,展现民族特色和中国气派。这是中国共产党人在进行新民主主义革命中形成的文化武器,推动中国社会文化发展进入新纪元。社会主义革命和建设时期,为了完成从新民主主义到社会主义的转变,党广泛开展马克思主义理论学习教育和普及活动,进行教育科技事业的改革和初步建设,推动文学艺术领域的改革与发展。③邓小平结合党和国家现代化的文化建设发展,提出了"文化为人民服务、为社会主义服务"的基本方向以及"百花齐放,百家争鸣""古为今用、洋为中用"的文化繁荣方针,并以此为依据,提出了"两手抓、两手都要硬"的方针,将文化建设与制度建设紧密结合,进一步提出了在建设高度物质文明建设的同时,大力建设社会主义精神文明。这是中国共产党人在这一时期为推动社会主义文化繁荣发展作出的科学决策,有利于集中

---

① 《马克思恩格斯选集》第二卷,人民出版社 1995 版,第 32 页。
② 《毛泽东选集》第四卷,人民出版社 1991 版,第 1516 页。
③ 孙成武、孟宪生:《中国特色社会主义进入新时代的文化之基》,《东北师大学报(哲学社会科学版)》2022 年第 2 期。

广大知识分子学习、继承、创新充满活力的社会主义文明形态。中国共产党人在文化建设中主动推动马克思主义本土化,丰富和发展了中国共产党人自信自立的文化观,为中华民族现代文明提供充满活力的文明形态和正确道路指向。党的十八大以来,新时代新文化在创新创造方面展现出二十一世纪马克思主义、当代马克思主义的生机活力。2019 年中宣传部梳理出 46 种伟大精神纳入中国共产党人的精神谱系,是新中国成立以来中国共产党人在革命、建设、改革伟大实践的精神凝练,提炼了社会主义文化建设的理论总结和实践成果,对进一步坚定文化自信、"新时代新文化该向何处去"提供了精神引领。2023 年 6 月 2 日,习近平在文化传承发展座谈会上回答了"新时代新文化我们该向何处"的问题。"推动文化繁荣、建设文化强国、建设中华民族现代文明"属于"做什么"的问题,是我们在新时代这个历史方位下的文化使命与目标;"创造属于我们这个时代的新文化"属于"是什么"的问题,是新时代新文化的建设目标;"第二个结合"是探索中国特色社会主义文化道路中得出的规律性的认识,属于"怎么做"的问题,是铸就团结奋进、充满活力的中国特色社会主义文明形态的必由之路。坚持新时代新文化具有历史连续性,要坚持中华文化主体性,走中国特色社会主义文化道路。这是党站在文化自立和文化自信的高度深化对道路、理论、制度的科学认识,从而推动党和国家事业取得历史性成就、实现历史性变革,使中国式现代化的文化建设拥有更为广阔的创新空间。

最后,创造新时代新文化要守正创新三种文化,实行"精神生产—文化创造—文化交往—文化生产"的互动机制。三种文化是在特定历史条件下形成的文化形态和文明过程。这是从自在向自为、精神被动向历史主动、传统文明向现代文明的文化离析。马克思认为,经历"生产物质生活本身""新需要引发的社会再生产""人自身的生产(生殖)""社会关系的再生产"①四个方面,人们才开始进行精神生产。可以看出,人们的精神生产是从经济、政治、文化、社会、生态等社会物质性存在中产生出来的,进而由人们进行客体化、现实化、理想化的实践刻写,创造出代表某一阶级社会整体结构风貌的文化精品。伴随世界生产力的

---

① 《马克思恩格斯文集》第四卷,人民出版社 2009 年版,第 15 – 16 页。

逐步提高和世界市场的逐渐开拓,代表各个国家经济理念和政治精神的高质量文化产品供我们观赏和消费,从而形成各国之间的文化交往。我国接受其他国家文化浸润的同时,也对自身民族文化进行理论形塑和价值创造,创造中国特色社会主义属性的人类文明新形态,完成文化再生产这一环节。这与文化帝国主义不同,它不是通过文化刊物、旅行以及讲演等方式为文化殖民主义进行辩护和开脱,而是构建一种以中华民族现代文明为主导的文化交流和多元共生的文化话语体系。"精神生产—文化创造—文化交往—文化生产"的互动机制不是简单的文化复归,而是通过"生产—创造—交往—再生产"这一闭环路径为中华民族现代文明建设提供源源不断的新鲜养分。党的十九届五中全会提出要"促进满足人民文化需求和增强人民精神力量相统一"①,强调文化发展和精神生产的内在统一性,精神生产是文化发展的前提和基础,文化发展是精神生产的目的和归宿。文化是人们通过外在的对象化活动形成的价值观念、行为习惯、道德规范等精神财富的总和,承担着教化向善、陶冶情操、凝聚人心的重要作用。三种文化在历史交织和时代际遇中完成精神生产的整合,形成中国人民感知、理解、认同的具有相对独立性的精神世界,并在具有直接现实性的物质世界中不断丰富和构建自己的理性认知,在自在、自为、自立、自信中创造出中国特色社会主义的文化形态和文明过程,并不断推动文化传承和文明赓续。守正创新三种文化,完成精神被动到历史主动、民族自在再到民族自为、传统文明向现代文明的转变,为创造属于我们这个时代的新文化提供动力引擎。

四、新时代新文化是推进中国式现代化自信自强、开创党和国家事业新局面的强大精神力量

新时代新文化是中华文化与马克思主义相结合而形成的文化,是马克思主义扎根于中华优秀传统文化的土壤不断成长起来的文化,是马克思主义中国化之后焕发出无限活力的文化,是以社会主义核心价值观为引领的新时代文化,是文化自信持续提高、能够更好地走向世界的文化。从本体论、实践论、价值论层

---

① 《中共中央关于制定国民经济和社会发展第十四个五年规划和二〇三五年远景目标的建议》,《人民日报》2020年11月4日,第1版。

面深刻把握新时代新文化的重要意义,有利于增强马克思主义与中华优秀传统文化相融合的文化自信,以社会主义核心价值观引领中华文化繁荣的文化自信,推动中华文化更好走向世界的文化自信。

（一）理论向度:为中国式现代化的文化建设增添思想光彩,凝聚建设中国式现代化的精神共识

从新时代新文化历史内涵来看,"中国特色社会主义文化,源自于中华民族五千多年文明历史所孕育的中华优秀传统文化,熔铸于党领导人民在革命、建设、改革中创造的革命文化和社会主义先进文化,植根于中国特色社会主义伟大实践。"①习近平这一论断深刻揭示了中国特色社会主义文化生成的历史来源和内涵。中华民族造就辉煌历史、创造灿烂文明得益于各民族人民发挥历史主动性,开启中华各民族交往交流交融、东西方文明交流互鉴的瑰丽历史,由此解锁了中华民族走向共同体和生成共同体意识的重要密码。中华优秀传统文化中蕴藏着丰富的民族精神和思想理念,为中华民族共同体的形成提供了原生基质和文化积淀,为新时代铸牢中华民族共同体意识提供了思想基础和文化滋养。我们应该继承发展中华优秀传统文化中的文化基因,洞见文化基因背后的政治意识、思想理念,例如,"万物负阴而抱阳,冲气以为和"的"天人合一"宇宙观,"施教导民,上下和合"的"和合"处世原则和交往理念,这些文化理念逐步凝结成中华民族共荣共进、团结互助的文化价值理念。

从新时代新文化的现实内涵来看,中国特色社会主义文化自信,是基于中国特色社会主义道路自信、理论自信、制度自信的自信,是中国和中华民族发展中"更基本、更深沉、更持久的力量"②。这说明新时代新文化是反映中国人民日益增长的文化需要的时代文化,是适应当代中国发展要求的先进文化,也是符合人类社会文明进步要求的进步文化,具有丰富的现实内涵。中国特色社会主义文化自信命题的正式提出,标志着当代中国共产党人对文化发展规律的高度自觉,也彰显了当代中国共产党人对中国特色社会主义文化自信的历史使命和时代责

---

① 《习近平著作选读》第二卷,人民出版社 2023 年版,第 34 页。
② 《习近平谈治国理政》第二卷,外文出版社 2017 年版,第 339 页。

任的积极担当。没有中国特色社会主义文化自信的支撑,中国特色社会主义道路难以行稳致远,中国特色社会主义理论体系难以开拓创新,中国特色社会主义制度难以凸显优势。2023 年,习近平在文化传承座谈会上首次提出"中华民族现代文明"一词,凸显中华文化是极具生命力的文明形态和中国由旧邦转新命的实践使命,这个新命就是中国式现代化。"新命"体现了具有历史连续性的中华文明的现代重塑,是通过马克思主义基本原理同中国具体实际相结合、同中华优秀传统文化相结合实现的。新时代新文化的生成是反映中国特色社会主义经济社会发展进程,特别是在中国式现代化途中受现实历史影响的文化传承发展过程,体现为新中国成立以来在不同历史阶段延展的文化精神,深层体现为塑造具有世界意义的哲学形态。文化传统具有很强的稳定性,彰显了民族文化的标识,既表现在观念层面,也对日常生活具有现实影响力。习近平指出:"'第二个结合'是又一次的思想解放,让我们能够在更广阔的文化空间中,充分运用中华优秀传统文化的宝贵资源,探索面向未来的理论和制度创新。"①以思想和文化主动阐扬同马克思主义基本原理相结合的中华优秀传统文化的永恒魅力和时代风采,探究其何以为中国式现代化提供了丰富的文化滋养,深思在中国式现代化进程中实现文化综合创新的必要性和可能性。中华优秀传统文化是我们创造新文化的来源之一,是建设中华民族现代文明的起点。我们要以文化自信彰显百余年来在苦难辉煌中汇聚的民族自立自强的精神力量,建设社会主义文化强国。

从新时代新文化的发展内涵来看,一切历史都是当代史,历史是当代的源头活水,当代是历史的共时汇聚。没有历史,当代就会成为无根的浮萍;没有当代,历史就会成为漂浮的幽灵。当代借助历史获得了存在的延续性,历史借助当代获得了发展的生命力。新时代新文化吸纳了中华优秀传统文化和世界其他国家和民族的文化的精华,但又是对二者的超越,是对一切人类优秀文化进行创造性转化、创新性发展的产物。新时代新文化扎根于中国社会主义初级阶段的实际,立足于新时代中国特色社会主义的伟大实践,是从当代中国土壤中生成的"不忘本来、吸收外来、面向未来"的一种综合创新的文化。从纵向看,新时代新文化是

---

① 《担负起新的文化使命　努力建设中华民族现代文明》,《人民日报》2023 年 6 月 3 日,第 1 版。

对中华优秀传统文化、革命文化和社会主义先进文化的继承和发展,属于传统文化和现代文化有效对接的总体性范畴;从横向看,新时代新文化包括对世界一切优秀文化成果的借鉴和学习,属于中国文化和外国文化互学互鉴、交流融合的发展性范畴。因此,新时代新文化还具有创新性发展的特质,必然在新时代中国特色社会主义的伟大实践中,在与世界其他国家和地区的文化交流交融和互学互鉴中,与时俱进地得到丰富和发展。与之相应,新时代中国特色社会主义文化自信的内涵也必然随着新时代中国特色社会主义文化内涵的丰富和发展而不断丰富和发展。如中华民族共同体建设对推进民族事务治理体系和治理能力现代化具有重要意义。立足"两个大局"之下深刻剖析错综复杂、风云变幻的国际形势,深层把握铸牢中华民族共同体意识的机遇与挑战;系统分析国内民族政策、民族发展现状,充分掌握新时代我国各民族政治、经济、文化、社会等方面取得的重大成就和重要经验。结合世界和国家发展之势中的"危"与"机",传递新时代民族团结和共同体建设的新理念和新格局,引领人民"有效应对国内国际错综复杂的局势……把握铸牢中华民族共同体意识的内生优势,以便推进人类文明新形态的稳步发展"[1]。

(二)实践向度:为协调推进"五位一体"总体布局、"四个全面"战略布局、推进中国式现代化高质量发展提供战略指引和智力支持

中国式现代化不是各领域要素机械叠加的现代化,而是各要素相互影响、相互渗透、相互作用的有机系统。要推动中国式现代化发展,就要推动经济、政治、文化、社会、生态五大领域的全面发展。经济建设是中国式现代化的根本保证,政治建设是中国式现代化的政治基础,文化建设是中国式现代化的灵魂血脉,社会建设是中国式现代化的坚实保障,生态文明建设是中国式现代化的有效依托,"五位一体"的现代化战略布局推动中国式现代化行稳致远。

经济建设是中国式现代化的根本保证。在"五位一体"总体布局中,经济结构是根本,决定社会发展的政治结构、文化形态、生态结构。以毛泽东为代表的中国共产党人认为经济工业化是现代化建设的主要奋斗目标,打破自然经济模

---

[1] 刘田、杨昌儒:《铸牢中华民族共同体意识的现实内生优势》,《贵州民族研究》2022 年第 4 期。

式,解构社会内部的传统性,将现代化建设重点放在社会经济运行机制和社会结构现代化上,是对推动经济现代化的重大突破。1956 年召开的党的八大上,以邓小平为代表的中国共产党人决定将党的工作重心转移到经济建设上来,构建充满活力的社会主义市场经济体制。从计划经济到市场经济,从封闭落后到改革开放,从生产力落后到经济总量位居世界第二,是经济建设推动中国现代化发展的具体表现。1964 年 12 月,在第三届全国人民代表大会第一次会议上,周恩来首次提出把中国建设成为一个具有现代农业、现代工业、现代国防和现代科学技术的社会主义强国,实现"四个现代化"目标的"两步走"设想。在社会主义初级阶段,在这个商品经济很不发达的阶段,要抓住农业、工业、国防和科学技术四个核心要素,提供现代化发展的物质基础和技术保障。习近平指出:"我们坚持和发展中国特色社会主义,推动物质文明、政治文明、精神文明、社会文明、生态文明协调发展,创造了中国式现代化新道路,创造了人类文明新形态。"①习近平总书记的论述强调了经济、政治、文化、社会、生态五位一体的现代化战略布局,并将经济建设摆在首位,为建设富强的社会主义现代化强国指明了方向。

政治建设是中国式现代化的政治基础。在"五位一体"总体布局中,政治结构犹如一座大厦的地基,"地基"打不稳,社会无论怎样发展都会"地动山摇"。因此,政治建设是现代化发展中不可忽视的部分。我国的国体是人民民主专政,政体是全国人民代表大会制度。因此,"政党"是政治建设中的行动主体,"人民"是政治建设中的价值主体,中国共产党就是为人民服务的政党。要将政治建设摆在首位,处理好政党与群众之间的关系,牢固树立为人民服务的根本宗旨。坚持老有所养,幼有所教,贫有所依,弱有所扶,难有所助,将人民急难愁盼之事作为工作重心。发挥全过程人民民主的制度优势,聆听群众声音,倾听群众故事,促进全体人民共同富裕,激发群众推动中国式现代化发展的主动性和自觉性,让群众在实现中华民族伟大复兴的洪流中感受中国式现代化建设带来的福祉,为建设民主的社会主义现代化强国提供政治根本。

文化建设是中国式现代化的灵魂血脉。在"五位一体"总体布局中,文化建

---

① 《习近平谈治国理政》第四卷,外文出版社 2022 年版,第 10 页。

设是社会发展中的"无形推手"。我国是具有五千多年悠久历史的文化古国,无论是中华优秀传统文化中的价值观,如"德主刑辅""以德化人"的德治主张,"民贵君轻""政在养民"的民本思想,"等贵贱均贫富""损有余,补不足"的平等观念,"法不阿贵""绳不挠曲"的正义追求,"孝悌忠信""礼义廉耻"的道德操守,还是全人类共同价值中的"和平、发展、公平、正义、民主、自由",都与中国式现代化观高度契合。因此,要弘扬中华优秀传统文化、革命文化、社会主义先进文化,让社会主义核心价值观成为人民心中"日用而不觉"的精神养分,为维护社会稳定、凝聚社会力量、建设文明的社会主义现代化强国提供精神力量和智力支持。

社会建设是中国式现代化的坚实保障。在"五位一体"总体布局中,社会建设是织密现代化发展的"中心网"。社会是否和谐稳定、人民生活是否安定团结,决定着一个国家、一个民族现代化发展是否稳定。中国式现代化是人口规模巨大的现代化,"脱贫攻坚战取得决定性进展,贫困人口减少六千六百万人以上"[1]。打赢全面建成小康社会收官战,是我国作为人口大国的突破性进展。将人口规模巨大的数量优势转化为激发社会动力的质量优势,推动社会治理现代化向稳发展,这是社会治理现代化建设的发展方向。中国式现代化是物质文明和精神文明相协调的现代化,不仅要脱掉大部分中国人"物质上"的贫困,还要脱掉"精神上"的贫困。协调人民物质生活和精神生活不平衡不充分之间的矛盾,关乎经济发展、政治稳定、社会和谐,必须不遗余力提高脱掉物质贫困和精神贫困的治理效能,为建设和谐的社会主义现代化强国提供坚实保障。

生态文明建设是中国式现代化的有效依托。在"五位一体"总体布局中,生态文明建设是现代化发展的"呼吸机"。生态文明建设是关乎人民福祉、民族团结的千年大计。将生态文明建设纳入"五位一体"现代化战略布局,预示着中国的社会主义现代化建设进入一个新的历史阶段。中国式现代化是人与自然和谐共生的现代化,既要创造更多物质财富和精神财富,以满足人民日益增长的美好生活需要,也要提供更多优质生态产品,以满足人民日益增长的优美生态环境需要。因此,立足新发展阶段,树立尊重自然、保护自然、顺应自然的生态文明观,

---

① 《习近平著作选读》第二卷,人民出版社 2023 年版,第 62 页。

构建一条具有中国特色的生态治理现代化之路,是经济建设、政治建设、文化建设、社会建设的有效依托,为建设美丽中国打下坚实基础。

从社会发展的一般规律来看,无论是摸着石头过河,还是进行顶层设计,都是为了理顺或解决生产力与生产关系的矛盾、经济基础和上层建筑的矛盾,只有把这两对矛盾运动结合起来考察,把社会基本矛盾作为一个整体来考察,才能全面把握整个社会有机体的基本面貌和发展方向,才能从纷繁复杂的事物表象中把准改革脉搏,把握全面深化改革的内在规律,才能保证改革开放既具有前瞻性又具有探索性,既具有谋划性又具有突破性,才能确保社会变革稳步推进。因此,要整体、系统、创新性地认识"五位一体"现代化布局对中国式现代化发展规律的战略意义。一是注重前瞻性思考,运用历史思维能力。回望历史,中国共产党作为百年大党栉风沐雨而屹立不倒,一个重要原因在于将马克思主义的立场观点方法转化为中国共产党人进行革命、建设、改革的"望远镜"。当前,我国处于中华民族伟大复兴战略全局和世界百年未有之大变局的历史交汇期,面对风云变幻和波谲云诡的国际国内形势,我们必须注重前瞻性思考经济、政治、文化、社会、生态文明建设中的系统性、风险性、创新性问题,把对敏锐考察现实问题的行动自觉转化为党和人民作出战略部署的主体自觉,增强构建"五位一体"现代化战略布局的稳定性、预见性和创造性,是推动中国式现代化实现中华民族伟大复兴的现实需要。二是加强全局性谋划,实现顶层设计和实践创新的良性互动。"不谋一域不足以谋全局",马克思提出"生产、分配、交换、消费""构成一个总体的各个环节,一个统一体内部的差别……不同要素之间存在着相互作用。每一个有机整体都是这样"①。强调社会是由不同层次的子系统和包含复杂要素的系统构成的有机整体。要从全局出发,运用系统思维考察社会发展的全貌,不能割裂任何一个部分,让社会发展演化出现短板。三是实施战略性布局,加强现代化战略部署。战略是对斗争全局的策划和指导,是领导者基于对斗争所依赖的主客观条件及其发展变化的规律性认识。"五位一体"总体布局是通过全面规划、部署、指导现代化力量的建设和运用,以有效地实现中华民族伟大复兴的战略部

---

① 《马克思恩格斯选集》第二卷,人民出版社 1995 年版,第 17 页。

署。当前我国处于以中国式现代化推进中华民族伟大复兴的新发展阶段,我们要根据现代化建设的阶段特点和形势情况作出战略调整,深度优化社会内在演化的动力机制,着力构建经济、政治、文化、社会、生态文明协调发展的新发展格局,为中国式现代化注入战略动力。四是关注整体性推进,落实现代化发展成果。"五位一体"的现代化战略布局从生根、发芽到落地实施都需要理论和实践的检验,把创新放在现代化建设的首要位置,协调现代化建设的各方动力,深化人与自然之间的和谐关系,处理好自立自强和对外开放的共生关系,整体推进、系统谋划经济、政治、文化、社会、生态文明各领域的改革,让人民群众共享现代化发展成果。

（三）价值向度:为坚守中华文化立场、推动中华民族现代文明建设提供价值指引

建设中华民族现代文明是新时代新的文化使命。从根本上说,习近平总书记在文化传承发展座谈会上的重要讲话是建设中华民族现代文明的行动指南。①因此,以此次座谈会讲话为核心对象进行学理性研究,可以分析出中华民族现代文明建设"何以可能""何以可为"的内容框架:一是"推动文化繁荣、建设文化强国、建设中华民族现代文明"是基于中国式现代化对中国特色社会主义文化建设的精准判断。二是建设中华民族现代文明有明确的内容要求,即"创造属于我们这个时代的新文化"。三是习近平总书记希望通过中国国家版本馆的建设与考古学的持续发展,"为中国式现代化建设"贡献更多智慧和力量,指出中华民族现代文明是中国式现代化的文化形态。要用系统性思维和整体性诠释的方法建设中华民族现代文明,既在实践上标识新征程新的文化使命,更在理论上凸显"六个必须坚持"立场观点方法的灵活运用,体现理论与实践的有效互动,是"两个结合"的生动呈现。

中华民族现代文明根植于中华文明,实现了中华文明的现代性转化。中华民族现代文明是从中华文明之树上结出的文明之果,虽源于中华文明的历史长

①　中共中国社会科学院党组:《建设中华民族现代文明的行动指南》,《人民日报》2023 年 6 月 14 日,第 9 版。

河之中,一旦从中华文明的文明之脉中生长出来,便与时代要求相对应,赋予中华文明以"现代"的精神与品格。习近平总书记特别强调,"第二个结合"使文化空间再拓展,为我们"探索面向未来的理论和制度创新"①提供了中华优秀传统文化这一宝贵资源。建设中华民族现代文明,再次突出了"第二个结合"的理论地位。在以中国式现代化全面推进中华民族伟大复兴的大背景下,"第二个结合"从理论和实践互动的层面,系统回答了在新的历史起点上怎样推进马克思主义中国化时代化、怎样发展中华文明的问题。"'两个结合'是创新发展马克思主义的根本路径",也是社会主义意识形态指引中华民族现代文明建设取得更加辉煌成就的正确方法。"两个结合"是马克思主义中国化时代化的重要创新成果,集中反映了马克思主义"传入、融入、改变"中国的机理,是在中国社会发展现实中嵌入社会主义意识形态的根本方法,是中华优秀传统文化与时俱进扎根中国土壤得以转化创新的根本方法。在以"两个结合"指引中华民族现代文明建设和意识形态建设的过程中,中国共产党着眼于中华民族现代文明建设实际,注入富含普遍意义的时代基因,重视体现中国风格和中国特色,使社会主义意识形态的内涵得到了极大丰富,开创了一条中国式的文明建设之路。进入新时代,中国共产党着眼于现代化建设和改革开放的实际,始终利用马克思主义的观点和方法破解各种棘手难题,科学应对各类阻碍社会发展的新挑战,使党的理论得到了进一步创新,使社会主义意识形态的外延和内涵都得到了深度拓展。同时,在进一步筑牢社会主义意识形态存在根基的基础上,推动马克思主义基本原理同中华优秀传统文化的全面贯通,为马克思主义在新时代的创新发展提供了厚实的文明土壤。中华民族何以能够绵延发展,其根基就在于中华优秀传统文化所蕴含的价值追求与科学社会主义的价值高度一致,为社会主义意识形态熔铸在各族人民精神文化生活中夯实了价值根基。在新的历史起点上,推进中华民族现代文明建设,需要根植中华优秀传统文化的肥沃土壤,探寻中华民族现代文明与中华优秀传统文化的耦合点,深挖中华优秀传统文化和社会主义意识形态的结合点,将中华优秀传统文化与马克思主义的内核要义贯通起来、与各族人民的共同

---

① 《担负起新的文化使命努力建设中华民族现代文明》,《人民日报》2023年6月3日,第1版。

价值融通起来,根据各族人民的需求和时代发展要求转化和创新中华优秀传统文化,彰显其价值普遍性、空间广延性以及历史连续性①,把社会主义先进文化、革命文化、中华优秀传统文化统筹于中华民族现代文明建设中,夯实共同的文化基因,提高各族人民对伟大祖国、中华民族、中华文化、中国共产党、中国特色社会主义的认同,创造中华民族现代文明建设新辉煌。

"六个必须坚持"贯穿中华民族现代文明建设的全过程,为新时代新文化创造性转化、创新性发展提供了立场观点方法,外化为习近平新时代中国特色社会主义思想这一外在表达,必须始终坚持贯彻。一是坚持人民至上的根本立场。坚持人民至上的根本立场既是基于中华文化历史连续性的客观把握,又是中国式现代化基于新时代新文化的必然要求。孟子最早提出了"民贵君轻"经典表述,即"民为贵,社稷次之,君为轻"。荀子在《荀子·哀公》也提出"君者,舟也;庶人者,水也。水则载舟,水则覆舟",《礼记·大学》的"民之所好好之,民之所恶恶之""得众则得国,失众则失国"等,都体现了传统中华先哲对民众的重视,使得"民重君轻"思想延续各个朝代并逐渐被纳入君主的统治思想。新时代以来,习近平曾引用朱熹所讲"国以民为本,社稷亦为民而立"来强调党的政治建设只有紧紧抓住民心这个最大政治,才能赢得民心民意,才能夯实"人民"这个党执政的最大底气。这一思想继承并超越了传统民本观的合理内核,集中体现为以人民为中心的发展思想。二是坚持自信自立的基本原理。马克思主义认为,物质决定意识,意识反作用于物质。要从内因和外因的关系看待社会发展的客观规律。内因是事物变化的根据,外因是事物变化的条件。只有将立足点放在中华民族自身,维护中华优秀传统文化基本元素,才能增强现代文明自立能力,不断深化其"现代"的理论品格和时代特性。三是坚持守正创新的基本方法。守正创新从根本上说就是坚持事物发展规律的"否定之否定"。马克思主义与中华优秀传统文化具有一致性,确证了守正创新遵循继承性和发展性的辩证统一的基本原则,以文化主体性促进文化对象性、推动文化多样性,坚持本我的同时吸收非

---

① 王永贵:《新时代社会主义文化强国建设的意识形态逻辑》,《南京师大学报(社会科学版)》2022年第5期。

我。这里的"非我"指的是外来文化。马克思主义与中华优秀传统文化的一致性体现为"应用层面上的结合"和"思想文化层面上的结合"①,表征为中国特色社会主义对中华文化的继承与发展,是创造中国式现代化文明形态的重要条件。习近平文化思想坚持明体达用、体用贯通的辩证统一很好地确证了这一点。这一思想提出健全用党的创新理论武装全党、教育人民、指导实践工作体系,提出推动理想信念教育常态化、制度化,提出加快构建中国特色哲学社会科学,提出加快构建融为一体、合而为一的全媒体传播格局,提出健全网络综合治理体系,提出构建具有鲜明中国特色的战略传播体系,等等。这些新的部署涵盖理论武装、新闻舆论、思想道德建设、网络建设和管理、对外宣传等各个方面,体现了鲜明的问题导向、实践导向,明确了新时代文化建设的路线图和任务书,为推进文化强国建设提供了行动纲领,是坚持守正创新这一基本方法的外在表达。四是提高系统性思维能力,增强顶层设计和系统谋划的本领。系统性思维是指站在全局的战略高度来看待系统与要素的关联性、协同性的一种思维能力。我国文化建设能持续向好,从根本上说,得益于习近平在文化建设方面掌舵领航时表现出的远见卓识。习近平总书记站在民族视野和世界视野辩证统一的战略高度,亲自谋划和指导,多次组织集体学习、召开专门会议、主持专题座谈、制定改革方案、决策重大项目、推动重大工程、实地调研考察,在思想理论、精神文明、文学艺术、新闻舆论、哲学社会科学、文物考古、版本保存利用、文化遗产保护、文化产业振兴、文化惠民工程等文化领域各重要方面逐一进行深入细致的研究部署、关心指导、广泛动员。这些不仅构成了习近平文化思想这一系统学说,深化了对中国特色社会主义文化建设的规律性认识,彰显了社会主义国家的政治性立场、人民性情怀、整体性谋略、世界性视野,更为如何增强文化软实力、提高我国在国际上的话语权以及面对当今世界的变乱交织,百年变局的加速演进,如何增进文明互鉴提供了中国智慧和中国方案。五是坚持问题导向,致力于回答和解决文化之问才能不断将中国特色社会主义伟大实践推向前进。习近平文化思想坚持承认

---

① 张允熠、张弛:《从"一个结合"到"两个结合":马克思主义中国化的新叙事》,《思想理论教育》2021 年第 9 期。

矛盾的普遍性,以善于认识和分析主要矛盾作为文化工作的突破口,从文明与中华文明、中华文化与中华民族现代文明的关系出发,回答了"新时代中国特色社会主义文化建设是什么,为什么要建设新时代中国特色社会主义文化建设以及如何建设新时代中国特色社会主义文化"这些重大文化之问,强调"只有全面深入了解中华文明的历史,才能更有效地推动中华优秀传统文化创造性转化、创新性发展,更有力地推进中国特色社会主义文化建设,建设中华民族现代文明"①。这是坚持从中华文化源流论之维来思考中华民族永续发展的千年大计。这一哲学思维充分体现马克思主义哲学的实践性和树立鲜明的问题意识、及时发现和分析问题的科学理论,贯穿习近平文化思想全过程。六是坚持胸怀天下的宽广格局。从《国语·郑语》的"和同之辩"、孔子讲"君子和而不同"、《中庸》谈及"道并行而相悖"到"天下兴亡,匹夫有责"的担当抱负,"为万世开太平"的远大理想、《礼记·礼运》中天下大同的社会憧憬等,都蕴含着中华民族的文化观及对民族命运的思考和担当。与以"资本"为本、以"资本家"为中心的西方现代文明不同,中华文化彰显了对世界文明兼收并蓄的开放胸怀,在尊重文化差异的前提下追求文明交流互鉴的理念。从全球视角来看,中华民族现代文明是基于中国式现代化提出的一种人类文明新形态,既遵循人类文明发展的一般规律,也遵照自身文明历史发展的特殊逻辑,不仅体现了和而不同、和衷共济的中国特色社会主义文明观,更是站在推动人类文明存续发展的世界维度创造出与传统文明自成一体、体用贯通、造福全球、永续发展的现代中华文明,在处理文明之间的关系方式上交出了中国思考的新答卷。

---

① 《担负起新的文化使命努力建设中华民族现代文明》,《人民日报》2023 年 6 月 3 日,第 1 版。

第八章　中国式现代化
与社会建设新征程

　　社会建设是我国特有的概念。1917 年,孙中山先生所著《会议通则》(后改名为《民权初步》)收录编入《建国方略》之三,题名《社会建设》。孙中山先生所提出的社会建设更多是在讲公民权利,在当今偏向于政治建设的范畴。20 世纪 30 年代,社会学家孙本文接过"社会建设"这一概念,赋予其新的含义:依社会环境的需要与人民的愿望而从事的各种社会事业,谓之社会建设。这一概念与我们当今社会建设的概念较为相近。

　　社会建设是指社会主体根据社会需要,有目的、有计划、有组织进行的改善民生和推进社会进步的社会行为与过程。① 中国式现代化进程中的社会建设就是要抓住人民最关心、最直接、最现实的利益问题,扭住突出民生难题,一件事情接着一件事情办,一年接着一年干,让人民群众有更多获得感、幸福感、安全感。②

　　新时代新征程中社会建设总体来说可以概括为一个奇迹、二大重点任务、三个感受、六个方面内容、七维目标。"一个奇迹"是指续写了社会长期稳定的奇迹,"二大重点任务"是指在发展中保障和改善民生、加强和创新社会治理,"三个感受"是提升人民群众的获得感、幸福感、安全感,"六个方面"内容是指办好人民满意的教育、完善分配制度、实施就业优先战略、健全社会保站台体系、推进健康中国、做好脱贫攻坚与乡村振兴有机衔接,"七维目标"是幼有所育、学有所教、劳有所得、病有所医、老有所养、住有所居、弱有所扶的"七有"社会。

---

　　① 龚维斌:《社会管理与社会建设》,国家行政学院出版社 2011 年版,第 9 页。
　　② 《习近平谈治国理政》第三卷,外文出版社 2020 年版,第 346 页。

一、不断实现人民对美好生活的向往

党的十八大以来,以习近平同志为核心的党中央把人民对美好生活的向往作为奋斗目标,深入贯彻以人民为中心的发展思想,在幼有所育、学有所教、劳有所得、病有所医、老有所养、住有所居、弱有所扶上持续用力,人民生活全方位改善。"必须坚持在发展中保障和改善民生,鼓励共同奋斗创造美好生活,不断实现人民对美好生活的向往。"习近平总书记在党的二十大报告中着眼全面建设社会主义现代化国家的目标任务,对增进民生福祉、提高人民生活品质作出重要部署。学习贯彻党的二十大精神,就要"坚持以人民为中心的发展思想","不断实现发展为了人民、发展依靠人民、发展成果由人民共享,让现代化建设成果更多更公平惠及全体人民"。①

人民性是马克思主义的本质属性和鲜明品格,社会建设最终目标是推动人的全面发展、实现全体人民的共同富裕。从某种意义上讲,社会建设最能体现中国共产党以人民为中心的发展思想,是实现中国式现代化的最终目的和价值旨归的重要途径,是中国式现代化区别于其他现代化道路的重要着力点。因此,可以说,社会建设是我国独有的概念。

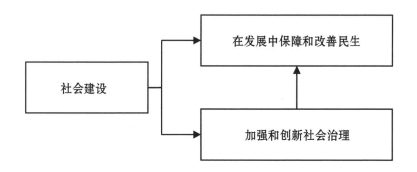

图8-1　社会建设的主要内容

---

① 习近平:《高举中国特色社会主义伟大旗帜　为全面建设社会主义现代化国家而团结奋斗——在中国共产党第二十次全国代表大会上的报告》,人民出版社2022年版,第27页。

（一）社会建设的提出

中国共产党一贯重视社会建设,关心群众生活、倾听社会呼声是党的优良作风。党的十六大以后,党中央提出了科学发展观和构建社会主义和谐社会的重大战略思想,强调坚持以人为本,推动经济社会全面、协调、可持续发展。2004年党的十六届四中全会开辟了中国社会建设新阶段,从提高党构建社会主义和谐社会能力的高度,首次明确提出"加强社会建设和管理,推进社会管理体制创新","建立健全党委领导、政府负责、社会协同、公众参与的社会管理格局"。

2006年,党的十六届六中全会作出了《关于构建社会主义和谐社会若干重大问题的决定》,回答了为什么要构建社会主义和谐社会、什么是社会主义和谐社会,以及如何构建社会主义和谐社会的重大理论和实践问题。这一决定是在我国已进入改革发展的关键时期、经济体制深刻变革、社会结构深刻变动、利益格局深刻调整、思想观念深刻变化的时代背景下做出的,旨在推动解决城乡、区域、经济社会发展很不平衡,人口资源环境压力加大,就业、社会保障、收入分配、教育、医疗、住房、安全生产、社会治安等方面关系群众切身利益的问题比较突出,体制机制尚不完善、民主法制还不健全等关系国家发展和社会稳定的问题。文件指出,社会和谐是中国特色社会主义的本质属性,是国家富强、民族振兴、人民幸福的重要保证。构建社会主义和谐社会,反映了建设富强民主文明和谐的社会主义现代化国家的内在要求,体现了全党全国各族人民的共同愿望。①

2007年,党的十七大进一步开创了我国社会建设的新局面,首次把社会建设纳入中国特色社会主义事业"四位一体"建设格局中,明确指出:"社会建设与人民幸福安康息息相关。必须在经济发展的基础上,更加重视社会建设,着力保障和改善民生,推进社会体制改革,扩大公共服务,完善社会管理,促进社会公平正义,努力使全体人民学有所教、劳有所得、病有所医、老有所养、住有所居,推动建设和谐社会。"②明确了当时一段时期社会建设的主要任务,以及以保障和改善民

① 《全面建成小康社会重要文献选编》(上),人民出版社、新华出版社2022年版,第549页。
② 胡锦涛:《高举中国特色社会主义伟大旗帜　为夺取全面建设小康社会新胜利而奋斗——在中国共产党第十七次全国代表大会上的报告》,人民出版社2007年版,第37页。

生作为工作重点。

（二）新时代社会建设的创新发展

党的十八大以来，习近平总书记在保障和改善民生、加强和创新社会治理等社会建设领域提出了一系列新思想、新论断、新观点，科学回答了在中国特色社会主义新时代为什么要推进社会建设、怎么推进社会建设等重大理论和现实问题，为我国新时代开展各项社会建设工作提供了根本遵循。

1. 新高度：将社会建设纳入全面建成小康社会的目标

党的十九大报告提出，要全面贯彻党的基本理论、基本路线和基本方略，统筹推进"五位一体"总体布局，明确将"社会建设"独立出来，作为新时代中国特色社会主义事业和国家治理体系的有机组成部分。也就是说，全面建设小康社会的目标任务是五位一体的，仅经济建设目标实现了，而社会建设目标没有实现，就不能说我们实现了全面建成小康社会的总体目标。

社会建设作为"五位一体"之一，与其他四个方面既相互独立，又互相关联，共同构成一个有机整体。从五个方面对于有机整体的作用看，"经济建设是根本，政治建设是保证，文化建设是灵魂，社会建设是条件，生态文明建设是基础，五项建设相互联系、相互协调、相互促进、相辅相成，必须统筹兼顾，全面推进"。[①]社会建设关乎民生，关乎国家长治久安，是中国特色社会主义"五位一体"总体布局的重要组成部分，在"四个全面"战略布局中具有举足轻重的地位和作用。

从五个方面之间的关系看，社会建设与政治建设、经济建设、文化建设、生态文明建设之间密切关联，发挥着稳定器和压舱石的作用。

从社会建设与政治建设的关系看，社会建设关乎民生。习近平总书记既讲"民心是最大的政治"，又讲"民生是最大的政治"，社会建设是保障民生、赢得民心的重要途径，因此社会建设要为政治建设守好底线。

从社会建设与经济建设的关系看，社会建设和经济建设互为条件。社会建设的重点是要在发展中保障和改善民生，在做大蛋糕的同时分好蛋糕，而经济建设为社会提供日益增长的物质产品，这是社会建设的前提和物质基础。只有经

---

① 刘东风：《中国特色社会主义五位一体总布局探析》，《求实》2013 年第 4 期。

济持续增长,才能有可分配的收入,才能进行科学的一次分配、二次分配、三次分配。不能忽视的是,分好"蛋糕"有利于激发社会活力,进而提升各方面社会主体的动力,促进经济建设的速度和质量,经济建设和社会建设统一于中国式现代化进程中的共同富裕。中国式现代化既要创造比资本主义更高的效率,又要更有效地维护社会公平,更好地实现效率与公平相兼顾、相促进、相统一。① 这就要依靠经济建设和社会建设协调发展才能处理好推进中国式现代化中效率与公平的关系。

从社会建设与文化建设的关系看,社会建设是文化建设的源泉。文化来源于社会、根植于人民。习近平总书记在2023年10月召开的全国宣传思想文化工作会议上,进一步强调了在新的历史起点上继续推动文化繁荣、建设文化强国、建设中华民族现代文明这一新的文化使命。建设中华民族现代文明,是推进中国式现代化的必然要求,是社会主义精神文明建设的重要内容。我们所建设的是民族的、科学的、大众的社会主义文化,因此,要想实现文化强国的目标必须以社会建设为支撑,以在社会建设中进行检验。

2. 新方式:从"社会管理"发展向"社会治理"

党的十八届三中全会,用"社会治理"代替"社会管理",把社会治理纳入国家治理体系和治理能力现代化的总目标,将社会体制改革纳入全面深化改革的主要任务。

党的二十大报告指出:"完善社会治理体系。健全共建共治共享的社会治理制度,提升社会治理效能。在社会基层坚持和发展新时代'枫桥经验',完善正确处理新形势下人民内部矛盾机制,加强和改进人民信访工作,畅通和规范群众诉求表达、利益协调、权益保障通道,完善网格化管理、精细化服务、信息化支撑的基层治理平台,健全城乡社区治理体系,及时把矛盾纠纷化解在基层、化解在萌芽状态。加快推进市域社会治理现代化,提高市域社会治理能力。强化社会治安整体防控,推进扫黑除恶常态化,依法严惩群众反映强烈的各类违法犯罪活动。发展壮大群防群治力量,营造见义勇为社会氛围,建设人人有责、人人尽责、

① 习近平:《推进中国式现代化需要处理好若干重大关系》,《求是》2023年第19期。

人人享有的社会治理共同体。"①

加强和创新社会治理,就是要在党的领导下,以政府为主导,以社会多元主体参与为基础,以维护人民群众根本利益为核心,通过合作、对话、协商、沟通等方式,依法对社会事务、社会组织和社会生活进行引导和规范,协调社会利益,化解社会矛盾,促进社会公平,推动社会稳定有序发展。②

从社会治理到社会管理,是社会建设中坚持马克思主义群众史观的基本原理与中国具体实际相结合,同中华优秀传统文化相结合的重要成果,体现了中国共产党治国理政在社会领域中的重大理论和实践创新。

社会治理和社会管理最大的区别在于主体,社会治理更加强调社会中多元主体的共同参与,人民群众不仅是社会治理的客体和对象,也是社会治理的主体,在政府的主导下,以城乡群众个人、企事业单位、社会组织等各种形式和载体,充分发挥自主自治的能动性和创造性,建设社会治理共同体,这是共建共治共享的基础。纵向看,社会治理的重心不断向基层延伸,破解了传统社会管理模式中贯彻党中央的决策部署和战略政策层层衰减的问题,解决了部分政策制定脱离人民群众生产生活实际的问题,更有利于准确把握基层问题,并把矛盾解决在基层。

3. 新维度:从"五有"到"七有"

习近平新时代中国特色社会主义思想中的社会建设是贯穿人的全生命周期的保障和改善民生。总体思路是"以两头带中间",也就是以老人和小孩,带动中间年龄阶层的保障。从学有所教、劳有所得、病有所医、老有所养、住有所居的"五有"社会,到幼有所育、学有所教、劳有所得、病有所医、老有所养、住有所居、弱有所扶的"七有"社会,幼有所育、弱有所扶是新时代社会建设的新部署。其中,幼有所育和弱有所扶是习近平总书记顺应时代发展趋势和要求提出的。

幼有所育是我国发展进入新时代以来,应对家庭学龄前儿童的托育需求而提出的,是为应对托育成本高、普惠性托位供给不足的问题而实施的一项重要工

① 习近平:《高举中国特色社会主义伟大旗帜　为全面建设社会主义现代化国家而团结奋斗——在中国共产党第二十次全国代表大会上的报告》,人民出版社 2022 年版,第 54 页。
② 《习近平新时代中国特色社会主义思想概论》,高等教育出版社、人民出版社 2023 年版,第 235 页。

作。少年儿童是祖国的希望,民族的未来。幼有所育就是让每一名少年儿童都
能伴随时代的脚步茁壮成长。习近平总书记强调,要加强对基础教育的支持力
度,办好学前教育。

扶弱济困是中华民族代代相传的美德,也是中国共产党对人民的庄严承诺,
更是践行以人民为中心的发展理念的实际体现。习近平总书记强调:"对困难群
众,我们要格外关注、格外关爱、格外关心,帮助他们排忧解难。""要扎实做好民
生保障工作,着力保障困难群众基本生活。"党和政府不断改革完善社会救助制
度,健全分层分类、城乡统筹的中国特色社会救助体系,全面建立农村留守儿童
关爱保护制度,全面建立困难残疾人生活补贴和重度残疾人护理补贴制度,将人
民群众基本生活的兜底保障网织得更密、编得更牢。

学有所教、劳有所得、病有所医、老有所养、住有所居也都在新时代提出了新
的任务和新的内涵。

4. 新阶段:扎实推进共同富裕

"治国之道,富民为始。"促进全体人民共同富裕是一个长期的历史过程,是
连续性和阶段性的统一。习近平总书记指出,共同富裕是社会主义的本质要求,
我们正在向第二个百年奋斗目标迈进,适应我国社会主要矛盾的变化,更好满足
人民日益增长的美好生活需要,必须把促进全体人民共同富裕作为为人民谋幸
福的着力点,不断夯实党长期执政基础。[①] 我国已经打赢脱贫攻坚战、全面建成
小康社会,扎实推进全体人民共同富裕是以中国式现代化推进社会建设的新
阶段。

1987 年党的十三大正式提出实现社会主义现代化分"三步走"的发展战略
和发展步骤,指出:党的十一届三中全会以后,我国经济建设的战略部署大体分
"三步走"。第一步,实现国民生产总值比 1980 年翻一番,解决人民的温饱问题,
这个任务已基本实现。第二步,到本世纪(20 世纪)末,使国民生产总值再增长
一倍,人民生活达到小康水平。第三步,到下世纪(21 世纪)中叶,人均国民生产

---

① 《在高质量发展中促进共同富裕　统筹做好重大金融风险防范化解工作》,《人民日报》2021 年 8
月 18 日,第 1 版。

总值达到中等发达国家水平,人民生活比较富裕,基本实现现代化。这是党的全国代表大会首次把"温饱""小康""基本实现现代化"作为我国社会主义现代化建设进程中所要实现的三大战略目标。党的十五大报告提出"三步走"的发展战略:"展望下个世纪,我们的目标是,第一个十年实现国民生产总值比 2000 年翻一番,使人民的小康生活更加宽裕,形成比较完善的社会主义市场经济体制;再经过十年的努力,到建党一百年时,使国民经济更加发展,各项制度更加完善;到下世纪中叶建国一百年时,基本实现现代化,建成富强民主文明的社会主义国家。"①

从邓小平在南方谈话中提出,共同富裕"将来总有一天要成为中心课题",到党的十九届五中全会提出要促进"全体人民共同富裕取得更为明显的实质性进展",我国社会建设经历了从温饱到小康再到共同富裕的历程。习近平指出:"现在已经到了扎实推动共同富裕的历史阶段。"

"新发展阶段扎实促进共同富裕,必须坚持以人民为中心的发展思想,充分发挥社会主义制度的独特优势。具体来讲,促进全体人民共同富裕需要推动高质量发展、始终坚持'两个毫不动摇'、不断调整国民收入分配结构、加快完善社会主义市场经济体制、不断保障和改善民生、协同推进物质生活和精神生活富裕,从而提升共同富裕的水平和共同富裕的全面性。"②

共同富裕是中国式现代化的鲜明特色,在推进社会建设中要准确把握共同富裕的科学内涵和重要意义,旗帜鲜明地明确共同富裕不是绝对平均主义。避免绝对平均主义的片面的、错误的思想。毛泽东曾指出,绝对平均主义不但在资本主义没有消灭的时期,只是农民小资产阶级的一种幻想,就是在社会主义时期,物质的分配也要按照"各尽所能,按劳取酬"的原则和工作需要,反对不问一切理由的平均主义。习近平总书记指出,中国式现代化是全体人民共同富裕的现代化,但共同富裕不是整齐划一,绝对平均主义是不利于激发活力、推动现代化的。中国式现代化进程中的社会建设核心在于多元主体之间的利益分配,政

---

① 何丽芬:《温饱、小康与基本实现现代化》,《吉林师范大学学报(人文社会科学版)》2003 年第 6 期。
② 蒋永穆、何媛:《扎实促进全体人民共同富裕:时代要求、难点挑战和路径安排》,《思想理论教育导刊》2021 年第 11 期。

府的首要责任就是保基本、兜底线,尽力而为、量力而行。

5. 新重点:和谐社会基础上加快构建法治社会

党的十八届四中全会明确提出全面推进依法治国的总目标是建设中国特色社会主义法治体系、建设社会主义法治国家,提出了坚持法治国家、法治政府、法治社会一体建设的思路,揭示了现代法治的普遍规律,即不仅要建设一个法治国家,还要建设一个法治社会,建设一个法治中国。

党的二十大报告提出加快建设法治社会,指出法治社会是构筑法治国家的基础。弘扬社会主义法治精神,传承中华优秀传统法律文化,引导全体人民做社会主义法治的忠实崇尚者、自觉遵守者、坚定捍卫者。建设覆盖城乡的现代公共法律服务体系,深入开展法治宣传教育,增强全民法治观念。推进多层次多领域依法治理,提升社会治理法治化水平。发挥领导干部的示范带头作用,努力使遵法、学法、守法、用法在全社会蔚然成风,成为全体人民的自觉行动。①

二、新时代以来我国社会建设取得的成就和面临的挑战

(一)新时代以来我国社会建设取得的巨大成就

党的十八大以来,党和国家贯彻以人民为中心的发展思想,在幼有所育、学有所教、劳有所得、病有所医、老有所养、住有所居、弱有所扶上持续用力,人民生活全方位改善。"人民群众获得感、幸福感、安全感更加充实、更有保障、更可持续,共同富裕取得新成效。"②续写了经济快速发展和社会长期稳定的奇迹。

1. 在民生改善方面

在民生改善方面,我们完成了脱贫攻坚、全面建成小康社会的历史任务,实现"第一个百年"奋斗目标。人均预期寿命增长到 78.2 岁;居民人均可支配收入从 1.6 万元增加到 3.5 万元;城镇新增就业年均 1300 万人以上;建成世界上规模最大的教育体系、社会保障体系、医疗卫生体系,教育普及水平实现历史性跨越,基本养老保险覆盖十亿四千万人,基本医疗保险参保率稳定在 95%;改造棚户区

① 张文显:《习近平法治思想的理论体系》,《法制与社会发展》2021 年第 1 期。

② 习近平:《高举中国特色社会主义伟大旗帜 为全面建设社会主义现代化国家而团结奋斗——在中国共产党第二十次全国代表大会上的报告》,人民出版社 2022 年版,第 11 页。

住房四千二百多万套,改造农村危房二千四百多万户,城乡居民住房条件明显改善;互联网上网人数达 10.3 亿人。①

2.在社会治理方面

新时代以来,我国续写社会长期稳定奇迹。国家统计局数据显示,2021 年人民群众对平安建设的满意度达 98.8%。我国成为刑事犯罪率最低、命案发案率最低、枪爆犯罪案件最少的国家之一。大量纠纷解决在诉讼之前,大批"骨头案""钉子案"得到有效解决。

(二)新征程中我国社会建设面临的形势与挑战

虽然经过多年的努力,我国社会建设取得了巨大的成就,但依然面临各种风险挑战。第一,我国经济建设和政治建设发展迅速,但社会建设依然滞后于经济建设和政治建设,特别是发展成果在城乡之间、地区之间、性别之间等方面依然存在较大结构性差异。第二,中国特色社会主义理论体系中对于社会建设的理论创新落后于中国特色社会主义社会建设伟大实践。第三,社会建设中软实力建设落后于硬实力建设,民生保障还存在不少薄弱环节,群众在就业、教育、医疗、托育、养老、住房等方面面临不少难题。第四,社会建设对于推进中国式现代化的驱动力作用发挥得还不充分。因此,需要在发展中深化保障和改善民生,不断完善社会治理体系,在做大"蛋糕"的前提下,分好"蛋糕"。

三、在发展中保障和改善民生

党的二十大报告指出:"江山就是人民,人民就是江山。中国共产党领导人民打江山、守江山,守的是人民的心。治国有常,利民为本。为民造福是立党为公、执政为民的本质要求。必须坚持在发展中保障和改善民生,鼓励共同奋斗创造美好生活,不断实现人民对美好生活的向往。"②

中国式现代化坚持把人民对美好生活的向往作为奋斗目标,坚持以人民为中心的发展思想,着力保障和改善民生,着力解决人民急难愁盼问题,让建设成

---

① 习近平:《高举中国特色社会主义伟大旗帜　为全面建设社会主义现代化国家而团结奋斗——在中国共产党第二十次全国代表大会上的报告》,人民出版社 2022 年版,第 11 页。

② 习近平:《高举中国特色社会主义伟大旗帜 为全面建设社会主义现代化国家而团结奋斗——在中国共产党第二十次全国代表大会上的报告》,人民出版社 2022 年版,第 46 页。

果更多更公平地惠及全体人民。习近平总书记指出："以人民为中心的发展思想,不是一个抽象的、玄奥的概念,不能只停留在口头上、止步于思想环节,而要体现在经济社会发展各个环节。"①社会建设领域是以人民为中心的发展思想集中体现的领域,在发展中保障和改善民生,促进全体人民共同富裕、推动人的全面发展是以人民为中心的发展思想的具体实践。

民生作为一个概念,有广义和狭义之分。广义的民生是指人民的生存和生活状态。狭义的民生特指教育、就业、收入分配、住房、养老、社会保障、健康卫生等,也就是社会建设所指向的领域。

(一)中国式现代化是全体人民共同富裕的现代化

2018 年 5 月 4 日习近平在纪念马克思诞辰 200 周年大会上指出："我们要始终把人民立场作为根本立场,把为人民谋幸福作为根本使命,坚持全心全意为人民服务的根本宗旨,贯彻群众路线,尊重人民主体地位和首创精神,始终保持同人民群众的血肉联系,凝聚起众志成城的磅礴力量,团结带领人民共同创造历史伟业。"②

实现人民对美好生活的向往不是一蹴而就的事情,而是一个长期的奋斗过程。虽然现在我们比历史任何时期都接近,也有信心、有能力实现人民对美好生活的向往这个目标,但我们面临的困难和挑战也是前所未有的,其中,发展不平衡不充分的突出问题是主要制约因素。实现人民对美好生活的向往,主要任务是化解发展不平衡不充分的问题。这个问题是发展中的问题,只有通过发展才能解决。发展是解决我国一切问题的基础和关键。发展是劳动的结果,是人的本质化的证明。离开创造性劳动,发展只是一句空话。③

将人民对美好生活的向往作为奋斗目标,集中体现了中国共产党人的初心和使命,充分体现了中国共产党的宗旨和执政理念。将人民对美好生活的向往作为奋斗目标,充分彰显了中国共产党对群众观点和群众路线的坚持和运用。

① 习近平:《在省部级主要领导干部学习贯彻党的十八届五中全会精神专题研讨班上的讲话》,《人民日报》2016 年 5 月 10 日,第 2 版。

② 习近平:《在纪念马克思诞辰 200 周年大会上的讲话》,人民出版社 2018 年版,第 17 页。

③ 张三元:《论美好生活的价值逻辑与实践指引》,《马克思主义研究》2018 年第 5 期。

将人民对美好生活的向往作为奋斗目标,与"两个一百年"奋斗目标和实现中华民族伟大复兴的中国梦,以及全面建成小康社会、基本实现社会主义现代化和建成社会主义现代化强国这三大中国特色社会主义新时代战略目标,要义相通、内在相连、同向同程、高度契合。这些阶梯式、阶段性战略目标的实现过程也是中国人民的美好生活被不断创造的过程。[①]

（二）分配制度是促进共同富裕的基础性制度

党的二十大报告指出:"完善分配制度。分配制度是促进共同富裕的基础性制度。坚持按劳分配为主体、多种分配方式并存,构建初次分配、再分配、第三次分配协调配套的制度体系。努力提高居民收入在国民收入分配中的比重,提高劳动报酬在初次分配中的比重。坚持多劳多得,鼓励勤劳致富,促进机会公平,增加低收入者收入,扩大中等收入群体。完善按要素分配政策制度,探索多种渠道增加中低收入群众要素收入,多渠道增加城乡居民财产性收入。加大税收、社会保障、转移支付等的调节力度。完善个人所得税制度,规范收入分配秩序,规范财富积累机制,保护合法收入,调节过高收入,取缔非法收入。引导、支持有意愿有能力的企业、社会组织和个人积极参与公益慈善事业。"[②]

坚持市场和政府相结合,坚持效率和公平相统一,在做大"蛋糕"的同时分好"蛋糕",打造橄榄型分配结构,使中等收入群体在未来 15 年超过 8 亿人,这不仅将为国内大循环提供强大动力、为实现中国式现代化奠定坚实基础,也将为世界经济的发展提供难得的中国机遇。[③]

第一,社会建设关系着有效拉动内需、助力经济增长以及初次分配公平。第二,社会建设关系着广大社会成员对于发展成果的再分配公平。第三,慈善事业作为社会建设的领域之一,可以在一定程度上弥补社会建设有关初次分配和再

[①]　李磊:《习近平的美好生活观论析》,《社会主义研究》2018 年第 1 期。
[②]　习近平:《高举中国特色社会主义伟大旗帜　为全面建设社会主义现代化国家而团结奋斗——在中国共产党第二十次全国代表大会上的报告》,人民出版社 2022 年版,第 46 - 47 页。
[③]　林建华:《全面建设社会主义现代化国家战略布局的科学性和必然性》,《复旦学报(社会科学版)》2023 年第 3 期。

分配公平的不足。①

在全球实践中,不同政治经济体在社会建设中的制度安排在不同程度上可以兼顾分配公平与经济增长,但在不同发展模式中其制度侧重点是不同的,都是专注于自身的比较制度优势而实施社会建设、促进增长与分配之间的统筹兼顾。例如,以瑞典为代表的北欧福利国家模式所擅长的是一系列以国家力量组织的、以再分配为导向(以及部分初次分配)的社会政策,包括以公民权为核心的全民就业、养老、医疗、免费教育等社会福利政策。这一模式经过不断修正调整,国家福利水平和社会均贫富水准都得到较高的国际评价。以德国为代表的保守主义模式实施鼓励工作的劳动力市场政策,既注重基于产业或行业的社会保险模式将劳动者收入和社会保障给付紧密挂钩,以促进劳动者具有技能提升的动力,又重视发展高质量的职业教育,以提升劳动者的素质和议价能力,这一模式的优势在于推动初次分配的公平性。同时,德国的基本社会保险福利主要针对基本需求、明显低于有偿劳动的收入,再分配的程度较低。总体上,德国的贫富差距在发达国家中处于中低水平。在以美国为代表的自由主义模式中,面向普通劳动者的福利再分配较少获得政府支持,促进初次分配、再分配公平性的社会政策并非其优势,其特点在于社会空间充足、社会力量参与捐赠和慈善活动的热情较高,通过慈善捐款扣除制度等财税政策,鼓励公民参与公益慈善事业,通过第三次分配缩小收入分配差距。尽管可在一定程度优化收入分配结构,但这一模式在共同富裕中的效果有限,贫富分化已成为其国家常态。② 中国共产党的集中统一领导是我国国家制度和国家治理体系的显著优势之一,国家主导的社会建设是我国的制度模式。

---

① 陈偲:《共同富裕视野下的社会建设——要素契合、制度优势与未来发展》,《行政管理改革》2022年第8期。

② 韩康:《共同富裕的中国模式》,《行政管理改革》2022 年第 4 期。

表 8 - 1　不同分配制度模式比较

分配制度模式	代表国家	特点
北欧福利国家模式	瑞典	二次分配
保守主义模式	德国	初次分配
自由主义模式	美国	三次分配

（三）就业是最基本的民生

党的二十大报告指出："实施就业优先战略。就业是最基本的民生。强化就业优先政策，健全就业促进机制，促进高质量充分就业。健全就业公共服务体系，完善重点群体就业支持体系，加强困难群体就业兜底帮扶。统筹城乡就业政策体系，破除妨碍劳动力、人才流动的体制和政策弊端，消除影响平等就业的不合理限制和就业歧视，使人人都有通过勤奋劳动实现自身发展的机会。健全终身职业技能培训制度，推动解决结构性就业矛盾。完善促进创业带动就业的保障制度，支持和规范发展新就业形态。健全劳动法律法规，完善劳动关系协商协调机制，完善劳动者权益保障制度，加强灵活就业和新就业形态劳动者权益保障。"[1]

1. 促进高质量充分就业

就业是最大的民生工程、民心工程、根基工程，是社会稳定的重要保障，必须抓紧抓实抓好。党的二十大以来，党中央深入实施就业优先战略，提出促进高质量充分就业，解决逐渐形成并在未来一定时期内将成为主要矛盾的结构性就业矛盾。

《"十四五"就业促进规划》提出，要建立更加充分更高质量就业考核评价体系，探索进行就业质量、就业稳定性等方面的分析。高质量充分就业是推动经济高质量发展的就业，是提高人民生活品质的就业，是促进人口高质量发展的就业。高质量就业具有以下几个特征：一是高效性，即劳动生产率比较高；二是稳定性，即就业比较稳定；三是平衡性，即工作与生活之间比较平衡；四是发展性，

---

① 习近平：《高举中国特色社会主义伟大旗帜　为全面建设社会主义现代化国家而团结奋斗——在中国共产党第二十次全国代表大会上的讲话》，人民出版社 2022 年版，第 47 - 48 页。

即劳动者就业过程中有较大的发展空间;五是丰富性,即工作种类多种多样。

2.高校毕业生是劳动力市场的重要组成部分

习近平总书记高度重视就业工作特别是青年就业工作,强调:"要在推动高质量发展中强化就业优先导向。""强化就业优先政策,健全就业促进机制,促进高质量充分就业。"从宏观上讲,解决大学生就业问题,要坚持在推动高质量发展中强化就业优先导向,提高经济增长的就业带动力,不断促进就业量的扩大和质的提升。从当前形势看,应抓住许多高校毕业生仍在校的有利时机,进一步加大工作力度,提升就业服务质量,更好匹配毕业生的就业需求,帮助他们落实就业去向。一是聚焦行业市场需求,开展就业形势调研。二是聚焦供需精准匹配,开展行业性、区域性招聘活动。三是聚焦人才培养改革,开展校企供需对接交流。

高校毕业生是劳动力市场的重要组成部分,其就业问题关系到民生改善、经济发展和国家未来。[1] 高校毕业生是国家宝贵的人才资源,是就业工作服务的重要群体,"要强化就业创业服务体系建设,支持帮助学生们迈好走向社会的第一步",做实做细就业指导服务。[2] 畅通就业渠道,加强就业指导,是做好就业工作的重要抓手。要持续关心未就业毕业生。教育引导高校毕业生树立正确的职业观,对于推进毕业生群体更好就业同样至关重要。

在人民网开展的2023年全国两会调查中,"就业优先"入选十大热词。"就业优先"成为代表委员的热议话题。2023年政府工作报告提出,落实落细就业优先政策,把促进青年特别是高校毕业生就业工作摆在更加突出的位置,切实保障好基本民生。代表委员表示,必须充分认识实施就业优先战略的重要意义,促进高质量充分就业,夯实共同富裕根基。

3.创业是就业的组成部分

习近平总书记指出:"创业是推动经济社会发展、改善民生的重要途径。"[3]创业创造岗位,就业源于创业。创业型就业最大的特点就是具有扩大就业的"倍增效应",能够突破传统"一人一岗"的就业模式,形成"一人带动一群岗位"的创业带动就业新模式。

① 祖任平:《牢牢守住人民的幸福》,《中国组织人事报》2022年9月22日,第1版。
② 吴月:《做实做细就业指导服务》,《人民日报》2023年4月23日,第5版。
③ 习近平:《论党的青年工作》,中央文献出版社2022年版,第49页。

四、加强和创新社会治理

"抓住人民最关心最直接最现实的利益问题,把人民群众的小事当作我们的大事,从人民群众关心的事情做起,从让人民满意的事情抓起,加强全方位就业服务,高度重视困难群众帮扶救助工作,加快建成多层次社会保障体系,加强社会治理体系建设,推进民生保障精准化精细化。"①

有学者将社会治理划分为三个基本维度,即社会控制、社会服务和激发社会活力。这三者既是有效社会治理的主要因素,也构成了社会治理的基本任务及目标。②

（一）完善社会治理体系

"十八届三中全会公报指出,全面深化改革的总目标是完善和发展中国特色社会主义制度,推进国家治理体系和治理能力现代化。国家治理体系是党领导人民管理国家的制度体系,包括经济、政治、文化、社会、生态文明和党的建设等各领域的体制、机制和法律安排,是一整套紧密相连、相互协调的国家制度。社会治理是国家治理的重要组成部分。"③党的十九届四中全会明确提出,要完善党委领导、政府负责、民主协商、社会协同、公众参与、法治保障、科技支撑的社会治理体系。

（二）建设中国特色社会保障体系

党的二十大报告指出:健全社会保障体系。社会保障体系是人民生活的安全网和社会运行的稳定器。健全覆盖全民、统筹城乡、公平统一、安全规范、可持续的多层次社会保障体系。完善基本养老保险全国统筹制度,发展多层次、多支柱养老保险体系。实施渐进式延迟法定退休年龄。扩大社会保险覆盖面,健全基本养老、基本医疗保险筹资和待遇调整机制,推动基本医疗保险、失业保险、工伤保险省级统筹。促进多层次医疗保障有序衔接,完善大病保险和医疗救助制度,落实异地就医结算,建立长期护理保险制度,积极发展商业医疗保险。加快

---

① 《习近平谈治国理政》第三卷,外文出版社 2020 年版,第 135－136 页。
② 陈振明:《社会控制、社会服务与激发社会活力——社会治理的三个基本维度》,《江苏行政学院学报》2014 年第 5 期。
③ 徐猛:《社会治理现代化的科学内涵、价值取向及实现路径》,《学术探索》2014 年第 5 期。

完善全国统一的社会保险公共服务平台。健全社保基金保值增值和安全监管体系。健全分层分类的社会救助体系。坚持男女平等基本国策,保障妇女儿童合法权益。完善残疾人社会保障制度和关爱服务体系,促进残疾人事业全面发展。坚持房子是用来住的、不是用来炒的定位,加快建立多主体供给、多渠道保障、租购并举的住房制度。

"全面建成中国特色社会保障体系构成了实现国家现代化进程和新的两步走战略的必要且重要条件。有了两步走的总体部署,我国社会保障体系建设的发展进程就有了基本依据,它不能滞后于经济社会发展步伐而拖国家发展进程的后腿,而是应当成为人民美好生活与国家快速现代化的重要支撑力量。"①

我国社会保障事业发展取得了重大成就:社会保障制度体系框架基本形成,初步实现了体制转型。覆盖范围不断扩大,待遇水平稳步提高,越来越多的人民群众享受到改革发展成果,维护了社会稳定。改革开放以来,社会保障制度不断打破所有制和身份的界限,向各种所有制经济组织和各类人群拓展,使越来越多的人民群众得以共享改革发展成果。积极稳妥地解决体制转轨带来的社会保障问题,有力地促进了现代企业制度的建立,为企业公平参与市场竞争创造了良好的环境。社会保障管理服务体系基本建立,基金支撑能力不断增强,法治建设步伐加快,为应对老龄化和实现可持续发展奠定了重要基础。②

(三)加强基层社会治理

基层治理是国家治理的基石,统筹推进乡镇(街道)和城乡社区治理,是实现国家治理体系和治理能力现代化的基础性工程。近年来,各地结合实际积极探索党领导基层治理的有效载体和有效方法:一是扩大党组织的覆盖范围,二是创新党组织设置方式,三是改进基层党组织的工作方式,把党的领导贯穿基层治理创新各方面、全过程。通过政治引领、组织引领、能力引领、机制引领,把党的领导融入基层治理,构筑基层治理"桥头堡",打通每一个"神经末梢",使基层治理的政治方向不偏离,资源能力有保障,上下贯通、左右协调,形成有效的治理合

① 郑功成:《全面理解党的十九大报告与中国特色社会保障体系建设》,《国家行政学院学报》2017年第6期。
② 尹蔚民:《着力保障和改善民生加快建设中国特色社会保障体系——改革开放以来我国社会保障事业的成就和经验》,《党建研究》2008年第11期。

力,把党的领导和我国社会主义制度的政治优势转化为基层治理的强大效能。所谓"四治"是指自治、法治、德治和智治四种形式,它们的合理应用和科学结合是推进基层治理体系和治理能力现代化的有效途径。①

坚持和发展新时代"枫桥经验",坚持党的群众路线,正确处理人民内部矛盾,紧紧依靠人民群众,在更高层次、更广领域发挥好调解的基础性作用,把问题解决在基层、化解在萌芽状态,为中国式现代化营造和谐稳定的社会环境。

五、中国式现代化中社会建设的角色延展

中国式现代化新征程中,社会建设除保障和改善民生以及社会治理两个基本点外,还逐步展露出驱动力的作用,集中体现在建设教育强国、科技强国、人才强国具有内在一致性和相互支撑性,三者有机结合、统筹推进,势必成为推动高质量发展的倍增效应。

基于这样的战略判断,党的二十大报告一个重要的理论创新是将教育、科技、人才放在战略任务中进行统筹部署,第一次将科教兴国战略、人才强国战略、创新驱动发展战略摆在一起,将教育、科技、人才进行系统谋划,共同服务于创新型国家建设,因此具有重要的现实意义和深远的战略考量。教育、科技、人才三大战略统筹实施为推进中国式现代化建设提供了强有力的人才支撑,并为构建人类文明新形态作出重要贡献。教育、科技、人才"三位一体"也对新时代人才自主培养提出更高、更新的要求,需要增强历史主动和凸显质量导向,以高质量人才培养筑牢对国家战略的全面支撑。②

"其中,产教融合作为推动教育、科技、人才协同联动的制度设计和有效平台,将发挥日益重要的作用。构建产教融合平台的关键在于协同体制机制的探索创新,坚持党建引领、团队共建、平台共筑、难题共克、人才共育、成果共赢,有效调动校企双方共同参与的积极性,打通学科、产业、人才之间的壁垒,切实推动产教融合迈向新征程。"③

（一）深入实施教育强国战略,实现创新人才自主培养

人的全面发展是中国式现代化的重要维度。教育是提高人口素质、积累人

---

①　龚维斌:《"十四五"时期推进基层治理现代化研究》,《中国特色社会主义研究》2021年第4期。
②　陈先哲:《以高质量人才培养服务支撑国家战略》,《中国教育报》2023年7月25日,第2版。
③　吴小林:《构建新时代产教融合平台　推动教育科技人才全面贯通》,《中国高等教育》2022年第24期。

力资本最有效、最直接的途径。

《中国教育现代化 2035》提出:"到 2035 年,总体实现教育现代化,迈入教育强国行列,推动我国成为学习大国、人力资源强国和人才强国,为到本世纪中叶建成富强民主文明和谐美丽的社会主义现代化强国奠定坚实基础。"

党的二十大报告中提出,我国要"加快建设世界重要人才中心和创新高地",为推进中国式现代化提供重要的人才支撑和创新动力。这赋予中国教育更为崇高和艰巨的使命:要增强历史主动,加快建设中国特色、世界一流的大学和优势学科,全面提高人才自主培养的质量,早日建设成为世界重要的高等教育中心,夯实建设世界重要人才中心和创新高地的根基。①

世界强国无一不是教育强国,教育始终是强国兴起的关键因素。建设教育强国,是全面建成社会主义现代化强国的战略先导,是实现高水平科技自立自强的重要支撑,是促进全体人民共同富裕的有效途径,是以中国式现代化全面推进中华民族伟大复兴的基础工程。

我国已建成世界上规模最大的教育体系,教育现代化发展总体水平跨入世界中上国家行列。据中国教育科学研究院测算,目前我国的教育强国指数居全球第 23 位,比 2012 年上升 26 位,是进步最快的国家。这充分证明,中国特色社会主义教育发展道路是完全正确的。

党的二十大报告把教育科技人才单独成章进行布局,吹响了加快建设教育强国的号角。我们要建设的教育强国,是中国特色社会主义教育强国,必须以坚持党对教育事业的全面领导为根本保证,以立德树人为根本任务,以为党育人、为国育才为根本目标,以服务中华民族伟大复兴为重要使命,以教育理念、体系、制度、内容、方法、治理现代化为基本路径,以支撑引领中国式现代化为核心功能,最终是办好人民满意的教育。我们要全面贯彻党的教育方针,坚持以人民为中心发展教育,主动超前布局、有力应对变局、奋力开拓新局,加快推进教育现代化,以教育之力厚植人民幸福之本,以教育之强夯实国家富强之基,为全面推进中华民族伟大复兴提供有力支撑。

---

① 陈先哲:《以高质量人才培养服务支撑国家战略》,《中国教育报》2023 年 7 月 25 日,第 2 版。

（二）实施创新驱动发展战略，实现高水平科技自立自强

党的十九届五中全会提出，坚持创新在中国现代化建设全局中的核心地位，把科技自立自强作为国家发展的战略支撑。2021 年 5 月 28 日，习近平总书记在中国科学院第二十次院士大会、中国工程院第十五次院士大会和中国科协第十次全国代表大会上的讲话中，明确指出要"努力实现高水平科技自立自强"。

"建设社会主义现代化强国迫切要求中国加快实现科技自立自强。从'向科学进军'到'科学技术是第一生产力'，从'提高自主创新能力''建设创新型国家'到党的十八大提出的实施创新驱动发展战略、党的十九大提出'建设世界科技强国'，再到十九届五中全会提出的'科技自立自强'，党中央对科技创新的战略方针一脉相承、与时俱进，其最根本的目标就是现代化强国建设。……在新发展阶段，必须着力实现科技自立自强，着力增加高水平的科技供给，更好地满足经济社会高质量发展的科技需求。"①

科技创新是推动国家发展的主要动力，加快实现高水平科技自立自强，是推动高质量发展的必由之路。加快建设教育强国，必须把加快建设中国特色、世界一流的大学和优势学科作为重中之重，大力加强基础学科、新兴学科、交叉学科建设，瞄准世界科技前沿和国家重大战略需求推进科研创新，不断提升原始创新能力和人才培养质量。高校作为教育、科技、人才要素的结合点，是重要的创新策源地，在实现原创性、引领性科技攻关和实现"从 0 到 1"的源头创新中担负着重要的使命和责任。高校要聚焦国家战略需求和人民对美好生活的向往，面向世界科技前沿、面向经济主战场、面向国家重大需求、面向人民生命健康，积聚力量进行源头创新，更好服务与支撑国家战略。②

充分认识科技是全面建设社会主义现代化国家的核心力量，深刻理解创新在我国现代化建设全局中的核心地位，不断向科学技术广度和深度进军，不断提升我国科技创新实力，全面塑造发展新动能新优势，力争让科技创新这个"核心变量"成为推动经济社会高质量发展的"最大增量"，为全面建设社会主义现代化

---

①　陈曦、韩祺：《新发展格局下的科技自立自强：理论内涵、主要标志与实现路径》，《宏观经济研究》2021 年第 12 期。

②　张端鸿：《强化源头创新能力更好服务支撑国家战略》，《中国教育报》2023 年 7 月 20 日，第 2 版。

国家、全面推进中华民族伟大复兴提供更强大的支撑和更强劲的动能。①

（三）实施人才强国战略，造就大批德才兼备的高素质人才

党的二十大报告中指出，要"深入实施人才强国战略，培养造就大批德才兼备的高素质人才，是国家和民族长远发展大计"②。

习近平强调："必须坚持党管人才，坚持面向世界科技前沿、面向经济主战场、面向国家重大需求、面向人民生命健康，深入实施新时代人才强国战略，全方位培养、引进、用好人才，加快建设世界重要人才中心和创新高地，为2035年基本实现社会主义现代化提供人才支撑，为2050年全面建成社会主义现代化强国打好人才基础。""我们的目标是：到2025年，全社会研发经费投入大幅增长，科技创新主力军队伍建设取得重要进展，顶尖科学家集聚水平明显提高，人才自主培养能力不断增强，在关键核心技术领域拥有一大批战略科技人才、一流科技领军人才和创新团队；到2030年，适应高质量发展的人才制度体系基本形成，创新人才自主培养能力显著提升，对世界优秀人才的吸引力明显增强，在主要科技领域有一批领跑者，在新兴前沿交叉领域有一批开拓者；到2035年，形成我国在诸多领域人才竞争比较优势，国家战略科技力量和高水平人才队伍位居世界前列。"③

---

① 《加快实施创新驱动发展战略》，《中国教育报》2022年11月05日，第1版。
② 习近平：《高举中国特色社会主义伟大旗帜 为全面建设社会主义现代化国家而团结奋斗——在中国共产党第二十次全国代表大会上的报告》，人民出版社2022年版，第36页。
③ 习近平：《深入实施新时代人才强国战略加快建设世界重要人才中心和创新高地》，《求是》2021年第24期。

第九章　中国式现代化
与生态文明建设新征程

一、中国共产党人对生态文明建设的接续探索

（一）新民主主义革命、社会主义革命和建设时期的初步探索

毛泽东坚持用马克思主义的理论、立场、观点看待人与自然的关系,尤其对于林业发展,毛泽东在青年时代就有着独特的感情,认为林业问题可以作为要研究的实业问题之一。到新民主主义革命时期,毛泽东更加重视林业发展。在江西革命根据地,毛泽东等就把开展植树造林活动作为一项重要任务提出来。1932 年 3 月 16 日,在中华苏维埃人民委员会第十次常委会上通过并由毛泽东等签署的《中华苏维埃共和国临时中央政府人民委员会对于植树运动的决议案》指出:"中央苏区内空山荒地到处都有,若任其荒废则不甚好,因此决定实行普遍的植树运动,这既有利于土地的建设,又可增加群众的利益。"①为使植树造林活动制度化,陕甘宁边区政府制定了许多条例、规则。1941 年 1 月 29 日,公布了《陕甘宁边区森林保护条例》《陕甘宁边区植树造林条例》《陕甘宁边区砍伐树木暂行规则》。在党的号召下,八路军三五九旅将荒凉的南泥湾改造成"塞上江南"。1942 年 12 月,毛泽东在陕甘宁边区高级干部会议上倡导发动群众种柳树、沙树、拧条,解决牧草和燃料问题。1944 年毛泽东在多次讲话中号召人民植树,要求制

---

① 《毛泽东年谱(一八九三——一九四九)(修订本)》上卷,中央文献出版社 2013 年版,第 367 页。

定计划,在五年至十年内每户至少植活一百株树。① 1946 年 4 月 23 日,陕甘宁边区第三届参议会通过的《陕甘宁边区宪法原则》,就植树造林,发展果木做出专门规定。1949 年毛泽东主持制定的《中国人民政治协商会议共同纲领》中就提出"保护森林,并有计划地发展林业"②的方针。新中国成立以后,党中央和毛泽东从中国的实际出发,继续高度重视这方面的制度建设。1950 年 5 月 16 日,发布了《政务院关于全国林业工作的指示》。1955 年,毛泽东向全国人民发出了"绿化祖国""实行大地园林化"的号召。1958 年 4 月 7 日,发布了《中共中央、国务院关于在全国大规模造林的指示》。1963 年 5 月 27 日,发布了《森林保护条例》。1967 年 9 月 23 日,毛泽东批准下发了《中共中央、国务院、中央军委、中央文革小组关于加强山林保护管理、制止破坏山林、树木的通知》。通知指出,县、社、队三级普遍建立和健全护林组织和护林制度。严禁乱砍滥伐,严禁放火烧山,严禁盗窃树木;不准毁林开荒,不准毁林搞副业。严格实行计划采伐,计划收购。加强木材市场管理,严禁木、竹自由交易,坚决打击投机倒把行为。"三个严禁""两个不准",尤其是不准毁林开荒,有很强的针对性。1973 年 11 月发布的《国务院关于保护和改善环境的若干规定(试行草案)》提出,加强对森林资源和各种防护林的管理,严禁乱砍滥伐。加强对政府划定的自然保护区的管理,认真保护野生动植物资源。加强对城市林木、公园和风景游览区的管理,不得任意侵占。加强草原养护,不得任意破坏。这些制度对保护森林发挥了积极作用。

　　毛泽东在对人与自然关系的初步探索中,强调人对自然的改造,一方面要求"工人阶级要在阶级斗争中和向自然界的斗争中改造整个社会,同时也就改造自己"③,一方面"提出正确处理人民内部矛盾的问题,以便团结全国各族人民进行一场新的战争——向自然界开战,发展我们的经济,发展我们的文化,使全体人民比较顺利地走过目前的过渡时期,巩固我们的新制度,建设我们的新国家"④。然而,由于新中国成立后百废待兴,社会主义建设缺乏经验,人们对建设社会主

① 《毛泽东文集》第三卷,人民出版社 1996 年版,第 180 页。
② 《建党以来重要文献选编(1921—1949)》第 26 册,中央文献出版社 2011 年版,第 765 页。
③ 《毛泽东文集》第七卷,人民出版社 1999 年版,第 223 页。
④ 《毛泽东文集》第七卷,人民出版社 1999 年版,第 216 页。

义急于求成,1958 年开展的"大跃进""人民公社化"运动,在"征服自然""战天斗地""超英赶美"口号的引领下,忽视了经济发展的客观规律,严重破坏了社会生产力,破坏了生态环境。经过"大跃进"的曲折,毛泽东开始关注生态环境问题。他说:"如果对自然界没有认识,或者认识不清楚,就会碰钉子,自然界就会处罚我们,会抵抗。比如水坝,如修得不好,质量不好,就会被水冲垮,将房屋、土地都淹没,这不是处罚吗?"[①]在反思"大跃进"的重要教训时,毛泽东认为主要是没有搞好平衡。他强调要搞好农业内部、工业内部、工业和农业三种综合平衡。针对出现的环境问题,20 世纪 60 年代前期,毛泽东曾经采取了一些补救措施,如1962 年开展了修复塞罕坝荒漠化等大型人工林场建设。1972 年派出中国代表团参加了联合国召开的人类与环境会议,并于 1973 年召开了第一次全国环境保护会议,会议提出了"全面规划、合理布局、综合利用、化害为利、依靠群众、大家动手、保护环境、造福人民"[②]的环境保护工作 32 字方针,并在《关于环境保护和改善环境的若干规定(试行草案)》和《中华人民共和国环境保护法(试行)》中以法律形式明确下来,指明了环境保护工作的重点和方向。1974 年 10 月,国务院环境保护领导小组正式成立。之后,北京、天津、上海、黑龙江和新疆等少数省级行政单位以及鞍山、武汉、哈尔滨、南京等工业比较集中的城市成立了"三废"治理利用办公室等环境管理机构和环保科研、监测机构,在全国逐步开展了以"三废"治理和综合利用为主要内容的污染防治工作。在此阶段,我国颁布了第一个环境标准——《工业"三废"排放试行标准》,这标志着中国以治理"三废"和综合利用为特色的污染防治进入新的阶段,并开始实行"三同时"、污染源限期治理等管理制度。1978 年 2 月,第五届全国人大代表第一次会议通过的《中华人民共和国宪法》规定:"国家保护环境和自然资源,防治污染和其他公害。"这是中华人民共和国历史上第一次在宪法中对环境保护做出明确规定,为我国环境法治建设和环境保护事业的开展奠定了坚实的基础。

(二)改革开放时期的积极发展

十一届三中全会之后,邓小平继承毛泽东关于环境保护的重要思想,奠定了

---

① 《毛泽东文集》第八卷,人民出版社 1999 年版,第 72 页。

② 《十四大以来重要文献选编》下,人民出版社 1999 年版,第 1971 页。

其在社会主义现代化建设中的重要地位。邓小平强调,在发展经济的同时,要注意人口、资源、环境协调发展,注意环境保护。邓小平从战略性的高度看待环境问题,认为"自然环境保护等,都很重要"①。邓小平从经济发展与环境之间的良性互动关系和环境保护对于子孙后代的重大意义两方面强调了环境保护的重要意义。从经济发展和环境的良性互动关系的角度看,提出要认真研究经济规律和自然规律,协调经济发展和生态环境的关系,把环境问题放在促进经济发展的角度来看待,从社会经济的持续发展来对待。不仅如此,邓小平更是从经济社会的持续发展和子孙后代幸福的角度看待环境保护,提出"植树造林,绿化祖国,造福后代"②。1981年12月,在邓小平的倡导下,五届全国人民代表大会第四次会议作出了《关于开展全民义务植树运动的决议》。邓小平关于环境保护的思想中包含着许多环境保护的具体措施:一是强调环境保护的因地制宜性和生态适应性;二是严格控制人口增长,提高人口素质;三是合理利用资源,加强环境保护;四是加强环境保护的制度与法规建设;五是依靠群众,走群众路线;六是主张借鉴国际先进经验。在邓小平理论的指导下,1978年12月中共中央批准了国务院环境保护领导小组提交的《环境保护工作汇报要点》,指出"消除污染,保护环境,是进行社会主义建设、实现四个现代化的一个重要组成部分","绝不能走先建设,后治理的弯路",这是第一次以党中央的名义对环保工作作出指示。同年,我国成立国务院环境保护领导小组办公室,设在国家建委之下。1979年9月,《中华人民共和国环境保护法(试行)》颁布,第一次从法律上要求各部门和各级政府在制定国民经济和社会发展计划时必须统筹考虑环境保护,为实现环境和经济社会协调发展提供了法律保障。1982年在城乡建设环境保护部设立环境保护局,环境保护有了专门的管理机构和执行机构。1983年召开的第二次全国环保会议,将环境保护确定为基本国策。此后,我国环境保护的法制化和规范化建设不断完善,《中华人民共和国水污染防治法》(1984年5月)、《中华人民共和国大气污染防治法》(1987年9月)、《中华人民共和国草原法》(1985年6月)、《中华

---

① 《邓小平文选》第三卷,人民出版社1993年版,第363页。
② 《邓小平文选》第三卷,人民出版社1993年版,第21页。

人民共和国水法》(1988 年 1 月)等环保单项法律法规相继制定颁布。1988 年成立国务院直属的国家环境保护局。1989 年 12 月,《中华人民共和国环境保护法》正式颁布实施,从此,环境保护法律开始成为我国环境保护工作的重要保障,成为我国社会主义法律体系的重要组成部分。

在邓小平理论的指导下,江泽民在中国特色社会主义现代建设新的实践中,从中国实际出发,高度重视人与自然和谐发展,提出了"三个代表"重要思想和可持续发展战略,丰富和发展了马克思主义理论,为正确处理人与自然的关系提供了理论指导。江泽民把对于生态环境的认识提升到生产力发展和社会文明程度的高度。他在 1996 年 7 月召开的第四次全国环境保护工作会议座谈会上指出,保护环境的实质就是保护生产力,这方面的工作要继续加强。江泽民强调了环境保护对于建设小康社会、对于整个中华民族发展的重要性。江泽民指出,离开了环境保护,全面建设小康社会的目标就无法实现。为此,他指出:"如果环境保护国内工作抓得不好,环境受到污染或者破坏,就会直接影响到人民身体健康,影响生存条件,甚至危及子孙后代的生存和发展。"江泽民的环境保护理论强调环境保护问题要按规律办事,自觉去认识和正确把握自然规律,实现经济建设和生态环境协调发展。他多次指出:"环境保护很重要,是关系我国长远发展的全局性战略问题。"[1]"经济的发展,必须与人口、环境、资源统筹考虑,不仅要安排好当前的发展,还要为子孙后代着想,为未来的发展创造更好的条件,决不能走浪费资源和先污染后治理的路子,更不能吃祖宗饭、断子孙路。"[2]1998 年 4 月,作为国务院直属机构的国家环保局升格为国家环境保护总局。同年 6 月,国家核安全局并入国家环境保护总局,内设机构为核安全与辐射环境管理司(国家核安全局),核与辐射安全监管成为环保部门的重要职能。为了更好地协调有关部门共同推进环境保护,由国家环境保护总局牵头,建立了相关部际联席会议制度。2001 年 3 月,全国生态环境建设部际联席会议第一次会议召开。2001 年 7 月,国家环境保护总局建立全国环境保护部际联席会议制度。2003 年 8 月,经国

---

[1]　《江泽民文选》第一卷,人民出版社 2006 年版,第 532 页。
[2]　《江泽民文选》第一卷,人民出版社 2006 年版,第 532 页。

务院批准,由国家环境保护总局牵头正式建立生物物种资源保护部际联席会议制度。

　　党的十六大以来,胡锦涛针对时代需要,结合时代实际,强调建设资源节约型、环境友好型社会,提出了科学发展观理论和生态文明建设的重大战略思想。2007 年"生态文明"首次进入中国共产党的宏观决策。党的十七大第一次把生态文明作为一项战略任务确定下来,明确指出,"建设生态文明,基本形成节约能源资源和保护生态环境的产业结构、增长方式、消费模式。……生态文明观念在全社会牢固树立。"①强调要坚持生产发展、生活富裕、生态良好的文明发展道路,建设资源节约型、环境友好型社会,实现速度和结构质量相统一、经济发展与人口资源环境相协调,使人民在良好生态环境中生产生活,实现经济社会的永续发展。胡锦涛曾全面系统深入地论述生态文明建设,科学揭示了生态文明建设的本质和目标,并将生态文明建设提升到与经济建设、政治建设、社会建设并列的战略高度,作为建设中国特色社会主义伟大事业总体布局的有机组成部分。胡锦涛指出:建设生态文明,实质上就是要建设以资源环境承载力为基础,以自然规律为准则,以可持续发展为目标的资源节约型、环境友好型社会。要以对国家、对民族、对子孙后代高度负责的精神,下最大决心,用最大力气推进生态文明建设,努力形成符合生态文明建设要求的生产方式和消费模式。2006 年我国召开了第六次全国环保大会,提出"三个历史性转变",把环保工作推向了以保护环境优化经济增长的新阶段。2007 年 10 月召开的党的十七大,首次提出"生态文明"概念,将建设资源节约型、环境友好型社会写入党章,把建设生态文明作为一项战略任务和全面建设小康社会的目标首次明确下来,提出到 2020 年要使我国成为生态环境良好的国家。2008 年成立中华人民共和国环境保护部。

　　(三)新时代绿色发展和远景规划

　　生态兴则文明兴,生态衰则文明衰。党的十八大以来,以习近平同志为核心的党中央把生态文明建设作为统筹推进"五位一体"总体布局和协调推进"四个全面"战略布局的重要内容,以"绿水青山就是金山银山"理念为先导,推动我国

---

① 《胡锦涛文选》第二卷,人民出版社 2016 年版,第 628 页。

生态环境保护发生历史性、转折性、全局性变化。党的十八届五中全会提出五大发展理念,绿色发展成为推动高质量发展的题中之义;党的十九大明确提出加快生态文明体制改革,建设美丽中国;党的十九届五中全会再次强调"推动绿色发展,促进人与自然和谐共生";党的二十大发布"大力推进生态文明建设"的号召,一系列重大部署,宣示了以习近平同志为核心的党中央推进生态文明建设的坚定决心。"生态文明建设是关系中华民族永续发展的根本大计,是关系党的使命宗旨的重大政治问题,是关系民生福祉的重大社会问题。"①习近平新时代中国特色社会主义思想将生态文明统筹纳入实现社会主义现代化和中华民族伟大复兴的"五位一体"总布局当中,将生态环境保护制度全面深化改革作为"四个全面"战略布局的重要实现路径,使绿色发展观成为新发展理念的重要组成部分。

"五位一体"总体布局涵盖了中国特色社会主义建设的各个方面、领域和层次,科学设置了经济建设、政治建设、社会建设、文化建设和生态文明建设的整体构架,深刻揭示了这五个领域建设之间的内在统一与相互作用,从系统论的高度科学布局了五大建设之间的互动与联动,从而也对社会主义核心价值观与生态文明建设的协同发展做出了科学布局。自新中国成立以来,尤其是进入社会主义社会之后,党和国家就一直在探索如何实现社会主义的整体发展。我国在这条探索的道路上历经曲折,从一开始的"以经济建设为重点"到"以阶级斗争为纲"再到"以经济建设为中心",从可持续发展到科学发展,我国对社会主义建设的认识不断深化,终于在党的十八大明确提出了"五位一体"总体布局。生态文明是中国特色社会主义经济、政治、社会和文化建设的生态条件和生态保障,只有建立在人与自然和谐基础上的社会发展才能是真正的绿色发展,人类社会也才能以最无愧于世界的方式获得永续发展。因此,只有跳出社会发展等于经济发展、经济发展等于"GDP"增长的狭隘眼界,从社会整体发展和人类世界整体发展的宽广眼界去审视社会发展,即从生态文明的高度去审视社会发展,才能在中国特色社会主义经济、政治、社会和文化建设中始终秉持生态理念,坚持绿色生

---

① 《全社会行动起来做绿水青山就是金山银山理念的积极传播者和模范践行者》,《人民日报》2023年8月16日,第1版。

产和绿色生活,最终实现绿色可持续发展。

习近平新时代中国特色社会主义思想将生态环境保护制度全面深化改革作为"四个全面"战略布局的重要实现路径。首先,习近平新时代中国特色社会主义思想明确指出,生态环境保护是全面建设社会主义现代化国家、全面深化改革、全面依法治国、全面从严治党的重要组成部分。这一理念强调保护生态环境就是保护生产力,改善生态环境就是发展生产力,我们必须坚持走绿色发展、循环发展、低碳发展之路,推动形成绿色发展方式和生活方式,确保人民群众生态环境权益得到有效保障。其次,习近平新时代中国特色社会主义思想强调绿色发展观。绿色发展观是一种以人民为中心、注重质量和效益、强调可持续发展的发展理念。在这个理念下,我们要坚定不移地推进供给侧结构性改革,优化产业结构,淘汰落后产能,发展绿色产业,构建绿色技术创新体系,推动经济发展与生态环境保护相互促进、共同发展。再次,习近平新时代中国特色社会主义思想提出,生态环境保护制度全面深化改革是实现绿色发展的重要手段。我们要深化生态文明体制改革,完善生态环境法律法规体系,建立健全生态环境监测、预警、应急体系,加强环境执法监管,确保生态环境安全。同时,要推进生态环境损害赔偿制度,建立健全生态环境损害评估、赔偿、修复和监管机制,使生态环境损害得到有效赔偿和修复。最后,习近平新时代中国特色社会主义思想强调,全面加强生态环境保护,坚决打好污染防治攻坚战。我们要坚决落实大气、水、土壤污染防治三大行动计划,加大生态环境治理力度,提高生态环境质量,努力实现人与自然和谐共生。

二、生态文明建设迈入新征程的时代背景

(一)生态文明理念不断深入人心

2019 年 4 月 28 日,习近平主席在北京世界园艺博览会开幕式上发表重要讲话,深刻阐述了"绿水青山就是金山银山"的科学论断,强调改善生态环境就是发展生产力。这一重要论述将生态环境与经济发展紧密相连,为推动我国生态文明建设提供了理论指导。在讲话中,习近平主席指出,生态环境是人类生存发展的根基,也是经济社会持续发展的关键。长期以来,一些地区和部门忽视生态环

境保护,过度追求经济增长,导致资源枯竭、环境恶化,给人民生活带来严重困扰。为此,我国明确提出绿水青山就是金山银山的理念,强调生态文明建设的重要性,推动经济社会发展与生态环境保护协调发展。

绿水青山就是金山银山理论的提出,标志着我国发展观念的一次重大变革,深刻反思了传统的发展模式,准确回应了新时代的发展需求。这一理论确立了生态环境在人类生存与发展中的基础性地位,强调了生态环境保护的重要性,为我国生态环境保护事业提供了明确的指导思想。在绿水青山就是金山银山理论的指导下,我国积极调整发展战略,加大生态环境保护力度,推动绿色发展,力求实现经济社会发展与生态环境保护的共赢。这一理念深入人心,引导广大人民群众树立绿色发展的观念,积极参与生态环境保护,共同建设美丽中国。首先,我国在政策层面明确了生态环境保护的重要性。通过制定和实施一系列生态环境保护政策,强化了生态环境保护的制度保障,有力推动了生态环境的改善。这些政策举措既包括严格的环境法规,也包括激励绿色发展的政策措施,旨在引导社会各界树立绿色发展理念,切实履行生态环境保护责任。其次,我国在实践中积极探索绿色发展路径。通过优化产业结构、推动能源转型、推广绿色技术等手段,努力降低经济发展对生态环境的负面影响,实现经济社会发展与生态环境保护的协调发展。在此过程中,绿色产业得到了迅速发展,成为拉动经济增长的新引擎,为实现可持续发展奠定了坚实基础。最后,我国注重生态环境教育与宣传,提高全民生态环境保护意识。通过开展多种形式的生态环境教育,普及生态环境保护知识,引导人们树立绿色生活理念,积极参与生态环境保护实践。广泛的社会参与为生态环境保护提供了强大的支持,推动了全社会绿色发展意识的形成。

随着实践的不断深入,在我国,绿水青山就是金山银山的理念日益深入人心,成为推动生态文明建设的重要指导思想。这一理念的提出,标志着我国发展模式的重大转变,即从过度追求经济增长转向注重生态文明建设和可持续发展。在这一理念的指导下,各级政府、企业和社会各界纷纷行动起来,加大生态环保投入,推动循环经济的发展,创新绿色技术,提高资源利用效率,降低环境污染。在政府层面,我国加大了生态环保的投入,实施了一系列的政策措施,如严格的环境保护法规,对污染企业进行高压打击;设立生态补偿机制,保障生态环境的恢复和改善;推进绿色发展,提倡低碳、环保的生活方式。企业在经济发展中扮演着重要角色。为了响应绿水青山就是金山银山的理念,许多企业开始转型,加大对环保设施的投入,改进生产工艺,降低生产过程中的污染排放。同时,企业还积极参与循环经济的发展,推动资源的再利用,实现经济效益和环境效益的双赢。社会各界也积极参与到生态文明建设中。越来越多的人意识到环保的重要性,开始关注生态环境,自觉抵制污染行为。民间环保组织蓬勃发展,积极参与环保宣传和监督,推动社会共同关注环保问题。广大人民群众环保意识的不断提高,为生态文明建设提供了坚实的群众基础。在我国,生态文明建设不仅是一项政府工程,更是全体人民共同参与的事业。只有全社会共同努力,才能实现绿色发展,保护好我们的家园。我们要坚持绿水青山就是金山银山的理念,深入推进生态文明建设,为实现中华民族伟大复兴的中国梦创造美好的生活环境。

(二)生态文明制度体系加快形成

党的十八大以来,以习近平同志为核心的党中央推动全面深化改革,加快推进生态文明顶层设计和制度体系建设,相继出台《关于加快推进生态文明建设的意见》《生态文明体制改革总体方案》,制定了40多项涉及生态文明建设的改革方案,修订环境保护法,逐步形成了以自然资源资产产权制度、国土空间开发保护制度、空间规划体系、资源总量管理和全面节约制度、资源有偿使用和生态补偿制度、环境治理体系、环境治理和生态保护市场体系、生态文明绩效评价考核和责任追究制度八项制度为基础的生态文明制度体系。

自然资源资产产权是自然资源资产的所有权、用益物权、债权等一系列权利的总称。自然资源资产产权制度是关于自然资源资产产权主体、客体、内容(权利义务)和权利取得、变更、消灭等规定的总和,是生态文明建设的基础性制度。其改革的核心是建立归属清晰、权责明确、保护严格、流转顺畅、监管有效的自然资源资产产权制度。一方面,要健全产权体系,推动所有权与使用权分离,另一方面要保证各类市场主体依法平等使用自然资源资产。

构建国土空间开发保护制度,要按照人口资源环境相均衡,生产空间、生活空间、生态空间三大功能空间科学布局,经济效益、社会效益、生态效益三类效益有机统一的原则,以法律为依据,以空间规划为基础,以用途管制和市场化机制为手段,严格控制国土空间开发强度,调整优化空间结构,促进生产空间集约高效、生活空间宜居适度、生态空间山清水秀,给自然留下更多修复空间,给农业留下更多良田,给子孙留下天蓝、地绿、水净的美好家园。

国土空间规划是国家空间发展的指南、可持续发展的空间蓝图,是各类开发保护建设活动的基本依据。党的十八大以来,党中央、国务院印发我国首部全国国土空间规划纲要,全国省、市、县三级国土空间总体规划已经全部编制完成,形成了国土空间可持续发展的"中国方案"。目前"五级三类"国土空间规划基本形成,为调整经济结构、规划产业发展、推进城镇化划定了不可逾越的红线。

完善资源总量管理和全面节约制度。我国当前面临的生态环境问题,归根结底是一个时期以来在快速工业化城镇化进程中对资源过度开发、粗放使用、奢侈浪费造成的。党的十八大以来,我国逐步建立了最严格的耕地保护制度、土地节约集约利用制度、水资源管理制度,构建了能源消费总量管理和节约制度、资源循环利用制度,对林草、湿地、海洋和矿产等资源制定了相应的保护制度。

健全资源有偿使用和生态补偿制度。党的十八以来,自然资源及其产品价格改革有序推进,价格决策程序和信息公开制度逐步建立;土地有偿使用制度相继完善;矿产资源、海域海岛有偿使用制度建立健全;资源环境税费改革、生态补偿机制继续完善,生态补偿试点进展良好;生态保护修复资金使用机制日趋完善、资金使用重点突出,更多用于国家生态安全屏障保护修复;耕地草原河湖休养生息制度建立和完善,退耕还林还草、退牧还草成果巩固长效机制不断加强。

建立健全环境治理体系。污染物排放许可制、污染防治区域联动机制相继实施;农村环境治理体制机制逐步建立;环境信息公开制度、环境新闻发言人制度、环境保护网络举报平台和举报制度建立健全;生态环境损害赔偿制度严格实行,环境保护管理制度进一步完善,行政执法和环境司法衔接机制进一步畅通。

健全环境治理和生态保护市场体系。环境治理和生态保护市场主体逐步培育,用能权和碳排放权交易制度、排污权交易制度、水权交易制度相继推行,绿色金融体系、统一的绿色产品体系不断探索和积极完善。

完善生态文明绩效评价考核和责任追究制度。生态文明目标体系日趋明确,生态文明建设目标评价考核办法相继建立;资源环境承载能力监测预警机制日趋完善,自然资源资产负债表探索编制;领导干部自然资源资产离任审计试点有序进行,生态环境损害责任终身追究制、国家环境保护督察制度相继推进。

(三)生态保护和环境治理力度大幅提升

一是持续加强生态环境法治建设。各有关部门积极配合全国人大常委会出台黄河保护法、黑土地保护法,推进海洋环境保护法、青藏高原生态保护法、国家公园法等制修订。推进碳排放权交易管理暂行条例制定工作。积极配合开展环境保护法、长江保护法执法检查,会同有关部门认真研究落实举措。发布80项生态环境标准,加强环境基准研究。司法部等有关部门持续加大生态环境保护法律宣传普及力度,积极开展以案释法。

二是加强生态环境行政执法与刑事司法衔接。生态环境部会同有关部门推动深化省以下生态环境机构监测监察执法垂直管理制度改革和生态环境保护综合行政执法改革,全国5.2万名执法人员统一着装。印发实施《关于加强排污许可执法监管的指导意见》,累计将344万个固定污染源纳入排污许可管理范围。联合有关方面开展深入打击危险废物环境违法犯罪和重点排污单位自动监测数据弄虚作假违法犯罪专项行动。自然资源部持续推进土地、矿产资源和海洋等领域督察,促进严守耕地红线,推动发现和解决突出问题。2022年,全国各级生态环境部门共下达环境行政处罚决定书9.1万份,罚没款数额总计76.72亿元;全国各级法院共审结环境资源一审案件24.5万件;全国各级检察机关共对破坏环境资源类犯罪案件提起公诉2.16万件、3.7万人,立案办理生态环境和资源保护领域公益诉讼案件9.5万件;司法鉴定机构完成环境损害鉴定2万余件。

三是生态保护修复与监管力度加大。生态环境部会同有关部门组织开展"绿盾2022"自然保护地强化监督,印发实施《生态保护红线生态环境监督办法(试行)》,完成国家级自然保护区和国家级风景名胜区年度人类活动变化监测,持续加强生物多样性保护。发展改革委、自然资源部牵头实施重要生态系统保护和修复重大工程建设,启动72个重点项目。自然资源部会同有关部门完成《全国国土空间规划纲要(2021—2035年)》编制和全国生态保护红线划定。林草局会同有关部门出台《国家公园空间布局方案》《全国防沙治沙规划(2021—

2030 年)》。气象局扎实做好科学恢复林草植被的气象保障服务工作。全国新
增水土流失治理面积 6.3 万平方公里。水利部持续推进华北地下水超采综合治
理并完成近期治理目标。生态环境部命名第六批 106 个生态文明建设示范区和
51 个"绿水青山就是金山银山"实践创新基地。

　　四是生态环境治理效能持续提升。中央宣传部、生态环境部共同编写出版
《习近平生态文明思想学习纲要》。生态环境部出台《生态环境损害赔偿管理规
定》,新增赔偿金额约 40 亿元。深化环境信息依法披露制度改革,第一披露周期
有 8.5 万余家企事业单位依法披露环境信息。发布《"十四五"环境健康工作规
划》,启动全国居民生态环境与健康素养监测工作。财政部、税务总局推出加大
生态保护和环境治理等行业增值税期末留抵退税力度、延续实施从事污染防治
的第三方企业所得税优惠等政策。原银保监会制定发布银行业保险业绿色金融
指引。证监会支持符合条件的绿色企业进行股权融资和债券融资。科技部会同
有关部门印发《"十四五"生态环境领域科技创新专项规划》,组织实施大气、水、
土壤、固体废物污染防治和生态保护修复等领域重点专项。组织实施百城千县
万名专家生态环境科技帮扶行动,在京津冀及周边地区等重点区域、长江等流域
开展"一市一策"驻点跟踪研究。审计署组织完成领导干部自然资源资产离任审
计改革任务,建立审计评价指标体系,促进领导干部切实履行自然资源资产管理
和生态环境保护责任。

（四）生态环境质量持续改善

　　2013 年 9 月,国务院印发《大气污染防治行动计划》,逐步形成"政府统领、
企业施治、市场驱动、公众参与"的大气污染防治机制,本着"谁污染、谁负责,多
排放、多负担,节能减排得收益、获补偿"的原则,实施分区域、分阶段治理。空气
质量不断提高,细颗粒物浓度持续下降。截至 2023 年中,全国地级及以上城市
细颗粒物(PM$_{2.5}$)平均浓度为 29 微克/立方米,同比下降 3.3%,首次降低到 30
微克/立方米以内,实现近 10 年来连续下降。全国 74.6% 的城市 PM$_{2.5}$ 平均浓度
达标,同比增加 15 个城市。北京市 PM$_{2.5}$ 平均浓度降至 30 微克/立方米,连续两
年达到空气质量二级标准。主要污染物浓度稳定达标,重污染天数明显减少。
全国 PM$_{2.5}$、可吸入颗粒物(PM$_{10}$)、二氧化氮(NO$_2$)、二氧化硫(SO$_2$)、一氧化碳

（CO）、臭氧（O_3）六项主要污染物平均浓度连续三年稳定达标。重度及以上污染天数比率为0.9%，同比下降0.4个百分点，首次降低到1%以内。

水资源得到重点保护。重点流域水质进一步改善。长江流域、珠江流域、浙闽片河流、西南诸河和西北诸河水质持续为优，黄河流域、淮河流域和辽河流域水质良好。其中，长江干流持续三年全线达到Ⅱ类水质，黄河干流首次全线达到Ⅱ类水质。全国地表水Ⅰ–Ⅲ类水质断面比例为87.9%，同比上升3.0个百分点；劣Ⅴ类水质断面比例为0.7%，同比下降0.5个百分点。地下水水质总体保持稳定，全国农村生活污水治理率达到31%左右。我国管辖海域海水水质总体稳定。夏季符合一类标准的海域面积占比97.4%，同比下降0.3个百分点。全国近岸海域海水水质总体保持改善趋势，优良（一、二类）水质比例为81.9%，同比上升0.6个百分点；劣四类水质比例为8.9%，同比下降0.7个百分点。

土壤污染加重趋势得到遏制，仅2022年，国务院推动实施124个土壤污染源头管控项目，指导132个重点县开展耕地重金属污染成因排查整治，累计将1744块地纳入建设用地土壤污染风险管控和修复名录，全国农用地安全利用率保持在90%以上。全国陆域生态保护红线面积约占陆地国土面积30%以上，森林覆盖率达到24.02%，草原综合植被盖度达到50.32%。全年完成造林383万公顷、种草改良321.4万公顷、治理沙化石漠化土地184.73万公顷。

三、中国式现代化对生态文明建设的新要求

党的二十大报告指出："中国式现代化是人与自然和谐共生的现代化。"人与自然和谐共生作为中国式现代化的本质要求之一，为新时代新征程上全面推进中华民族伟大复兴提供了价值指向。同时，全面推进中国式现代化，对我国生态文明建设领域也提出了新目标、新任务、新要求。

（一）加快发展方式绿色转型

习近平主席在2019年中国北京世界园艺博览会开幕式上的讲话中指出："工业化进程创造了前所未有的物质财富，也产生了难以弥补的生态创伤。杀鸡取卵、竭泽而渔的发展方式走到了尽头，顺应自然、保护生态的绿色发展昭示着

未来。"①回顾我国社会主义工业化的历史,几百年来工业化进程创造了前所未有的物质财富,但对资源能源的大量消耗也带来了触目惊心的环境污染和生态破坏,造成了难以弥补的生态创伤。加快发展方式绿色转型,不仅是生态文明建设的应有之义,也是落实新发展理念、实现高质量发展、全面建设社会主义现代化国家的战略要求。当前我国的发展理念正在从以国内生产总值增长论英雄,转变为实现经济社会发展和生态环境保护协调统一、人与自然和谐共生,从"有没有"转向发展"好不好"、质量"高不高"。加快发展方式绿色转型,是对我国发展方式的一场深刻变革,将对生产方式、生活方式、思维方式和价值观念产生全方位、革命性影响。

一要加强对各类资源的节约利用,通过转变资源利用方式、提升资源利用效率,使发展方式得以绿色转型。针对土地资源,实行最严格的耕地保护制度以及节约用地制度,严格控制农村集体建设用地规模,调整建设用地结构,降低工业用地比例,坚决遏制耕地"非农化",严格管控"非粮化"。针对水资源,实施最严格水资源管理制度和水资源保护利用制度,大力推进农业节水增效、工业节水减排、城镇节水降损。严格水资源用途管制,强化规划和建设项目水资源论证,完善取水许可制度,暂停水资源超载地区新增取水许可。针对能源资源,一方面严格控制高能耗行业,如化工、水泥、钢铁等的煤炭消费,另一方面加强工业领域节能和效能提升,推广节能和提升能效的工艺、技术、装备。此外,对各类资源的节约利用还包括推动快递包装循环化、绿色化,推动垃圾废弃物集中处理以及推进城镇既有建筑及市政基础设施节能改造等。

二要推动产业结构、交通运输结构以及能源结构等的优化升级。经济结构的优化升级是推动发展方式绿色转型的关键环节,是从源头推动发展方式绿色转型的重要任务。针对产业结构调整,要淘汰过剩及落后产能,增加新的增长动能,同时不断推动传统产业改造升级,降低重点行业污染物排放,推进达标排放,持续降低碳排放强度。在此基础上推动战略性产业升级,推朝着新兴产业、高技术产业、现代服务业加快发展。针对能源结构调整,不断优化能源结构,以非化

① 《习近平谈治国理政》第三卷,外文出版社 2020 年版,第 374 页。

石能源为发展方向,大力发展风电、太阳能发电等清洁能源,积极安全有序发展核电,建设一批多能互补清洁能源基地,统筹水电开发和生态保护。同时大力推进煤炭等化石能源清洁低碳高效利用,推进生物质能多元化利用,着力提高利用效能。针对交通运输结构,促进新能源汽车生产消费,加快电动汽车充电桩等基础设施建设,同时大力发展多式联运,加快大宗货物和中长途货物运输"公转铁""公转水",减少公路运输量,增加铁路运输量,提高沿海港口集装箱铁路集疏港比例。

三要倡导绿色消费。作为当下的新型消费方式,绿色消费已成为倒逼生产方式绿色转型的重要推动力。在推动消费升级转型的过程中,要大力弘扬中华民族勤俭节约的优秀传统美德,在此基础上广泛开展绿色衣食住行宣传,推动生活方式和消费模式向简约适度、绿色低碳、文明健康的方向转变,拒绝奢华和浪费。在出行方式上积极倡导步行、自行车及公共交通工具等绿色出行方式。在衣着消费方面推广应用绿色纤维制备、高效节能印染、废旧纤维循环利用等技术的衣着制品。在食品消费方面引导消费者合理用餐,积极践行"光盘行动",坚决制止餐饮浪费行为,促进绿色低碳产品推广使用,努力使厉行节约、环保选购、重复使用、适度消费在全社会蔚然成风。

(二)深入推进环境污染防治

环境污染是当前生态文明建设中亟待解决的突出问题,也是广大人民群众关注的焦点。为了解决环境污染问题,党和国家一直高度重视环境保护和治理工作,采取了一系列切实可行的措施来加强环境保护和治理。在新时代,深入推进环境污染防治工作是生态文明建设的重要任务。

首先,政府需要继续加强环境监管和管理,不断完善环境法规和政策措施,加大对环境违法行为的处罚力度,保障公众的环境权益不受侵犯。这意味着政府需要采取更加积极的态度和行动来保护环境,通过制定和执行严格的法规和政策来确保环境的可持续发展,对于任何违反环保法规和政策的行为,政府需要坚决打击,严格处罚,以保证环境的可持续发展。其次,需要推进重点领域的环境治理工作。从大气、水、土壤等多领域全方位着手,加强工业污染治理、城市环境综合整治、农村环境治理等方面的工作,加强对重点行业企业的监管,推动企业采用更加环保的生产方式,减少工业污染的排放;政府也可以加强城市环境综合整治,改善城市居民的生活环境,提高城市品质;政府还需要重视农村环境治理,加强农村环境的保护和治理,推动农村生态环境的改善。最后,需要加强环境监测和预警工作,提高环境治理能力和水平,及时发现并解决环境问题,确保人民群众的健康和生态环境的可持续发展。为了实现这些目标,政府需要加大对环境保护和治理的投入力度,鼓励社会各界积极参与环境保护工作,形成全社会共同参与的良好氛围,可以通过提供财政支持、政策扶持等方式来鼓励企业和个人参与环境保护工作;通过宣传教育、倡导绿色生活方式等方式来提高公众的环保意识,形成全社会共同参与的良好氛围。

总之,深入推进环境污染防治工作是生态文明建设的重要任务,需要政府、社会各界共同努力,形成全社会共同参与的良好氛围,为建设美丽中国和实现可持续发展贡献力量。

(三)加强生态系统保护和修复

生态系统作为自然界的重要构成部分,是人民群众赖以生存的重要资源,也是生态文明建设的基础。加强生态系统保护和修复,既是生态文明建设的重要任务,也是实现可持续发展的关键环节。

首先,必须高度重视自然生态系统的保护问题。自然生态系统在维持地球生物多样性、净化空气和水质、防止水土流失、提供食物和药物等方面发挥着至关重要的作用。为保护自然生态系统,党和国家采取一系列严格的保护措施,如建立自然保护区、制定相关法律法规等,以防止人为因素对自然生态系统的破坏。其次,绝对不能忽视对人工生态系统的建设和管理工作。随着城市化进程的快速推进和工业化的发展,人类对自然环境的依赖正在逐渐减弱,人工生态系统已经成为人们生活和工作的主要环境。因此,党和国家积极推动绿色城市、生态乡村、生态工业园等项目的建设,以提升人工生态系统的生态服务功能,创造一个和谐共生的人与自然生态环境。为了实现这一目标,党的十八大以来持续在城市规划和建设中注重生态保护和绿化建设,将绿色理念融入城市建设的每一个环节,打造出绿色、生态、宜居的城市环境;在农村地区,积极推进生态农业和乡村建设,通过科学的农业发展和乡村建设规划,提高农村生态系统的服务功能,让农村地区成为人与自然和谐共生的典范;在工业园区,不断加强环保管理和生态建设,通过科学合理的规划和管理,实现绿色生产,降低对自然环境的破坏和污染。最后,要着重加强生态修复工作。由于长期的人类活动和环境变化,一些生态系统遭受了严重的破坏,因此需要采取科学、合理、有效的措施,对已经遭受破坏的生态系统进行修复和治理,恢复其生态功能,包括植被恢复、土壤修复、水资源管理等方面的工作。具体来说,党的十八大以来,党和国家采取以下几项措施来加强生态修复工作:一是加强生态监测和评估。及时发现并解决生态系统存在的问题是进行生态修复的前提。通过建立完善的生态监测体系,实时了解生态系统的状况,及时发现并解决潜在的问题,定期进行生态评估,以了解生态修复工作的进展和效果。二是推进生态工程和修复技术研发。科技是进行生态修复的重要支撑,不断加大科研力度,研发出更加先进的生态工程技术和修复技术,以应对不同生态系统的问题,通过推广和应用已有的生态修复技术,提高修复工作的效率和质量。三是加强政策支持和资金投入。出台了相关政策鼓励企业和个人参与生态修复工作,提供一定的资金支持,并通过社会筹资等方式引入更多的资金支持。四是加强宣传教育和公众参与。通过公益广告、新兴媒体等各种渠道进行宣传教育,让公众了解生态修复的重要性和必要性,鼓励公众积极参与生态修复工作,如植树造林、参与湿地保护等。

(四)推动绿色低碳发展

推动绿色低碳发展无疑是生态文明建设的重要方向。在新时代背景下,党和国家积极响应全球环保倡议,以身作则,积极推动绿色低碳发展,促进经济转型升级和高质量发展。

首先,党和国家非常重视能源结构的调整,并大力推广清洁能源。为了实现减少环境污染、降低碳排放的目标,政府采取了一系列措施来加快能源结构调整和优化。这些措施包括大力发展可再生能源和新能源,如太阳能、风能、水能等,以及降低化石能源的比重。为了鼓励清洁能源的发展,党和国家积极加大对这方面的投资力度,并为相关企业和个人提供了许多优惠政策。例如,政府为太阳能和风能发电项目提供了财政补贴和税收减免等优惠措施,同时还鼓励企业和个人投资建设清洁能源项目。除此之外,政府还加强了对传统能源的监管力度,限制煤炭等高污染能源的生产和使用。其次,党和国家致力于推进节能减排工作,显示出对环保事业的坚定决心。在工业、建筑、交通等重点领域,政府积极采取措施,加强节能减排工作,提高能源利用效率,通过改进工艺流程、使用高效节能设备、优化建筑设计等措施,减少能源消耗和浪费,降低碳排放,同时也能为企业节约能源成本,提高市场竞争力。在工业领域,政府鼓励企业采用先进的节能技术,如高效锅炉、绿色制造等,提高能源利用效率。在建筑领域,政府推广节能建筑设计,鼓励使用保温隔热材料、高效节能空调等设备。在交通领域,政府推广绿色出行方式,如公共交通、骑行和步行,减少私家车的使用,同时鼓励使用节能型车辆。政府还通过多种渠道积极推广节能环保理念,鼓励企业和个人采取节能环保措施。例如,通过媒体宣传、公益广告等方式普及节能知识,提高公众的环保意识。政府还出台了一系列优惠政策,鼓励企业开展节能减排工作,如对节能环保企业给予税收减免、财政补贴等支持。最后,党和国家一直致力于资源节约和管理,通过推动循环经济的发展,实现资源的高效利用和循环利用。具体而言,通过对废弃物的再利用、再生资源的回收等,不仅减少了对自然资源的过度开采和依赖,还能为企业节约成本、创造新的经济增长点。为了促进资源的有效利用和循环利用,政府通过制定相关政策和法规来规范和引导市场行为。例如,政府出台了相关法规,要求企业对废弃物进行分类回收处理,同时通过税收优惠、补贴等措施鼓励企业开展再生资源回收利用。在实践中,一些企业积极探索并成功实施了资源循环利用的模式,通过对废弃物的再利用、对生产过程中边角料的再加工等措施,实现了资源的最大化利用和最小化排放。

(五)积极参与国际合作,携手共建生态良好的地球美好家园

良好的生态环境是人类赖以生存和发展根基,建设绿色家园是各国人民的共同梦想。当前面对全球气候变化、生物多样性的丧失和环境污染等一系列全球环境问题,各国无法独善其身,需要携起手来共同应对。党的十八大以来,习近平总书记站位高远,以人与自然和谐共生为出发点和落脚点,在深刻践行人类命运共同体的发展理念基础上,提出一系列富有中国特色、体现时代精神、引领人类文明发展进步的新理念、新思想、新战略和新路径。在此基础上积极推动全球可持续发展的要求和全球发展倡议,为我国积极参与全球环境治理提供了

根本遵循和行动指南。近年来,在习近平生态文明思想的指引下,我国生态环境保护发生历史性、转折性、全局性变化,为人类生态发展新形态提供了发展范本,为世界提供了有益的经验借鉴。

党的十八大以来,我国积极参与国际合作,为全球生态环境保护作出积极贡献。为应对全球气候变化,我国积极推动《巴黎协定》达成、签署、生效和实施,同时宣布我国二氧化碳排放力争于 2030 年前达到峰值、努力争取 2060 年前实现碳中和,为全球应对气候变化注入了强劲动力。我国成功举办《联合国防治荒漠化公约》《生物多样性公约》《湿地公约》缔约方大会,积极参与联合国 2030 年可持续发展议程、"生态系统恢复十年""海洋科学促进可持续发展十年"等行动计划。塞罕坝林场建设者、浙江省"千村示范、万村整治"工程和"蓝色循环"海洋塑料废弃物治理模式等获得联合国最高环境荣誉"地球卫士奖","中国山水工程"入选联合国首批十大"世界生态恢复旗舰项目"。

当前我国在生态环境保护国际合作领域虽取得一些成果,但也面临新的挑战。首先,虽然全球已进入后疫情时代,但新冠疫情所带来的负面影响仍然存在,给国际社会和生态环境治理体系造成的损害依旧存在;其次,面对世界百年未有之大变局,特别是在国际形势紧张的背景下,部分国家在应对全球气候变化和国际生态环境保护合作方面持有消极态度;最后,在全球生态环境问题突出的背景下,生态环境保护国际合作对于各个国家提出了更高要求。在此背景下,生态环境国家合作应从以下几个方面展开。

一是以"一带一路"为支撑点,打造区域环境保护合作战略高地。依托合作平台,推进共建国家绿色低碳发展;践行绿色理念,加强共建国家重点领域技术支撑;发挥示范效应,增强共建国家绿色发展能力。二是积极推进生态环境保护过程中的双边及多边合作。达成双多边合作的有效共识,构建双多边合作的制度保障,以制度明确各方主体在合作过程中的权益和责任,积极推动责任落实,同时强化双多边合作过程中的技术支撑。三是加快构建生态环境保护国际合作新格局。一方面继续坚守我国的发展中国家地位,在参与生态环境保护国际合作的过程中加强维护我国利益,履行相应责任,拒绝发达国家强加于我国的不合理要求。另一方面在坚守发展中国家地位和推进南南合作的基础上构建国际合作新格局,推动中国理念、中国制度、中国标准融入生态环境保护国际合作。

在推进中国式现代化生态文明建设的背景下,我国将继续积极参与国际合作,深度参与全球环境治理,践行真正的多边主义,认真履行国际环境公约,推动构建公平合理、合作共赢的全球环境治理体系。

四、中国式现代化生态文明建设的当代意义

(一)中国式现代化生态文明建设,是满足人民群众对美好生活向往的必然要求

新中国成立以来,在中国共产党的领导下,中华民族实现了从站起来、富起来到强起来的历史性飞跃,进入新时代,我国社会的主要矛盾已经转化为人民日益增长的美好生活需要和不平衡不充分的发展之间的矛盾。在中国式现代化生态文明建设的背景下,人们日益增长的对优美生态环境的需要与更多优质生态产品供给不足之间的矛盾已经成为新时代社会主要矛盾的一个重要方面。随着"人民对美好生活的向往"内涵的越来越丰富,新形势下加强生态文明建设是满足人民群众对美好生活向往的必然要求。

良好生态环境是最公平的公共产品,是最普惠的民生福祉。在"强起来"的新时代,顺应时代潮流,以习近平同志为核心的党中央提出"良好生态环境是最普惠的民生福祉""环境就是民生"等重要论断。随着我国社会主要矛盾发生变化,人民群众对优美生态环境的需要成为这一矛盾的重要方面。尤其是全面建成小康社会后,人民群众对优美生态环境的期望值更高,对生态环境问题的容忍度更低。当前我国生态文明建设仍然面临诸多矛盾和挑战,生态环境稳中向好的基础还不稳固,从量变到质变的拐点还没有到来,生态环境质量同人民群众对美好生活的期盼相比,同建设美丽中国的目标相比,同构建新发展格局、推动高质量发展、全面建设社会主义现代化国家的要求相比,都还有较大差距。生态环境修复和改善是一个需要付出长期艰苦努力的过程,不可能一蹴而就。必须践行以人民为中心的发展思想,集中攻克老百姓身边的突出生态环境问题,持续改善生态环境质量,不断增强人民群众的获得感、幸福感、安全感。

党的二十大报告反复强调要"增进民生福祉,提高人民生活品质"①。"环境就是民生"重要论断既是坚持"绿水青山就是金山银山"理念、坚持绿色发展方式的逻辑必然,也是对马克思主义关于共产主义社会"每个人的自由发展是一切人的自由发展的条件"这一论断内涵的深刻理解。要实现人的自由发展,首先要实现人在自然面前的自由发展。为此,人类必须尊重自然、顺应自然、保护自然,处理好人类发展与自然演进的关系。"环境就是民生"这一重要论断要求人们在追求物质生活丰富、精神生活充实的同时自觉统筹利用生产、生活、生态空间,追求生产空间集约高效、生活空间宜居适度、生态空间山清水秀。这改变了过去人们忽略"环境民生"的思想倾向,从社会发展价值取向规定了"人与自然和谐共生"的具体要求,反映了新时代党和人民对未来社会发展目标的科学把握,从生态民生维度拓展了马克思主义关于社会发展价值目标的内涵,为实现人与自然和谐共生的现代化明确了价值取向。

环境就是民生,青山就是美丽,蓝天也是幸福。我们绝不能走浪费资源、破坏生态、污染环境的老路,而要把满足人民日益增长的美好生活需要和满足人民日益增长的优美生态环境需要统一起来,走生产发展、生活富裕、生态良好的发展之路,从而实现经济高质量发展。必须敬畏自然,遵循自然规律,规范人类的行为,为子孙后代留下一个优质美好的生存和发展环境。

(二)中国式现代化生态文明建设,是推动高质量发展的必然要求

党的十九大首次提出"我国经济已由高速增长阶段转向高质量发展阶段"②,这为高质量发展提出了一系列新思想、新论断、新目标、新要求和新部署。党的二十大明确将"高质量发展作为全面建设社会主义现代化国家的首要任务"和"高质量发展"做专章部署,为二者在新时期赋予了新的时代意义和内涵。从时间脉络来看,我国经济实力取得历史性跃升、生态文明建设发生历史性变革的背后,是生态文明建设、高质量发展理念与实践的逐步深化、相互融合,二者具有

---

① 习近平:《高举中国特色社会主义伟大旗帜 为全面建设社会主义现代化国家而团结奋斗——在中国共产党第二十次全国代表大会上的报告》,人民出版社2022年版,第46页。

② 《习近平著作选读》第二卷,人民出版社2023年版,第150页。

时代逻辑的一致性,与习近平新时代中国特色社会主义思想的相关科学论述既一脉相承,又与时俱进。

生态保护和经济发展二者是可以协调发展的辩证统一体。一方面,生态文明建设是赋能高质量发展的重要手段,生态文明建设作为实现中国式现代化的重要路径,为高质量发展这一首要任务奠定了良好基础,加快形成节约资源和保护环境的空间格局、产业结构、生产方式、生活方式,有助于实现更高质量、更有效率、更加公平、更可持续、更为安全的文明发展。另一方面,生态文明建设是赋能高质量发展的最终结果,高质量发展能够推进经济循环低碳绿色发展,建设绿色低碳循环发展经济体系,营造"绿水青山"的美丽家园,最终的落脚点仍在生态文明建设。因此,生态文明建设与高质量发展的理论逻辑是互伴共生、互相融合的,统一于"基本实现社会主义现代化"中。

生态文明建设赋能高质量发展具有实践逻辑上的可行性。党的十八大以来,全国各地先后深入打响蓝天、碧水、净土保卫战,坚定不移地走生产发展、生活富裕、生态良好的生态文明发展道路。《新时代的中国绿色发展》白皮书显示,我国生态环境质量持续稳定向好,空气质量、水质等显著改善,经济发展的"含金量"和"含绿量"显著提升,战略性新兴产业成为经济发展的重要引擎,绿色产业蓬勃发展,我国以年均3%的能源消费增速支撑了年均6.6%的经济增长,中国成为全球能耗强度降低最快的国家之一。"绿水青山"转化为"金山银山"的成功实践充分证明,生态文明建设赋予了推动高质量发展的强大动能,具有实践逻辑上的可行性。

处理好发展和保护的关系是一个世界性难题,也是人类社会发展面临的永恒课题。党的十八大以来,习近平总书记深刻总结中外历史经验教训,强调"生态环境保护和经济发展不是矛盾对立的关系,而是辩证统一的关系。把生态保护好,把生态优势发挥出来,才能实现高质量发展"[1];指出"保护生态环境就是保护生产力、改善生态环境就是发展生产力"[2];在党的二十大报告中更是明确提

---

[1]　《论坚持人与自然和谐共生》,中央文献出版社 2022 年版,第 139 页。
[2]　《论坚持人与自然和谐共生》,中央文献出版社 2022 年版,第 10 页。

出"推动经济社会发展绿色化、低碳化是实现高质量发展的关键环节"①。

优美的生态环境是高质量发展的基本目标任务。早在 2015 年,中共中央、国务院发布《关于加快推进生态文明建设的意见》,指出加快推进生态文明建设是加快转变经济发展方式、提高发展质量和效益的内在要求,经济社会发展必须建立在资源得到高效循环利用、生态环境受到严格保护的基础上。同年发布的《生态文明体制改革总体方案》提出生态文明体制改革的理念为"六个树立",即树立尊重自然、顺应自然、保护自然的理念,树立发展和保护相统一的理念,树立绿水青山就是金山银山的理念,树立自然价值和自然资本的理念,树立空间均衡的理念,树立山水林田湖是一个生命共同体的理念。2021 年中共中央、国务院发布《关于深入打好污染防治攻坚战的意见》,提出以更高标准打好蓝天、碧水、净土保卫战,以高水平保护推动高质量发展、创造高品质生活的总体要求。党的二十大报告指出,必须牢固树立和践行绿水青山就是金山银山的理念,站在人与自然和谐共生的高度谋划发展。当前我国经济社会发展已进入加快绿色化、低碳化的高质量发展阶段。绿色发展是新发展理念的重要组成部分,绿色决定发展的成色,因此良好的生态环境是高质量发展的目标任务和内在要求。

良好的生态环境是高质量发展的关键基础要素。大自然是人类赖以生存发展的基本条件,保持良好的生态环境,人类社会才能得到永续发展。九曲黄河孕育了古老而伟大的中华文明。然而,黄河一直"体弱多病",生态本底差,水资源十分短缺,水土流失严重,资源环境承载能力弱,成为制约沿黄各省(自治区)高质量发展的关键因素。习近平总书记多次实地考察黄河流域生态保护和经济社会发展情况,指出治理黄河,重在保护,要在治理,为保障黄河安澜、长治久安、促进全流域高质量发展指明了方向。绿色低碳发展是时代潮流、大势所趋,中华民族要实现永续发展,走西方发达国家消耗资源、污染环境谋求发展的老路是难以为继的,只有把绿色发展的底色铺好,才会有未来发展的持续强劲动力。

生态环境质量改善对高质量发展的促进作用愈发显著。"草木植成,国之富

---

① 习近平:《高举中国特色社会主义伟大旗帜 为全面建设社会主义现代化国家而团结奋斗——在中国共产党第二十次全国代表大会上的报告》,人民出版社 2022 年版,第 50 页。

也。"①良好生态环境既是自然财富,也是经济财富,关系经济社会发展的潜力和后劲。党的十八大以来,长江经济带发展把生态环境保护摆在优先位置,长江上中下游协同发力、流域齐治、湖塘并治。2022 年,长江流域国控断面优良水质比例达 98.1%,比 2015 年上升 16.3 个百分点,长江干流连续三年全线达到 Ⅱ 类水质;长江经济带地区生产总值达 55.98 万亿元,占全国比重提高至 46.5%。共抓大保护不仅没有影响发展速度,反而推动生态优先、绿色发展,还提升了长江经济带对全国高质量发展的支撑带动作用。生态环境保护和经济发展是辩证统一的关系,高品质的生态环境可以更有力支撑绿色发展,持续释放新的经济动能。

习近平总书记在全国生态环境保护大会上发表重要讲话,强调要深入贯彻新时代中国特色社会主义生态文明思想,坚持以人民为中心,牢固树立和践行绿水青山就是金山银山的理念,把建设美丽中国摆在强国建设、民族复兴的突出位置,推动城乡人居环境明显改善、美丽中国建设取得显著成效,以高品质生态环境支撑高质量发展,加快推进人与自然和谐共生的现代化。我国经济社会发展已进入加快绿色化、低碳化的高质量发展阶段,新征程新使命,要求我们必须以更高站位、更宽视野、更大力度来谋划和推进新时代生态环境保护工作,以高品质生态环境支撑高质量发展。

高质量发展和高水平保护不是矛盾对立的关系,而是相辅相成、相得益彰的辩证统一关系。高质量发展是高水平保护的目标指向,高水平保护是高质量发展的重要支撑。经济发展不应是对资源环境的竭泽而渔,生态保护也不应是舍弃经济发展的缘木求鱼,应该坚持在发展中保护、在保护中发展。要站在人与自然和谐共生的高度统筹谋划发展,坚持绿水青山就是金山银山理念,自觉把经济活动、人的行为限制在自然资源和生态环境能够承受的限度内,通过高水平保护不断塑造发展的新动能、新优势,着力构建绿色低碳循环经济体系,持续增强发展的潜力和后劲。

(三)中国式现代化生态文明建设,是构建人类命运共同体的必然要求

习近平总书记强调,要积极推动全球可持续发展,秉持人类命运共同体理

---

① 《习近平谈治国理政》第四卷,外文出版社 2022 年版,第 365 页。

念,积极参与全球环境治理,为全球提供更多公共产品,展现我国负责任大国形象。近年来,气候变化、生物多样性丧失、荒漠化加剧、极端气候事件频发,给人类生存和发展带来严峻挑战。面对生态环境挑战,人类是一荣俱荣、一损俱损的命运共同体。作为负责任大国,我国建设生态文明,坚决摒弃损害甚至破坏生态环境的发展模式,在推动绿色发展中解决生态环境问题,是中国式现代化道路的重要内涵。这既是办好我们自己的事情,又为发展中国家改变传统发展路径提供了全新选择,为解决全球环境问题贡献了中国智慧、中国方案。必须充分发挥全球生态文明建设的重要参与者、贡献者、引领者作用,不断提升我国在全球环境治理体系中的话语权和影响力,推动实现更加强劲、绿色、健康的全球发展,共同建设清洁美丽的世界。

第十章 中国式现代化 与全面从严治党

办好中国的事情,关键在党、关键在全面从严治党。党的二十大报告提出"全面建设社会主义现代化强国、实现第二个百年奋斗目标,以中国式现代化全面推进中华民族伟大复兴"①是现阶段中国共产党的中心任务,吹响了奋进新征程的时代号角。要想在新征程上大力推进中国式现代化、如期实现中华民族伟大复兴,作为中国特色社会主义事业的坚强领导核心,党的自身建设关系重大、决定全局。因此,我们党必须勇于自我革命,必须牢记全面从严治党永远在路上,毫不动摇把党建设得更加坚强有力,为推进和拓展中国式现代化提供坚实保证。

一、中国共产党的领导是中国式现代化的根本特征

中国式现代化是中国共产党领导全国各族人民在长期探索和实践中历经千辛万苦、付出巨大代价取得的重大成果。习近平总书记在学习贯彻党的二十大精神研讨班开班式上指出:"党的领导直接关系中国式现代化的根本方向、前途命运、最终成败。"②这一论断基于中国式现代化的理论探索、实践历程和现实要求,深刻揭示了党的领导与中国式现代化的内在关系,即坚持中国共产党的领导

---

① 习近平:《高举中国特色社会主义伟大旗帜 为全面建设社会主义现代化国家而团结奋斗——在中国共产党第二十次全国代表大会上的报告》,人民出版社 2022 年版,第 21 页。
② 《正确理解和大力推进中国式现代化》,《人民日报》2023 年 2 月 8 日,第 1 版。

是中国式现代化最鲜明的特征和最突出的优势。

（一）党的领导决定中国式现代化的根本性质和前途命运

1. 党的领导决定中国式现代化的根本性质

党的领导决定中国式现代化的根本性质。党的二十大报告明确指出："中国式现代化，是中国共产党领导的社会主义现代化。"①这是对中国式现代化定性的话，是管总、管根本的。② 党的性质宗旨、初心使命、信仰信念、政策主张决定了中国式现代化是社会主义现代化，而不是别的什么现代化。中国共产党作为无产阶级政党，自成立起就把马克思主义写在自己的旗帜上，坚定对马克思主义的信仰、对社会主义和共产主义的信念，在开创、坚持、捍卫和发展中国特色社会主义的历史进程中，不断探索和推进中国式现代化。中国式现代化的"中国式"，从根本上讲就是基于中国特色社会主义而形成的，同时也反映在"党的领导"这个本质要求上。党的领导是中国特色社会主义的本质特征和最大优势，也为我们推进中国式现代化提供了根本遵循。党的领导保证了中国既不走封闭僵化的老路，也不走改旗易帜的邪路，而是坚定不移走中国特色社会主义道路，为中国式现代化沿着正确轨道前进提供方向指引。党的领导保证了不断开辟马克思主义中国化时代化新境界，为中国式现代化提供科学理论指导；保证了中国特色社会主义制度不断完善和发展，为中国式现代化提供坚强制度保障；保证了中国特色社会主义文化的繁荣发展，为中国式现代化提供强大精神力量。党的举旗定向确保了中国式现代化始终沿着社会主义方向前进，保证了中国式现代化是维护人民根本利益的现代化，避免了资本主义现代化中社会全面分化的弊端，由此中国式现代化才能繁荣兴盛。

2. 党的领导确保中国式现代化锚定奋斗目标行稳致远

习近平总书记深刻指出："党的领导确保中国式现代化锚定奋斗目标行稳致远，我们党的奋斗目标一以贯之，一代一代地接力推进，取得了举世瞩目、彪炳史

---

① 习近平：《高举中国特色社会主义伟大旗帜 为全面建设社会主义现代化国家而团结奋斗——在中国共产党第二十次全国代表大会上的报告》，人民出版社 2022 年版，第 22 页。

② 习近平：《中国式现代化是中国共产党领导的社会主义现代化》，《求是》2023 年第 11 期。

册的辉煌业绩。"①近代以来,曾经长时期辉煌灿烂的中华文明面临来自西方现代文明的巨大挑战,无数仁人志士苦苦探索中华民族走向现代和实现复兴的出路,却还是避免不了国家蒙辱、人民蒙难、文明蒙尘的困境,中国面临亡国灭种的深刻危机。可以说,落后的东方人口大国是中国式现代化的历史起点。新中国成立之初,毛泽东同志曾发出这样的感叹:"现在我们能造什么? 能造桌子椅子,能造茶碗茶壶,能种粮食,还能磨成面粉,还能造纸,但是,一辆汽车、一架飞机、一辆坦克、一辆拖拉机都不能造。"②经过 70 多年的自力更生、艰苦奋斗,我国拥有了世界上最完备的工业体系,社会生产力、综合国力、人民生活水平实现了历史性跨越,经济实力、科技实力、国防实力进入世界前列,已经成为世界第二大经济体、制造业第一大国、货物贸易第一大国、商品消费第二大国、外资流入第二大国,外汇储备连续多年位居世界第一,取得了举世瞩目、彪炳史册的辉煌业绩,创造了人类现代化史上的奇迹。这种巨大跨越与飞速发展,关键就在于党的坚强领导。中国共产党是中国式现代化事业的领导核心,在百余年奋斗中一代一代接力,根据不同阶段主要任务的发展变化作决策、抓落实,既坚持、丰富和发展理论,制定、调整和完善路线方针政策,为处理好中国式现代化进程中的一系列重大关系提供方法论指导,又发挥总揽全局、协调各方的作用,以钉钉子精神真抓实干、埋头苦干,善始善终、善作善成,确保各项政策措施落地见效,一步一步把蓝图变成现实。

（二）党的领导激发强劲动力和汇聚磅礴力量

1. 改革创新注入不竭动力

中国共产党坚持改革创新,为推进中国式现代化注入不竭动力。中华民族是富有开拓创新精神的伟大民族,中国共产党是富有开拓创新精神的伟大政党,开拓创新精神是我们党开辟伟大道路、创造伟大事业、取得伟大成就的重要精神密码。"惟改革者进,惟创新者强,惟改革创新者胜。"③中国共产党勇于改革创

---

①　《正确理解和大力推进中国式现代化》,《人民日报》2023 年 2 月 8 日,第 1 版。
②　《毛泽东文集》第六卷,人民出版社 1999 年版,第 329 页。
③　《习近平外交演讲集》第一卷,中央文献出版社 2022 年版,第 205 页。

新,不断破除各方面体制机制弊端,为中国式现代化注入不竭动力。回溯过往,中国共产党的百余年奋斗史就是一部开拓创新史。中国共产党坚持守正创新,以伟大历史主动精神不断变革生产关系和生产力之间、上层建筑和经济基础之间不相适应的方面,不断打破思想认识的枷锁、推进各领域体制改革,勇于推进理论创新、实践创新、制度创新、文化创新以及各方面创新,让一切劳动、知识、技术、管理和资本的活力竞相迸发。党的十八大以来,改革进入攻坚期和深水区,以习近平同志为核心的党中央以巨大政治勇气推进全面深化改革,革除制约和束缚发展的深层次弊端,在重要领域和关键环节取得决定性成果,许多领域实现历史性变革、系统性重塑、整体性重构,为中国式现代化注入不竭动力。实现新时代新征程的目标任务,必须贯彻"坚持深化改革开放"这一重大原则,把准方向、守正创新、真抓实干,在新征程上谱写改革开放新篇章。

2. 人民立场汇聚磅礴力量

中国共产党坚持人民立场,为推进中国式现代化汇聚磅礴力量。习近平总书记指出:"人民是我们党执政的最大底气,是我们共和国的坚实根基,是我们强党兴国的根本所在。"[①]中国式现代化是事关实现中华民族伟大复兴的宏伟事业,是亿万人民自己的事业,必须贯彻党的群众路线,坚持以人民为中心的发展思想,充分发挥人民的主人翁精神和创造伟力。人民是历史的创造者,是推进现代化最坚实的根基、最深厚的力量,现代化道路最终能否走得通、行得稳,关键要看是否坚持以人民为中心。历史充分证明,中国共产党作为无产阶级政党,始终牢记为中国人民谋幸福、为中华民族谋复兴的初心使命,完全以国家、民族、人民的利益为重,领导人民不断从胜利走向胜利。从现实来看,中国共产党是一个在超大社会构成的发展中大国长期执政的拥有近亿党员的马克思主义政党,在新型举国体制下具有凝心聚力的独特优势。中国共产党高度重视党中央权威和集中统一领导,认真贯彻执行民主集中制,有助于全党团结、形成合力,把自身的力量凝聚起来。中国共产党充分发挥总揽全局、协调各方的领导核心作用与社会主义制度优势,把人民团结凝聚起来、组织动员起来,集中力量办大事、急事、难事,

---

① 《习近平谈治国理政》第三卷,外文出版社 2020 年版,第 137 页。

把全国人民的力量激发起来。中国共产党充分发挥统一战线的重要法宝作用，把各方面智慧和力量凝聚起来，把中国人民和海内外中华儿女团结起来，形成海内外中华儿女心往一处想、劲往一处使的强大合力。

二、从严管党治党是中国共产党的优良传统

（一）中国共产党始终重视管党治党

全面从严治党是我们党的一贯立场和优良传统，是我们党永葆生机活力、走好赶考之路的必然选择。回顾百年党史，我们党始终把自身建设摆在重要位置，从严管党治党让中国共产党越来越强大。新民主主义革命时期，毛泽东特别注重从思想上建党，指出"无产阶级思想领导的问题，是一个非常重要的问题"①，要注意以无产阶级思想改造和克服各种非无产阶级思想。毛泽东还高度重视党的作风建设，指出"只要我们党的作风完全正派了，全国人民就会跟我们学"②。在中国革命即将在全国范围内取得胜利之时，毛泽东同志在党的七届二中全会上明确提出了"两个务必"，至今仍警醒着共产党人要走好新时代"赶考"之路。进入社会主义革命和建设时期，我们党的焦点任务也转向加强政权建设、巩固执政地位，这对管党治党提出了新的要求。1951年，我们党开展了以"反贪污、反浪费、反官僚主义"为内容的"三反"运动；1953年，党开展了以"反对官僚主义、反对命令主义和反对违法乱纪"为内容的"新三反"运动；1957年4月，我们党再次以"反官僚主义、反宗派主义、反主观主义"为主要内容进行整风运动，有效遏制了党内存在的错误思想。进入改革开放和社会主义现代化建设新时期，邓小平指出"领导制度、组织制度问题更带有根本性、全局性、稳定性和长期性"③，我们党推进了干部人事制度、选拔制度、考核制度改革，制定了一系列规范党内政治生活、组织生活以及党员干部监督等方面的制度。当社会主义市场经济的商品交换原则严重侵蚀党内生活时，邓小平进一步强调"两手抓，两手都要硬"，而"坚持一手抓改革开放、一手抓惩治腐败"就是其中的一个重要方面，多措并举加强

---

① 《建党以来重要文献选编（1921—1949）》第五册，中央文献出版社2011年版，第756页。
② 《建党以来重要文献选编（1921—1949）》第十九册，中央文献出版社2011年版，第31页。
③ 《邓小平文选》第二卷，人民出版社1994年版，第333页。

党风廉政建设。进入世纪之交,江泽民提出治国必须治党的时代强音,不断落实"三个代表"要求,指出"当今中国的事情办得怎么样,关键取决于我们党,取决于党的思想、作风、纪律、组织状况和战斗能力、领导水平"①,只有把我们党建设好了,才能党兴国强。在新的起点上坚持和发展中国特色社会主义的历史进程中,胡锦涛提出"执政党必须注重自身建设,善于根据形势发展变化不断认识自己、提高自己、加强自己"②,强调执政能力建设是党执政后的一项根本建设。同时他还高度重视党群关系,提出"人民群众的拥护和支持,是党执政最牢固的政治基础和最深厚的力量源泉"③,要求大家树立正确的政绩观,坚持重实际、鼓实劲、求实效。一个严于律己的执政党,才能永葆生机与活力,才能更好地肩负起历史使命。

(二)新时代十年全面从严治党的实践

1. 全面从严治党的内涵

在百余年奋斗中,我们党外靠人民监督、内靠自我革命,保证了党长盛不衰、不断发展壮大,而新时代党的自我革命集中体现在全面从严治党上。习近平在十八届中纪委六次全会上指出:"全面从严治党,核心是加强党的领导,基础在全面,关键在严,要害在治。"④第一,全面从严治党的主体力量是中国共产党,目标是锤炼本领能力,把我们党锻造得更加坚强有力。第二,全面从严治党的基础在全面,就是实现管党治党的全覆盖,渗透到管党治党全流程、全方位、全领域,抓全抓实、不留死角。第三,全面从严治党的关键在严,要采用高标准、落到实处,要避免形式化、做到长管长严。第四,全面从严治党的要害在治,坚持标本兼治、直击要害,实现党的自我革命在全面从严治党实践中的升华。

2. 全面从严治党的基本内容

坚持以党的政治建设为统领,确保全党集中统一。进入新时代,我们党把政

---

① 《十五大以来重要文献选编》(中),人民出版社2001年版,第1105页。

② 《胡锦涛文选》第一卷,人民出版社2016年版,第465页。

③ 《十六大以来重要文献选编》(中),中央文献出版社2006年版,第593页。

④ 习近平:《在第十八届中央纪律检查委员会第六次全体会议上的讲话》,《人民日报》2016年5月3日,第2版。

治建设作为根本性建设,严明政治纪律,强化政治监督,推动全党深刻领悟"两个确立"的决定性意义,增强"四个意识",坚定"四个自信",做到"两个维护",把党的领导落实到统筹推进"五位一体"总体布局和协调推进"四个全面"战略布局之中,确保党中央权威和集中统一领导,确保党发挥总揽全局、协调各方的领导核心作用,我们这个拥有9800多万名党员的马克思主义政党更加团结统一。

坚持把思想建设作为党的基础性建设,用马克思主义中国化时代化最新成果武装全党。拥有马克思主义科学理论指导是我们党坚定信仰信念、把握历史主动的根本所在。我们党坚定历史自信、文化自信,坚持把马克思主义基本原理同中国具体实际相结合、同中华优秀传统文化相结合,创立了习近平新时代中国特色社会主义思想。坚持思想建党、理论强党,注重集中性教育和经常性教育相结合,推动全党增强政治自觉、思想自觉、行动自觉,坚持不懈用党的创新理论武装头脑、指导实践、推动工作。

坚持落实中央八项规定精神不动摇,以钉钉子精神纠治"四风"、树立新风。新时代全面从严治党从制定和落实中央八项规定开局破题,锲而不舍、久久为功,抓铁有痕、踏石留印,刹住了一些长期没有刹住的歪风,纠治了一些多年未除的顽瘴痼疾。坚持立破并举、扶正祛邪,弘扬谦虚谨慎、艰苦奋斗等光荣传统,涵养"三严三实"、清正廉洁的新风正气,以好作风好形象奋进新时代。

坚持不敢腐、不能腐、不想腐一体推进,与腐败作坚决斗争。腐败是危害党的生命力和战斗力的最大毒瘤,反腐败是最彻底的自我革命。新时代以来,党中央秉持坚韧顽强的斗争精神,坚持无禁区、全覆盖、零容忍,坚持重遏制、强高压、长震慑,坚持受贿行贿一起查,坚持有案必查、有腐必惩,"打虎""拍蝇""猎狐"多管齐下,开展了史无前例的反腐败斗争。综合运用政治、纪律、法治方式,坚决查处政治问题和经济问题交织的腐败案件,坚决清除不收敛不收手的腐败分子,消除了党、国家、军队内部存在的严重隐患。深化以案为鉴、以案促改、以案促治,堵塞漏洞,完善制度,不断提升治理腐败效能。

坚持依规治党、纪法贯通,推动制度优势更好转化为国家治理效能。党的二十大报告深刻总结了全面加强党的纪律建设、健全党内法规制度、加强对权力运行制约和监督的新鲜经验。进入新时代,我们党坚持以党章为根本遵循,把纪律建设纳入党的建设总体布局,重点强化政治纪律,带动各项纪律全面从严,形成比较完善的党内法规体系。坚持纪严于法、执纪执法贯通,深化运用监督执纪"四种形态",促进依规治党和依法治国有机统一。深化纪律检查体制、国家监察体制改革,形成纪律监督、监察监督、派驻监督、巡视监督统筹衔接的监督格局,以党内监督带动其他监督,不断健全党和国家监督体系,使广大党员、干部和公职人员习惯在受监督和约束的环境中工作生活。

坚持深化政治巡视,充分发挥巡视发现问题、形成震慑、推动改革、促进发展的作用。进入新时代,党中央把巡视作为全面从严治党的战略性制度安排,突出政治监督定位,确立巡视工作方针,坚持问题导向,创新方式方法,着力发现和纠正各级党组织在履行党的领导职能责任上的政治偏差,建立健全巡视巡察上下联动格局,持续深化巡视整改,高质量完成巡视全覆盖任务,有力推动各级党组织和广大党员、干部勘误纠错、忠诚履职。巡视已经成为促进改革发展稳定、推动事业进步的强大力量。

坚持整治一切损害群众利益的腐败和不正之风,让人民群众感到公平正义就在身边。人民性是马克思主义的本质属性,为民造福是立党为公、执政为民的本质要求。我们党坚守以人民为中心的根本立场,坚持人民群众反对什么痛恨什么就坚决防范和纠正什么,着力整治群众身边腐败和不正之风,专项整治扶贫领域、民生领域"微腐败",坚决惩治涉黑涉恶腐败和"保护伞",促进乡村振兴、惠民富民、共同富裕政策落实落地,确保党和人民赋予的权力始终用来为人民谋幸福。

坚持抓住"关键少数",以上率下,压紧压实全面从严治党政治责任。我们党坚持从中央政治局做起、从领导干部抓起,加强对"一把手"和领导班子的监督,精准规范用好问责利器,督促各级"关键少数"坚持高标准、严要求,既切实履行全面从严治党责任、逐级传导压力,又当好示范表率、一级带领着一级干,推动主体责任和监督责任一贯到底,全党动手一起抓的良好局面不断巩固发展。

3. 全面从严治党的成就与挑战

新时代全面从严治党取得历史性、开创性成就。党的十八大以来,以习近平同志为核心的党中央站在实现"两个一百年"奋斗目标、实现中华民族伟大复兴的战略高度,把全面从严治党纳入"四个全面"战略布局,以前所未有的政治勇气和战略定力推进党风廉政建设和反腐败斗争。十年浴火淬炼,刹住了一些多年未刹住的歪风邪气,解决了许多长期没有解决的顽瘴痼疾,清除了党、国家、军队内部存在的严重隐患,管党治党宽松软状况得到根本扭转,产生了全方位、深层次影响,我们党在革命性锻造中更加坚强。正如习近平总书记指出的:"全面从严治党是新时代党的自我革命的伟大实践,开辟了百年大党自我革命的新境界。"①按照全面从严治党的总体要求,党中央明确提出"八项规定",在全党开展群众路线教育活动,以"踏石留印、抓铁有痕"的劲头坚持不懈推进作风建设,党风的转变带动了整个社会风气的明显好转,为各项事业发展创造了更为有利的社会生态环境。在全党部署开展"三严三实""两学一做""不忘初心、牢记使命"主题教育和党史学习教育,进一步坚定全党的理想信念和使命担当,为提高干部队伍和党员队伍的整体素质打下了更加坚实的基础;不断完善各个领域党的基层组织建设相关制度,强化了党的基层组织建设,使党的基层组织在推进基层社会治理、发展经济、脱贫攻坚、维护社会和谐等方面发挥更加有力的战斗堡垒作用。特别是以零容忍的态度,大力推进反腐败斗争,有效遏制了腐败蔓延的势头,反腐败斗争取得压倒性胜利并全面巩固,大大振奋了党心、民心和军心,强化了中国特色社会主义事业发展的政治根基和群众基础。

与此同时,全面从严治党也面临着严峻的现实挑战。随着我们党的队伍不断发展壮大,教育和管理党员的任务比以往任何时候都更加艰巨繁重,如何保持共产党员先进性的长效机制,是党的自身建设必须解决好的一个重大问题。同时我们还看到,改革开放以来我国社会经济成分、组织形式、就业方式、利益关系和分配方式日趋多样化并不断发展,人们的活动的范围和领域也更加广泛,流动性比过去大大增强。基于此,党的工作如何切实有效地覆盖社会生活的各个领域、切实把这些领域的群众团结和组织在党的周围,这无疑是党的建设一个崭新的课题。此外,随着改革开放的深化和社会主义市场经济的发展,不同的利益诉求不仅会在干部群众的工作和生活中表现出来,也会在不同地方、不同领域、不

---

① 《习近平谈治国理政》第四卷,外文出版社 2022 年版,第 550 页。

同部门表现出来,如何最大限度地调动各级党组织和广大党员的积极性、主动性、创造性,如何增强党的蓬勃活力、坚决维护党的团结统一,是新的历史条件下加强党的建设的重大问题。

(三)从严管党治党的基本经验

1. 必须坚持党的领导

坚决维护党中央权威和集中统一领导,确保全党步调一致、行动统一。一个时期以来,我们党也强调从严治党,但出现了管党治党宽松软的问题,一个重要原因是党对从严管党治党领导的弱化,是没有明确各级党组织管党治党的主体责任。加强党对管党治党的领导,就必须落实全面从严治党责任。全面从严治党,核心是加强党的领导。习近平总书记强调:"各级党委要把从严治党责任承担好、落实好,坚持党建工作和中心工作一起谋划、一起部署、一起考核,把每条战线、每个领域、每个环节的党建工作抓具体、抓深入,坚决防止'一手硬、一手软'。"①落实全面从严治党责任以来,全党坚决维护习近平总书记党中央的核心、全党的核心地位,坚决维护党中央权威和集中统一领导,确保全党在管党治党问题上做到步调一致、行动统一、令行禁止,使多少年来一直难以破解的"一手硬、一手软"问题迎刃而解。这是我们党管党治党的真经好经,全党振奋,人民高兴。

2. 必须坚持人民立场

坚持以人民为中心,确保立党为公、执政为民。习近平总书记强调"民心是最大的政治",深刻揭示了人心向背的政治规律,回答和解决了全面加强党的领导和党的建设,与厚植党执政的政治基础的内在逻辑统一关系。党只有赢得民心、深得人心,才能做到加强党的全面领导,才能在实现党的坚强有力领导的过程中赢得人民越来越多的认同、支持和拥护。党的领导不是靠人数多、靠喊口号,而是靠党员的质量高,靠每一个党员都是一面旗帜;靠政策的正确,靠党的科学决策、民主决策的能力水平,靠党的调查研究和走群众路线的本领;靠自己的模范工作,广大共产党员、各级党的组织、党的各级干部在贯彻落实党的决策部

---

① 习近平:《在党的群众路线教育实践活动总结大会上的讲话》,《人民日报》2014年10月9日,第2版。

署时,能够做到率先垂范、以身示范、以上率下;靠说服和教育,依靠党的巨大的群众工作能力优势,通过耐心细致高水平的群众工作,使人民群众能够正确理解党的政策与自己利益的关系,从而使人民群众把自己的命运与党的命运自觉结合在一起;靠让人民群众心悦诚服地执行,能够让人民群众把党的事业当成自己的事业,要真正做到习近平总书记所强调的,确保党始终同人民想在一起、干在一起。要认真贯彻新时代党的群众路线,不断增强党的政治领导力、思想引领力、群众组织力、社会号召力,确保我们党永葆旺盛的生命力和强大的战斗力。

3. 必须坚持问题导向

直面问题不回避、解决问题不敷衍,是我们党的突出特点,也是我们党的一大优势。习近平总书记明确提出党的自我革命要突出问题导向的要求,他指出:"自我革命本身就是对着问题去的,讳疾忌医是自我革命的天敌。"①中国共产党从不讳疾忌医,具有正视问题、主动解决问题的高度自觉,具有极强的自我修复能力。

坚持问题导向要有正视问题的自觉和刀刃向内的勇气。中国共产党因革命而生,作为革命者必先自我革命,敢于对自身存在的问题"动刀子"。有正视问题的自觉,才能发现不足、找到短板。问题是客观存在的,要有一双洞察问题的眼睛。要善于在国际国内相互联系中发现问题,在改革发展实践中发现问题,在总结经验教训中发现问题。全体党员干部必须不断审视自己,理论学习是否够深、服务人民是否主动、调查研究是否踏实,多找差距、多发现问题,就会看到自己还有许多"成长空间"。坚持具体问题具体分析,弄清问题性质;坚持透过现象看本质,抓住根本;坚持胸怀大局,深入研究思考事关全局、事关长远发展、事关人民福祉的紧要问题。要以解决问题为己任,对照形势发展的新要求、对照人民群众的新期待,抓紧解决思想作风方面存在的潜在性问题。要防微杜渐,问题刚露苗头时就要抓紧治理,防止小问题演化成大问题。要有刀刃向内的勇气,才能解决问题、不断提高。党的十八大以来,以习近平同志为核心的党中央持之以恒推进全面从严治党,刀刃向内的力度、深度、广度均空前未有,消除了党、国家、军队内

---

① 《十八大以来重要文献选编》(下),中央文献出版社 2018 年版,第 591 页。

部存在的重大隐患。

坚持问题导向要由群众来评价、由实践来检验。当局者迷,旁观者清,对于党内的一些突出问题,党员干部可能有所疏漏,人民群众却看得很清楚。党员干部是否蜕化、变质,会体现在方方面面,人民群众往往看得很清楚。深入群众听意见、打开大门受监督,才能扫清那些被忽略的"死角",解决好"沙滩流水不到头"的问题,让整改落实真正到位,让主题教育更有成效。同时,很多问题的解决不能一蹴而就,解决问题也是一个长期的过程。让正视问题、接受监督、解决问题成为一种习惯,党员干部才能成为时代先锋,我们的党才能永远立于不败之地。

4. 必须坚持自我革命精神

党的自我革命任重而道远,决不能有歇歇脚、缓口气的想法。进入新发展阶段,在由富起来向强起来的伟大历史进程中,我们面临着中华民族伟大复兴战略全局和世界百年未有之大变局,我国外部环境更趋复杂严峻,改革发展任务更加艰巨繁重。推进社会主义现代化强国建设,完成第二个百年奋斗目标,实现中华民族伟大复兴历史使命,都对我们党提出了前所未有的新挑战、新要求。千钧重担关键在党,关键在党能否永葆自我革命精神。习近平总书记强调,现在反腐败斗争取得了压倒性胜利并全面巩固,但全党同志要永葆自我革命精神,增强全面从严治党永远在路上的政治自觉,决不能滋生已经严到位的厌倦情绪。党风廉政建设和反腐败斗争永远在路上,一刻也不能放松,要以抓铁有痕、踏石留印的坚韧和执着,继续打好党风廉政建设和反腐败斗争这场攻坚战、持久战。因此,要增强全面从严治党永远在路上的政治自觉,以党的政治建设为统领,继续推进新时代党的建设新的伟大工程,积极构建一体推进不敢腐、不能腐、不想腐的体制机制,持续深化全面从严治党。

三、在全面从严治党中锻造坚强领导力量

（一）中国式现代化面临的现实挑战

当今世界正处在百年未有之大变局,我国发展的内外部环境也经历着深刻复杂的变化。中国经济社会发展处于重要战略机遇期,和平与发展仍是时代的

主题,同时也面临国内外各种挑战。中国式现代化道路的前途是光明的,但是道路是曲折的,我们必须高度警觉提前把握和应对各种风险挑战。

中国式现代化面临着严峻的国际挑战,需要我们党在全面从严治党中把握历史主动。从国际来看,如何定位和调适中国与世界的关系是一个现实难题。全球经济复苏乏力,单边主义、保护主义抬头,霸权主义和强权政治有新的表现,地缘政治关系复杂多变,外部环境不稳定、不确定因素增多。同时,中国式现代化建设取得的成就举世瞩目,随着中国在国际上的话语权比重不断上升,遏制中国发展的声音和力量也越来越大,我们面临的来自国际的经济挑战、意识形态挑战、国家安全挑战不容忽视。在复杂多变的世界形势面前,一个国家能否赢得主动,取决于执政力量作出的战略抉择和政策选择,如何应对面临诸多矛盾叠加、风险隐患增多的严峻挑战,实现我们的既定奋斗目标,需要我们党始终保持先进性,做好面对风高浪急甚至惊涛骇浪的各方面准备。

中国式现代化面临着深层的国内挑战,需要我们党在全面从严治党中开拓前进。从国内来看,如何正确处理好改革发展稳定的关系是一个现实难题。我国社会的主要矛盾已经转化为人民日益增长的美好生活需要和不平衡不充分的发展之间的矛盾。现阶段,我国旧的发展模式难以为继,发展不平衡不充分问题凸显。我国发展质量和效益还不高,创新能力不够强,实体经济水平有待提高,生态环境保护任重道远;民生领域还有不少短板,共同富裕任务艰巨,城乡区域发展和收入分配差距依然较大,群众在就业、教育、医疗、居住、养老等方面面临不少难题。同时,改革进入攻坚期和深水区,要啃的都是硬骨头、要涉的都是险滩,必然要触动既有的利益格局,搞不好就会引起社会动荡。矛盾风险挑战之多前所未有,治国理政考验之大同样前所未有,而其他国家又没有现成的经验可供我们借鉴,这些无疑考验着当代中国共产党人的胆略和智慧。

中国式现代化面临着深层的党内隐患,需要我们党在全面从严治党中永葆先进性。从党内来看,如何解决大党独有难题是一个现实难题。习近平总书记在二十届中央纪委二次全会上提出了六个"如何始终",即"如何始终不忘初心、牢记使命,如何始终统一思想、统一意志、统一行动,如何始终具备强大的执政能力和领导水平,如何始终保持干事创业精神状态,如何始终能够及时发现和解决自身存在的问题,如何始终保持风清气正的政治生态"①,指明了大党独有难题的现实指向,这也是中国式现代化的必过之坎。一个严于律己的执政党,才能永葆生机与活力,才能更好地肩负起历史使命。

(二)以新时代党的建设引领中国式现代化

新时代党的建设对中国式现代化发挥着重要保证作用。我们党推进管党治党,始终是与实现党的目标、完成党的任务、落实党的根本宗旨内在地融为一体的。中国式现代化的前途命运取决于党的领导,党的领导是否坚强有力取决于党的建设,彰显了中国式现代化、党的领导、党的建设的内在联系,体现了奋斗目标、领导力量、政治保证的高度统一。要使党的领导更加坚强有力,首先必须以自我革命精神解决好党内存在的各种问题,扎实推进全面从严治党,增强全党战斗力、凝聚力、创造力。而推进党的建设、加强党的领导,最终都是为了实现国家富强、民族复兴、人民幸福。现阶段,中国式现代化成为党和人民的核心任务,但也是一项伟大而艰巨的事业,我们必须高度警觉和提前应对各方面的风险挑战。在此背景下,我们推进全面从严治党,就是为了让其政治保证作用在中国式现代化的实践中得到更为充分的体现和发挥。

中国共产党的领导,是中国特色社会主义最本质的特征,是中国特色社会主义制度的最大优势。要使党的领导更加坚强有力,首先必须以自我革命精神解决好党内存在的各种问题。党的十八大以来,按照全面从严治党的总体要求,党中央明确提出"八项规定",在全党开展群众路线教育实践活动,以"踏石留印、抓铁有痕"的劲头坚持不懈推进作风建设,党风的转变带动了整个社会风气的明显好转,为各项事业的发展创造了更为有利的社会生态环境。所有这一切,都为取得全面建成小康社会的成功和全面建成社会主义现代化强国、推进全面依法治国和全面深化改革提供了根本政治保证,为推进伟大事业的发展、伟大斗争的胜利、伟大梦想的逐步实现提供了根本政治保证。

---

① 《一刻不停推进全面从严治党保障党的二十大决策部署贯彻落实》,《人民日报》2023 年 1 月 10 日,第 1 版。

四、全面从严治党永远在路上

全面从严治党体系是一个内涵丰富、功能完备、科学规范、运行高效的动态系统,健全全面从严治党体系,是全党的共同责任。习近平总书记在二十届中央纪委二次全会上的讲话中强调"要坚持内容上全涵盖、对象上全覆盖、责任上全链条、制度上全贯通"①,不断提升制度化、规范化、科学化水平,使全面从严治党各项工作更好体现时代性、把握规律性、富于创造性,为党和国家事业健康发展提供政治、思想、组织保证。

(一)坚持内容上全涵盖

内容上全涵盖,指的是党的建设推进到哪里,全面从严治党体系就要构建到哪里,自觉贯彻全面从严治党战略方针需要面面俱到。习近平在十八届中纪委六次全会上指出:"全面从严治党,核心是加强党的领导,基础在全面,关键在严,要害在治。"②全面从严治党体系贯穿党的政治建设、思想建设、组织建设、作风建设、纪律建设、制度建设和反腐败斗争等党的建设各方面,各项建设都有各自的地位和作用,各项建设又相互支持、相互贯通,从而成为一个有机统一的整体。

全面从严治党是我们党永葆生机活力、走好新的赶考之路的必由之路,必须一刻不停推进。第一,坚持党中央集中统一领导。要把全面从严治党作为一项关键的政治要务,在党中央集中统一领导下井然有序推进,把坚持党的全面领导贯彻到管党治党全部工作之中,以党的永不变质确保红色江山永不变色。第二,坚持党要管党、全面从严治党,以伟大自我革命引领伟大社会革命。伟大社会革命锻造和成就伟大的党,伟大自我革命保障和推动伟大的事业,党必须通过自我革命来实现自身变革与提升,切实把握历史规律,才能有效解决前进道路上遇到的各种重大理论与实践问题。第三,坚持以党的政治建设为统领,坚决维护党中央权威和集中统一领导,捍卫"两个确立"、做到"两个维护",保持政治立场不变、政治本色不失。第四,坚持把思想建设作为党的基础性建设,全面贯彻

---

① 《一刻不停推进全面从严治党　保障党的二十大决策部署贯彻落实》,《人民日报》2023 年 1 月 10 日,第 1 版。

② 习近平:《在第十八届中央纪律检查委员会第六次全体会议上的讲话》,《人民日报》2016 年 5 月 3 日,第 2 版。

习近平新时代中国特色社会主义思想,用党的创新理论武装全党、教育人民,筑牢理想信念之基。第五,持之以恒正风肃纪,不断加强作风建设、纪律建设,坚持党性党风党纪一起抓,使党的作风全面好起来、党的各项纪律全面严起来,拓宽自我革命有效途径。第六,一刻不停推进反腐败斗争,深化标本兼治、系统治理,一体推进不敢腐、不能腐、不想腐,打好反腐败斗争攻坚战、持久战。第七,加强党的组织建设,抓实"两个维护"、抓好"两支队伍"、抓强"两大功能",筑牢战斗堡垒。第八,将制度建设贯穿其中。完善党和国家监督制度,坚持制度治党、依规治党,以党章为根本,以民主集中制为核心,完善党内法规制度体系,增强党内法规权威性和执行力。

（二）坚持对象上全覆盖

对象上全覆盖,指的是全面从严治党要管全党、治全党,面向全国9800多万名党员和500多万个基层党组织。在管党治党上,没有特殊党员,不能留任何死角和空白,任何党组织、任何党员都不能凌驾于制度之上,脱离制度约束,都必须严格遵守组织纪律和组织规矩。管好全体党员、治好全部党组织,既要发挥领导干部的引领作用,也要发挥基层党组织的基石作用,使党的组织体系更加科学有效,更好地推进全面从严治党向纵深发展。

必须抓好"关键少数",发挥领导干部的引领作用。"关键少数"是对党员队伍中各级领导干部的形象称谓,意在强调他们在党的建设和治国理政中所发挥的重要作用。作为"关键少数"的领导干部,特殊的岗位和职责也决定了其在管党治党中的特殊作用。职位越高,推进党的建设的职责就越重,发挥的模范作用就越凸显,带动一个班子、一支队伍的效果就越明显。抓好"关键少数",一方面要求领导干部坚持以身作则、率先垂范,带头从严要求自己,带头解决自身问题,要求别人做到的自己首先做到,要求别人改正的自己首先改到位。另一方面,要建设堪当民族复兴重任的高素质干部队伍,善于发现、培养、使用敢担当善作为的干部,要把众多政治硬、作风好、本领强的干部有意识地使用起来,赋予其更高的职位和责任,加强干部斗争精神和斗争本领养成,这样既能及时更新组织结构、推动各项工作的开展,也能在全党形成重要导向作用。

必须向基层延伸,发挥基层党组织的基石作用。党的基层组织是确保党的路线方针政策和决策部署贯彻落实的基础,贯彻"党要管党、从严治党"的要求,必须扎实做好"抓基层、打基础"这一强基固本的工作。要使基层党组织成为坚强的战斗堡垒,首先要突出其政治功能,坚持正确政治方向,保证党的路线方针政策和决策部署在基层落地生根。同时要以提升组织力为重点,下大力气解决基层党组织管党治党"宽松软"问题。与此同时,全面从严治党还要抓住继承和创新这两个关键环节。随着我国经济社会发生深刻变革,基层党组织和党员队伍发生了深刻变化。基层党建工作必须在继承优良传统的基础上立足新的实际,不断推进内容、形式、载体、方法、手段等方面的创新,积极探索灵活多样、管用有效的党组织设置方式。

（三）坚持责任上全链条

责任上全链条,指的是压紧压实全面从严治党政治责任,推动主体责任和监督责任一贯到底,压力层层传导,责任环环相扣。全面从严治党是各级党组织的职责所在,只有真正把责任放在心上、扛在肩上,尽心竭力抓班子、带队伍、正风气,才能切实增强党的创造力、凝聚力、战斗力。做到责任上全链条,既要落实全面从严治党主体责任制度,也要完善全面从严治党问责制度。

落实全面从严治党主体责任制度。习近平指出:"各级党组织和领导干部要有很强的责任意识,守土有责、守土负责、守土尽责。"①在其位谋其政,任其职尽其责。全体党员要做到知责于心、担责于身、履责于行,发扬知重负重、攻坚克难精神,该做的事顶着压力也要干,该负的责冒着风险也要担,遇到问题和隐患必须及时处理、不能逃避责任。首先,要结合全面从严治党向纵深发展的新要求制定责任清单,进一步明确党委（党组）及其书记和领导班子其他成员所承担的全面从严治党责任的内容及范围。其次,要建立健全落实全面从严治党主体责任考核制度。最后,上级党组织应当加强对党委（党组）落实全面从严治党主体责任情况的监督检查和巡视巡察。切实压实各级党委（党组）全面从严治党主体责任、各级纪委的监督责任,推动各级党委书记扛起第一责任人责任、班子成员切

---

① 习近平:《论把握新发展阶段、贯彻新发展理念、构建新发展格局》,中央文献出版社 2021 年版,第506 页。

实担负"一岗双责",督促每名党员干部切实践行全面从严治党政治责任,让每名党员、干部行使应有权利、履行应尽责任,做到权责对等、失责必问,切实增强管党治党的责任感和使命感,巩固发展全党动手一起抓的良好局面。

完善全面从严治党问责制度。习近平总书记在党的二十大报告中指出:"落实全面从严治党政治责任,用好问责利器。"①健全问责机制,把监督检查、目标考核、责任追究有机结合起来,不断推进问责事项、程序、方式的制度化,以严肃问责倒逼和推动全面从严治党政治责任落实。一是充分发挥纪委监委的专责作用。纪委监委是党内监督和国家监察专责机关,担负着党内问责和监察问责的重要职责,要认真履行监督第一职责,强化日常监督,推动监督贯穿管党治党、治国理政全过程,推动主体责任和监督责任贯通协同、一贯到底。二是推进协同治理、形成问责合力。建立党委(党组)、党的工作机关与纪委监委之间的衔接工作制度,纪委监委要履行好协助职责,细化各级党委及其党的工作机关问责权限和手段。三是完善制度体系、精准规范问责。结合实际完善问责配套制度,细化问责工作程序,明确纪委对同级党委管理的干部启动问责的审批权限,细化问责情形的轻重标准,细化监察问责决定和问责建议的主体、对象、权限、适用情形,推动监察问责与党内问责贯通协调、有序衔接。

(四)坚持制度上全贯通

制度上全贯通,指的是把制度建设要求体现到全面从严治党全过程、各方面、各层级,不断完善党内法规制度体系,增强党内法规权威性和执行力。用制度促进全面从严治党体系贯通、联动,真正实现制度治党、依规治党,形成坚持真理、修正错误,发现问题、纠正偏差的机制,巩固发展中国共产党之治的制度优势。

完善党内法规体系。习近平总书记在庆祝中国共产党成立100周年大会上指出,我们党"坚持依规治党、形成比较完善的党内法规体系"②,标志着党内法

---

① 习近平:《高举中国特色社会主义伟大旗帜 为全面建设社会主义现代化国家而团结奋斗——在中国共产党第二十次全国代表大会上的报告》,人民出版社2022年版,第66页。
② 《习近平谈治国理政》第四卷,外文出版社2022年版,第6页。

规制度建设迈入高质量发展新阶段。要按照"规范主体、规范行为、规范监督"相统筹相协调的原则,坚持以党章为根本,以民主集中制为核心,完善以党的组织法规、领导法规、自身建设法规、监督保障法规为框架的党内法规体系,全方位、立体化地推动党内制度建设,让推进党的自我革命有制可循,从严管党治党有规可依。坚持科学立规、民主立规、依法立规,要党内法规更具前瞻性,发挥党内法规对改革和经济社会发展的引领推动作用;坚持立改废释并举、推动党内法规制度建设与时代发展同频共振;加大解释力度,推动党内法规全面准确理解和适用;健全备案审查制度,坚持有件必备、有备必审、有错必纠,维护党内法规体系的统一性和权威性。

增强党内法规权威性和执行力。党内法规的生命力在于实施,增强党内法规权威性和执行力,必须遵守和执行党内法规。遵守党内法规,是中国共产党对各级各类党组织和全体党员提出的基本要求,也是各级各类党组织和全体党员对党应尽的义务。党内法规执行,是指党组织和党员领导干部根据党内法规履行职权职责,推动党内法规落实的活动。与党内法规遵守强调义务不同,党内法规执行强调的是一种职权职责,这种职权职责必须履行,否则属于失职失责。党内法规遵守和党内法规执行相辅相成、相得益彰。党内法规的实施是一项系统工程,必须体系化推进。在新时代新征程上增强党内法规权威性和执行力,要从形成高效的党内法规实施体系着眼,切实强化制度意识、强化制度执行力,把制度优势更好转化为治理效能。

后　记

　　实现社会主义现代化,建设社会主义现代化国家是中国共产党孜孜以求、一以贯之的不懈目标。我们要建成的社会主义现代化国家,有着独特本质、内涵、优势、特色,体现了全面建设社会主义现代化国家的本质要求。"十四五"时期是我国全面建成小康社会、实现第一个百年奋斗目标之后,乘势而上开启全面建设社会主义现代化国家新征程、向第二个百年奋斗目标进军的第一个五年,如何以"十四五"时期经济社会发展主要目标为切入点,全面把握"十四五"时期的阶段性目标,包括经济发展、改革开放、文化建设、生态建设、民生福祉、国家治理效能等方面,以新发展理念引领构建新发展格局,实现经济行稳致远、社会安定和谐,为全面建设社会主义现代化国家开局起步提供了方向支撑。《以中国式现代化全面推进中华民族伟大复兴》一书即是在这样的时代背景下完成的。

　　《以中国式现代化全面推进中华民族伟大复兴》一书是天津大学孙兰英教授主持的 2022 年教育部全国思想政治理论课名师工作室的结项成果之一,天津大学—天津仁爱学院教师发展基金合作项目的结项成果。孙兰英教授带领的课题组在撰写书稿时,由孙兰英拟定写作提纲,并最后统稿。各章执笔如下:第一章由宁勤翔执笔;第二章由郝明执笔;第三章由郝明执笔;第四章由张艺歆执笔;第五章由李鹤鸣执笔;第六章由顾雨竹执笔;第七章由张艺歆执笔;第八章由顾雨竹执笔;第九章由任怡康、苏长好执笔;第十章由宁勤翔执笔。

本书在出版过程中得到天津社会科学院出版社的大力支持,包括对书稿进行了编辑、审定以及提出修改意见等一系列工作。在此,谨对所有为本书做出贡献和给予帮助的专家老师表示感谢。

由于撰写时间紧,书中难免有不妥之处,敬请读者批评指正。

孙兰英

2024 年 5 月

参考文献

一、经典著作和党的文献类

[1]《马克思恩格斯文集》第一至十卷,人民出版社 2009 年版。

[2]《马克思恩格斯全集》第三十二卷,人民出版社 1998 年版。

[3]《马克思恩格斯全集》第四十六卷上册,人民出版社 1979 年版。

[4]《列宁专题文集》,人民出版社 2009 年版。

[5]《毛泽东选集》第一至四卷,人民出版社 1991 年版。

[6]《毛泽东文集》第一至二卷,人民出版社 1993 年版。

[7]《毛泽东文集》第三至五卷,人民出版社 1996 年版。

[8]《毛泽东文集》第七至八卷,人民出版社 1999 年版。

[9]《邓小平文选》第一至二卷,人民出版社 1994 年版。

[10]《邓小平文选》第三卷,人民出版社 1993 年版。

[11]《邓小平文集》上中下卷,人民出版社 2014 年版。

[12]《江泽民文选》第一至三卷,人民出版社 2006 年版。

[13]《胡锦涛文选》第一至三卷,人民出版社 2016 年版。

[14]《习近平谈治国理政》第一卷,外文出版社 2018 年版。

[15]《习近平谈治国理政》第二卷,外文出版社 2017 年版。

[16]《习近平谈治国理政》第三卷,外文出版社 2020 年版。

[17]《习近平谈治国理政》第四卷,外文出版社 2022 年版。

[18]《习近平著作选读》第一至二卷,人民出版社 2023 年版。

[19]《习近平新时代中国特色社会主义思想学习纲要》,学习出版社、人民出版社 2019 年版。

[20]《习近平关于社会主义精神文明建设论述摘编》,中央文献出版社 2022 年版。

[21]《习近平关于社会主义文化建设论述摘编》,中央文献出版社 2017 年版。

[22]《习近平关于社会主义经济建设论述摘编》,中央文献出版社 2017 年版。

[23]《习近平关于协调推进"四个全面"战略布局论述摘编》,中央文献出版社 2015 年版。

[24]《习近平关于全面深化改革论述摘编》,中央文献出版社 2014 年版。

[25]《十九大以来重要文献选编》下卷,人民出版社 2023 年版。

[26]《十九大以来重要文献选编》中卷,人民出版社 2021 年版。

[27]《十九大以来重要文献选编》上卷,人民出版社 2019 年版。

[28]《全面建成小康社会重要文献选编》上卷,人民出版社、新华出版社 2022 年版。

[29]《十八大以来重要文献选编》下卷,中央文献出版社 2018 年版。

[30]《十八大以来重要文献选编》中卷,中央文献出版社 2016 年版。

[31]《十八大以来重要文献选编》上卷,中央文献出版社 2014 年版。

[32]《十七大以来重要文献选编》下卷,中央文献出版社 2013 年版。

[33]《十七大以来重要文献选编》上卷,中央文献出版社 2009 年版。

[34]《十六大以来重要文献选编》上卷,中央文献出版社 2005 年版。

[35]《十五大以来重要文献选编》上卷,中央文献出版社 2000 年版。

[36]《建党以来重要文献选编(一九二一——一九四九)》第一至二十六册,中央文献出版社 2011 年版。

[37]《改革开放三十年重要文献选编》上下卷,中央文献出版社 2008 年版。

[38]《十四大以来重要文献选编》下卷,人民出版社 1999 年版。

[39]《十二大以来重要文献选编》上卷,人民出版社 1986 年版。

二、学术专著类

[1] 郝立新:《中国现代化进程中的价值选择》,中国人民大学出版社 2022 年版。

[2] 刘守英、范欣、刘瑞明:《中国式现代化》,中国人民大学出版社 2022 年版。

[3] 张占斌、李海青、黄锟、王海燕等:《创造中国式现代化新道路》,中共中央党校出版社 2022 年版。

[4] 王可园、张学娟、王子蘅:《中国式现代化新道路》上海人民出版社 2022 年版。

[5] 辛向阳:《中国式现代化》,江西教育出版社 2022 年版。

[6] 李秀林:《中国现代化之哲学探讨》,商务印书馆 2022 年版。

[7] 何传启主编:《中国现代化报告 2020——世界现代化的度量衡》,北京大学出版社 2020 年版。

[8] 陈先达:《历史唯物主义与中国道路》,北京师范大学出版社 2019 年版。

[9] 赵士发:《中国道路:走向现代化的全新选择》,湖北人民出版社 2018 年版。

[10] 陶德麟:《马克思主义与中国道路》,中央编译出版社 2018 年版。

[11] 杨耕:《东方的崛起:关于中国式现代化的哲学反思》,北京师范大学出版社 2018 年版。

[12] 韩庆祥、黄相怀:《中国道路能为世界贡献什么(修订版)》,中国人民大学出版社 2018 年版。

[13] 李忠杰:《中国的国家发展战略》,外文出版社 2018 年版。

[14] 张琢:《中国现代化的历程及前瞻》,社会科学文献出版社 2017 年版。

[15] 虞崇胜、唐皇凤:《第五个现代化》,湖北人民出版社 2015 年版。

[16] 陈先达:《马克思主义和中国传统文化》,人民出版社 2015 年版。

[17] 雷毅:《深层生态学:阐释与整合》,上海交通大学出版社 2012 年版。

[18] 何爱国:《当代中国现代化的理论与实践》,科学出版社 2011 年版。

[19] 钱乘旦:《世界现代化历程(总论卷)》,江苏人民出版社 2010 年版。

［20］何传启:《中国现代化报告概要 2001—2010》,北京大学出版社 2010年版。

［21］中国科学院中国现代化研究中心编:《中国现代化战略的新思维》,科学出版社 2010 年版。

［22］何传启:《现代化科学国家发达的科学原理》,科学出版社 2010 年版。

［23］孙谦:《中国现代化发展动力论》,安徽大学出版社 2009 年版。

［24］严耕、杨志华:《生态文明的理论与系统建构》,中央编译出版社 2009年版。

［25］中国科学院中国现代化研究中心编:《全球化与现代化 全球化背景下中国现代化的战略选择》,科学出版社 2009 年版。

［26］罗荣渠主编:《从"西化"到现代化》上,黄山书社 2008 年版。

［27］段治文、钟学敏、詹于虹:《中国现代化进程》,浙江大学出版社 2007年版。

［28］王惠玲、徐小荣:《中国现代化发展新论》,云南民族出版社 2006 年版。

［29］李敬煊:《中国现代化与马克思主义中国化互动关系研究》,华中师范大学出版社 2005 年版。

［30］龚维斌:《社会管理与社会建设》,国家行政学院出版社 2005 年版。

［31］罗归国:《中国现代化若干重大理论问题》,中共中央党校出版社 2004年版。

［32］任剑涛:《中国现代思想脉络中的自由主义》,北京大学出版社 2004年版。

［33］陈占安:《邓小平理论与中国现代化》,北京大学出版社 2004 年版。

［34］黄亮宜:《国家全景观——中国现代化进程中的国家问题》,中共中央党校出版社 2004 年版。

［35］赵剑英:《百年追求——中国现代化方略的发展》,云南人民出版社 2001 年版。

［36］尹保云:《什么是现代化——概念范式的探讨》,人民出版社 2001 年版。

［37］郑杭生等:《转型中的中国社会和中国社会的转型——中国社会主义现

代化进程的社会学研究》，首都师范大学出版社 1996 年版。

[38]罗荣渠：《现代化新论——世界与中国的现代化进程》，北京大学出版社 1993 年版。

[39]孙代尧、王文章：《巨龙的苏醒——中国现代化道路的求索》，文津出版社 1993 年版。

[40]孙立平：《传统与变迁——国外现代化及中国现代化问题研究》，黑龙江人民出版社 1992 年版。

[41]李路路、王奋宇：《当代中国现代化进程中的社会结构及其变革》，浙江人民出版社 1992 年版。

[42]张琢：《九死一生——中国现代化的坎坷历程和中长期预测》，中国社会科学出版社 1992 年版。

[43]钱乘旦、陈意新：《走向现代国家之路》中，四川人民出版社 1987 年版。

三、期刊报纸类

[1]马俊峰、张建喜：《以中国式现代化全面推进中华民族伟大复兴的整体性逻辑》，《学习论坛》2024 年第 1 期。

[2]董振华：《必须把推进中国式现代化作为最大的政治》，《红旗文稿》2024 年第 1 期。

[3]刘刚、马姗子、黄苏萍：《中国式现代化的传统文化底蕴》，《教学与研究》2024 年第 3 期。

[4]盛知恒、杨嵘均：《中国式文化现代化创新的内在规定、未来方向及实践》，《云南师范大学学报（哲学社会科学版）》2024 年第 1 期。

[5]李双套：《中国式现代化的前提性反思》，《求索》2023 年第 1 期。

[6]宋月红：《论中华民族伟大复兴的历史进程》，《世界社会主义研究》2023 年第 4 期。

[7]许纪霖：《从自身的历史脉络理解中国现代化》，《近代史研究》2023 年第 1 期。

[8]杨军：《中国式现代化视角下推动实体经济高质量发展的创新路径》，《中州学刊》2023 年第 3 期。

[9]逄锦聚、荆克迪:《以中国式现代化全面推进中华民族伟大复兴》,《南开学报(哲学社会科学版)》2023年第3期。

[10]秦刚:《中国式现代化在世界现代化进程中的创新》,《理论建设》2023年第2期。

[11]任剑涛:《从现代化的规范含义理解"中国式现代化"》,《江汉论坛》2023年第1期。

[12]刘方平、李家庆:《"人的现代化"重构:中国式现代化开创人类现代化新形态》,《科学社会主义》2023年第2期。

[13]王成:《中国式现代化道路的文化意蕴》,《社会科学家》2023年第8期。

[14]田飞龙:《中国式现代化与和平发展道路的制度探索》,《天府新论》2023年第3期。

[15]王立胜:《中国式现代化:共同特征与中国特色》,《近代史研究》2023年第2期。

[16]骆郁廷:《中国式现代化:共同特征与中国特色》,《马克思主义研究》2023年第1期。

[17]马敏:《历史视角下的"中国式现代化"》,《江汉论坛》2023年第5期。

[18]孙琳、葛燕燕、姜姝:《绿色发展理念驱动中国式现代化的辩证法研究》,《南京农业大学学报(社会科学版)》2023年第3期。

[19]侯衍社、吕明洋:《中国共产党领导中国式现代化的历史逻辑与方法论启示》,《贵州省党校学报》2023年第1期。

[20]刘舒杨、王浦劬:《中国共产党的领导是中国式现代化的根本特征》,《哈尔滨工业大学学报(社会科学版)》2023年第2期。

[21]丁文钊、连珍珍:《爱国统一战线的发展历程与对策研究》,《特区经济》2023年第9期。

[22]任鹏、刘丹丹:《习近平关于全过程人民民主重要论述的基本内容、理论特质和实践要求》,《思想教育研究》2023年第6期。

[23]布奂晟:《中国式现代化历程、样式及独特创新》,《南京社会科学》2023年第4期。

[24]齐卫平:《中国式现代化世界意义五个方面的呈现》,《当代中国与世界》2023 年第 2 期。

[25]林建华:《全面建设社会主义现代化国家战略布局的科学性和必然性》,《复旦学报(社会科学版)》2023 年第 3 期。

[26]袁祖社:《中国式现代化:美好世界的新理论规则与实践逻辑》,《山西大学学报(哲学社会科学版)》2023 年第 2 期。

[27]范春英、孙秀民:《中国共产党领导的中国式现代化道路论析:命题、建构、特征》,《重庆社会科学》2023 年第 5 期。

[28]陈宇翔、李怡:《推进文化自强的思想基础与实现途径》,《湖南大学学报(社会科学版)》2023 年第 3 期。

[29]林进平:《中国式现代化是推进中华民族伟大复兴的必由之路》,《中山大学学报(社会科学版)》2022 年第 3 期。

[30]陈偲:《共同富裕视野下的社会建设——要素契合、制度优势与未来发展》,《行政管理改革》2022 年第 8 期。

[31]孙成武、孟宪生:《中国特色社会主义进入新时代的文化之基》,《东北师大学报(哲学社会科学版)》2022 年第 2 期。

[32]任鹏、李毅:《中国"五年规划"制度优势的历史生成、转化机制和认同功能》,《思想教育研究》2022 年第 6 期。

[33]刘田、杨昌儒:《铸牢中华民族共同体意识的现实内生优势》,《贵州民族研究》2022 年第 4 期。

[34]吴德刚:《从党的全国代表大会看中国共产党如何把握历史主动》,《世界社会主义研究》2022 年第 12 期。

[35]秦宣:《中国式现代化的历史逻辑探析》,《当代中国史研究》2022 年第 2 期。

[36]王跃生、马相东、刘丁一:《建设现代化经济体系、构建新发展格局与推进中国式现代化》,《改革》2022 年第 10 期。

[37]张文显:《习近平法治思想的理论体系》,《法制与社会发展》2021 年第 27 期。

［38］陈曦、韩祺:《新发展格局下的科技自立自强:理论内涵、主要标志与实现路径》,《宏观经济研究》2021 年第 12 期。

［39］张允熠、张弛:《从"一个结合"到"两个结合":马克思主义中国化的新叙事》,《思想理论教育》2021 年第 9 期。

［40］蒋永穆、何媛:《扎实促进全体人民共同富裕:时代要求、难点挑战和路径安排》,《思想理论教育导刊》2021 年第 11 期。

［41］张三元:《论美好生活的价值逻辑与实践指引》,《马克思主义研究》2018 年第 5 期。

［42］张明:《西方现代性困境与中国道路的理论前景》,《毛泽东邓小平理论研究》2016 年第 2 期。

［43］何增科:《论中国社会主义初级阶段民主政治的制度化、规范化、程序化》,《政治学学研究》2015 年第 2 期。

［44］郭湛:《试析中国式现代化之"式"》,《中国矿业大学学报(社会科学版)》2013 年第 4 期。

［45］吴月:《做实做细就业指导服务》,《人民日报》2023 年 4 月 23 日,第 5 版。

［46］钟会兵:《确保现代化领导的坚定性》,《人民日报》2023 年 9 月 12 日,第 9 版。

［47］中共中国社会科学院党组:《建设中华民族现代文明的行动指南》,《人民日报》2023 年 6 月 14 日,第 9 版。

［48］陈先哲:《以高质量人才培养服务支撑国家战略》,《中国教育报》2023 年 7 月 25 日,第 2 版。

［49］李水胜、王金红:《深刻理解中国式现代化的叙事意义》,《中国社会科学报》2023 年 4 月 19 日,第 7 版。

［50］胡泽曦、王远:《中国式现代化创造了人类文明新形态》,《人民日报》2023 年 3 月 4 日,第 10 版。

［51］祖任平:《牢牢守住人民的幸福》,《中国组织人事报》2022 年 9 月 22 日,第 1 版。

[52]莫纪宏:《"全面依法治国总体格局基本形成"意义重大》,《中国社会科学报》2022 年 11 月 30 日,第 4 版。

四、中文译著类

[1][英]奥斯汀·罗宾逊:《国家规模的经济影响》,欧阳峣等译,格致出版社 2022 年版。

[2][法]奥尔法·阿卢伊尼:《国家规模、增长和货币联盟》,汤凌霄等译,格致出版社 2020 年版。

[3][德]斐迪南·滕尼斯:《共同体与社会:纯粹社会学的基本概念》,张巍卓译,商务印书馆 2020 年版。

[4][英]马丁·雅克:《大国雄心:一个永不褪色的大国梦》,孙豫宁、张莉、刘曲译,中信出版社 2016 年版。

[5][阿根廷]劳尔·普雷维什:《外围资本主义》,苏振兴、袁兴昌译,商务印书馆 2015 年版。

[6][美]罗斯托:《这一切是怎么开始的——现代经济的起源》,黄其详、纪坚博译,商务印书馆 2014 年版。

[7][美]伊曼纽尔·沃勒斯坦:《现代世界体系(第一卷)》,郭方、刘新成、张文刚译,社会科学文献出版社 2013 年版。

[8][德]马克斯·韦伯:《新教伦理与资本主义精神》,马奇炎等译,北京大学出版社 2012 年版。

[9][美]费正清:《中国:传统与变革》,陈仲丹等译,江苏人民出版社 2012 年版。

[10][美]费正清、赖肖尔:《中国的现代化》,陈仲丹、潘兴明、庞朝阳译,江苏人民出版社 2011 年版。

[11][英]安东尼·吉登斯:《现代性的后果》,田禾、黄平译,译林出版社 2011 年版。

[12][美]亨廷顿:《文明的冲突与世界秩序的重建》,周琪、刘绯、张立平等译,新华出版社 2010 年版。

[13][美]吉尔伯特·罗兹曼:《中国的现代化》,国家社会科学基金"比较现

代化"课题组译,江苏人民出版社 2010 年版。

[14][英]伯兰特·罗素:《罗素自选文集》,戴玉庆译,商务印书馆 2006 年版。

[15][英]阿诺德·汤因比:《历史研究》,刘北成、郭小凌译,上海人民出版社 2000 年版。

[16][埃及]萨米尔·阿明:《不平等的发展》,高铦译,商务印书馆 2000 年版。

[17][匈]卢卡奇:《历史与阶级意识》,杜章智、任立、燕宏远译,商务印书馆 1999 年版。

[18][德]韦伯:《经济与社会》上卷,林荣远译,商务印书馆 1997 年版。

[19][美]西里尔·E.布莱克:《比较现代化》,杨豫、陈祖洲译,上海译文出版社 1996 年版。

[20]塞缪尔·亨廷顿:《现代化理论与历史经验的再探讨》,上海译文出版社 1993 年版。

[21][美]成中英:《文化·伦理与管理:中国现代化的哲学省思》,贵州人民出版社 1991 年版。

[22][美]布莱克:《现代化的动力——一个比较史的研究》,景跃进、张静译,浙江人民出版社 1989 年版。

[23][美]弗·卡普拉:《转折点》,卫飒英、李四南译,中国人民大学出版社 1989 年版。

[24][德]马克斯·韦伯:《新教伦理与资本主义精神》,于晓、陈维纲等译,生活·读书·新知三联书店 1987 年版。

[25][英]汤因比、[日]池田大作:《展望二十一世纪》,苟春生等译,国际文化出版公司 1984 年版。

五、外文文献类

[1]Kenderdine,Tristan. "China's Eurasian Century? Political and Strategic Implications of the Belt and Road Initiative", *China Quarterly*,2018,Vol. 234.

[2]Thomas P. Bernstein,Norman Naimark,Silvio Pons,Sophie Quinn-Judge. *The*

Cambridge History of Communism. Cambridge University Press,2017.

[3]Yong,X (Yong,Xu). "The Chinese Road in the Light of Historical Continuity", *Social Sciences in China*,2017,Vol. 38,No. 2.

[4] William A. Callahan. "History, Tradition and the China Dream:Socialist Modernization in the World of Great Harmony", *Journal of Contemporary China*,2015, Vol. 24,No. 96.

[5]David S. Pena. "Comparing the Chinese Dream with the American Dream", *International Critical Thought*,2015,Vol. 5,No. 3.

[6]Edward S. Steinfeld. *Playing Our Game:Why China's Rise Doesn't Threaten the West*. Oxford & New York:Ox-ford University Press,2010.

[7]Zhou Hong. "The World Implications of the 'Chinese Road' in the Context of Globalization",*Social Sciences in China*,2010,Vol. 31,No. 2.

[8] Beilharz, Peter. *Socialism and Modernity*. University of Minnesota Press,2009.

[9]LUCIAN W P. *The Spirit of Chinese Politics*. New York:Harvard University Press,1992.

[10]Wendell Berry:"The unsettling of America", *Culture and Agriculture*,San Francisco:Sierra Club Books,1977.